여러분의 합격을 응원하는

해커스공[illegible] 특별 혜택

FREE 공무원 국어 특강[illegible]

해커스공무원(gosi.Hackers.com) 접속 후 로그인 ▶ 상단의 [무료강좌] 클릭 ▶
[교재 무료특강] 클릭하여 이용

해커스 매일국어 **어플 이용권**

OIFT8Z38OXFICOCQ

구글 플레이스토어/애플 앱스토어에서 [해커스 매일국어] 검색 ▶
어플 다운로드 ▶ 어플 이용 시 노출되는 쿠폰 입력란 클릭 ▶
쿠폰번호 입력 후 이용

▲ 어플 다운로드

* 등록 후 30일간 사용 가능
* 해당 자료는 [해커스공무원 국어 기본서] 교재 내용으로 제공되는 자료로, 공무원 시험 대비에 도움이 되는 유용한 자료입니다.

해커스공무원 온라인 단과강의 **20% 할인쿠폰**

A3CC97C4D689KULG

해커스공무원(gosi.Hackers.com) 접속 후 로그인 ▶ 상단의 [나의 강의실] 클릭 ▶
좌측의 [쿠폰등록] 클릭 ▶ 위 쿠폰번호 입력 후 이용

* 등록 후 7일간 사용 가능(ID당 1회에 한해 등록 가능)

합격예측 **온라인 모의고사 응시권 + 해설강의 수강권**

4E82E6DB537A9E9B

해커스공무원(gosi.Hackers.com) 접속 후 로그인 ▶ 상단의 [나의 강의실] 클릭 ▶
좌측의 [쿠폰등록] 클릭 ▶ 위 쿠폰번호 입력 후 이용

* ID당 1회에 한해 등록 가능

쿠폰 이용 관련 문의 **1588-4055**

단기 합격을 위한
해커스공무원 커리큘럼

입문

탄탄한 기본기와 핵심 개념 완성!

누구나 이해하기 쉬운 개념 설명과 풍부한 예시로 부담없이 쌩기초 다지기

TIP 베이스가 있다면 **기본 단계**부터!

기본+심화

필수 개념 학습으로 이론 완성!

반드시 알아야 할 기본 개념과 문제풀이 전략을 학습하고
심화 개념 학습으로 고득점을 위한 응용력 다지기

기출+예상 문제풀이

문제풀이로 집중 학습하고 실력 업그레이드!

기출문제의 유형과 출제 의도를 이해하고 최신 출제 경향을 반영한
예상문제를 풀어보며 본인의 취약영역을 파악 및 보완하기

동형문제풀이

동형모의고사로 실전력 강화!

실제 시험과 같은 형태의 실전모의고사를 풀어보며 실전감각 극대화

최종 마무리

시험 직전 실전 시뮬레이션!

각 과목별 시험에 출제되는 내용들을 최종 점검하며 실전 완성

PASS

* 커리큘럼 및 세부 일정은 상이할 수 있으며,
자세한 사항은 해커스공무원 사이트에서 확인하세요.

단계별 교재 확인 및
수강신청은 여기서!

gosi.Hackers.com

2025 대비 최신개정판

해커스공무원

신 민 숙 쉬운국어

문법 강화 200제

공무원 시험 전문 해커스공무원

gosi.Hackers.com

목차

책의 특징과 구성

01 '10가지 핵심 포인트'로 문법 배경지식을 쌓아 신유형 완벽 대비!

변화된 시험 경향에 맞춰 단기간에 효율적으로 학습할 수 있도록 문법 이론을 '10가지 핵심 포인트'로 정리하였습니다. 문제를 푸는 데 필요한 배경지식을 쌓아 주어진 지문을 보다 빠르게 파악할 수 있습니다.

필수 개념 학습

반드시 알아야 하는 필수 문법 포인트를 10가지로 정리하여 효율적 학습이 가능합니다.

개념 바로 체크

'개념 바로 체크' 문제를 풀며 학습한 개념을 제대로 이해했는지 빠르게 체크할 수 있습니다.

개념 더하기

핵심 개념과 함께 추가로 더 알아두면 좋을 보충 개념까지 학습할 수 있습니다.

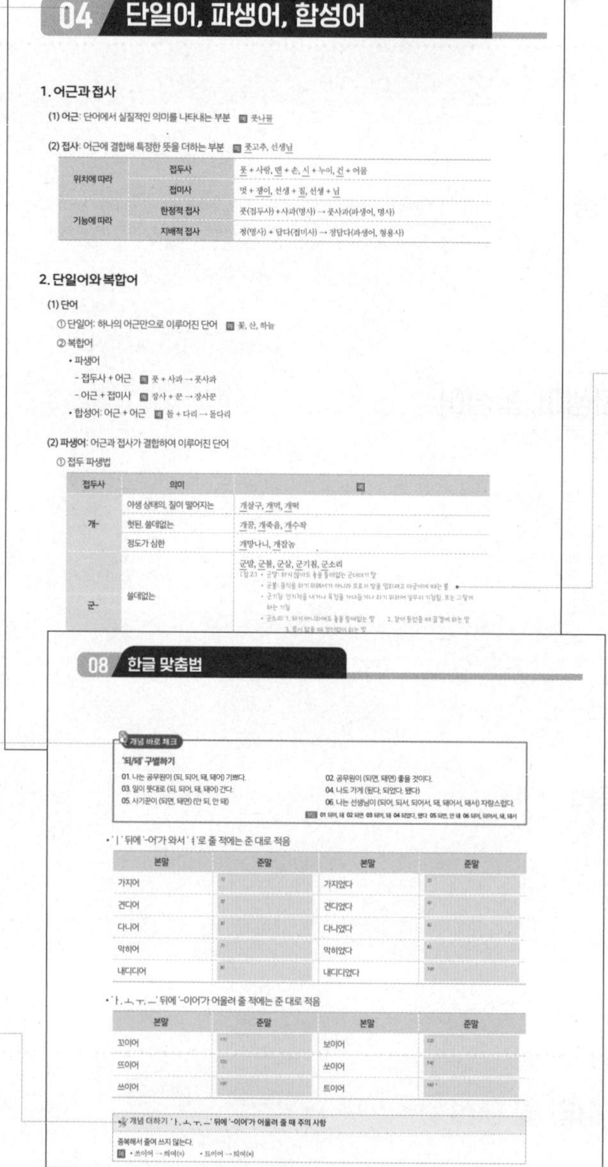

파란색 글자

참고로 알아두면 좋을 내용을 파란색 글자로 표시하였습니다.

'지문형 문법 문제'로 문제 풀이 감각 극대화!

공무원 9급 출제 기조를 철저히 반영하여 지문형 문제로 구성된 '실전 학습 문제'를 통해 지문을 근거로 답을 도출하는 훈련을 하여 실전 감각을 익히고, 관련 이론을 문제에 빠르게 적용해보는 연습이 가능합니다.

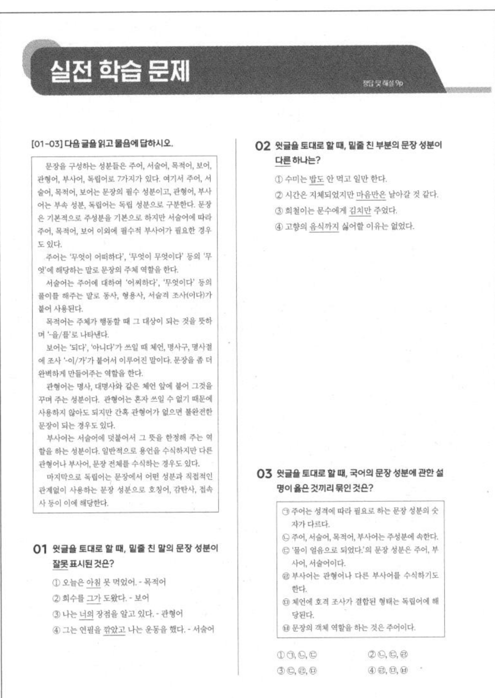

실전 학습 문제

정답 및 해설 9p

[01-03] 다음 글을 읽고 물음에 답하시오.

문장을 구성하는 성분들은 주어, 서술어, 목적어, 보어, 관형어, 부사어, 독립어로 7가지가 있다. 여기서 주어, 서술어, 목적어, 보어는 문장의 필수 성분이고, 관형어, 부사어는 부속 성분, 독립어는 독립 성분으로 구분한다. 문장은 기본적으로 주성분을 기본으로 하지만 서술어에 따라 주어, 목적어, 보어 이외에 필수적 부사어가 필요한 경우도 있다.

주어는 '무엇이 어떠하다', '무엇이 무엇이다' 등의 '무엇'에 해당하는 말로 문장의 주체 역할을 한다.

서술어는 주어에 대하여 '어찌하다', '무엇이다' 등의 풀이를 해주는 말로 동사, 형용사, 서술격 조사(이다)가 붙어 사용된다.

목적어는 주체가 행동할 때 그 대상이 되는 것을 뜻하며 '-을/를'로 나타낸다.

보어는 '되다', '아니다'가 쓰일 때 체언, 명사구, 명사절에 조사 '-이/가'가 붙어서 이루어진 말이다. 문장을 좀 더 완벽하게 만들어주는 역할을 한다.

관형어는 명사, 대명사와 같은 체언 앞에 붙어 그것을 꾸며 주는 성분이다. 관형어는 혼자 쓰일 수 없기 때문에 사용하지 않아도 되지만 간혹 관형어가 없으면 불완전한 문장이 되는 경우도 있다.

부사어는 서술어에 덧붙어서 그 뜻을 한정해 주는 역할을 하는 성분이다. 일반적으로 용언을 수식하지만 다른 관형어나 부사어, 문장 전체를 수식하는 경우도 있다.

마지막으로 독립어는 문장에서 어떤 성분과 직접적인 관계없이 사용하는 문장 성분으로 호칭어, 감탄사, 접속사 등이 이에 해당한다.

01 윗글을 토대로 할 때, 밑줄 친 말의 문장 성분이 잘못 표시된 것은?

① 오늘은 아침 못 먹었어. - 목적어
② 희수를 그가 도왔다. - 보어
③ 나는 너의 장점을 알고 있다. - 관형어
④ 그는 연필을 깎았고 나는 운동을 했다. - 서술어

02 윗글을 토대로 할 때, 밑줄 친 부분의 문장 성분이 다른 하나는?

① 수미는 밥도 안 먹고 일만 한다.
② 시간은 지체되었지만 마음만은 날아갈 것 같다.
③ 희철이는 문수에게 김치만 주었다.
④ 고향의 음식까지 싫어할 이유는 없었다.

03 윗글을 토대로 할 때, 국어의 문장 성분에 관한 설명이 옳은 것끼리 묶인 것은?

㉠ 주어는 성격에 따라 필요로 하는 문장 성분의 숫자가 다르다.
㉡ 주어, 서술어, 목적어, 부사어는 주성분에 속한다.
㉢ '물이 얼음으로 되었다.'의 문장 성분은 주어, 부사어, 서술어이다.
㉣ 부사어는 관형어나 다른 부사어를 수식하기도 한다.
㉤ 체언에 호격 조사가 결합된 형태는 독립어에 해당된다.
㉥ 문장의 객체 역할을 하는 것은 주어이다.

① ㉠, ㉡, ㉢ ② ㉡, ㉢, ㉣
③ ㉢, ㉣, ㉤ ④ ㉣, ㉤, ㉥

실전 학습 문제

개념 학습한 내용을 문제로 적용해 보기 위해 각 단원별로 지문형 문제(기출변형문제, 출제예상문제)를 풀어 봄으로써, 반복 학습의 효과는 물론 실전 감각을 극대화할 수 있습니다.

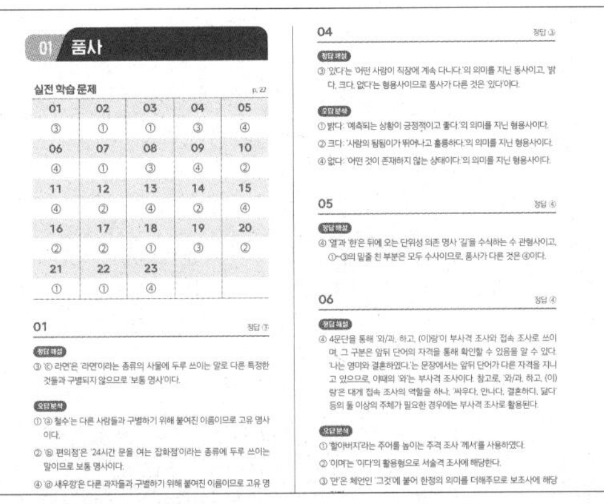

01 품사

실전 학습 문제 p. 22

01	02	03	04	05
③	①	①	③	④
06	07	08	09	10
④	①	③	④	②
11	12	13	14	15
④	②	④	②	④
16	17	18	19	20
②	②	①	③	②
21	22	23		
①	①	④		

01 정답 ③

정답 해설

③ 'ⓒ 라면'은 '라면'이라는 종류의 사물에 두루 쓰이는 말로 다른 특정한 것들과 구별되지 않으므로 '보통 명사'이다.

오답 분석

① 'ⓐ 철수'는 다른 사람들과 구별하기 위해 붙여진 이름이므로 고유 명사이다.
② 'ⓑ 편의점'은 '24시간 문을 여는 잡화점'이라는 종류에 두루 쓰이는 말이므로 보통 명사이다.
④ 'ⓓ 새우깡'은 다른 과자들과 구별하기 위해 붙여진 이름이므로 고유 명

04 정답 ③

정답 해설

③ '있다'는 '어떤 사람이 직장에 계속 다니다.'의 의미를 지닌 동사이고, '밝다, 크다, 없다'는 형용사이므로 품사가 다른 것은 '있다'이다.

오답 분석

① 밝다: '예측되는 상황이 긍정적이고 좋다.'의 의미를 지닌 형용사이다.
② 크다: '사람의 됨됨이가 뛰어나고 훌륭하다.'의 의미를 지닌 형용사이다.
④ 없다: '어떤 것이 존재하지 않는 상태이다.'의 의미를 지닌 형용사이다.

05 정답 ④

정답 해설

④ '열'과 '한'은 뒤에 오는 단위성 의존 명사 '길'을 수식하는 수 관형사이고, ①~③의 밑줄 친 부분은 모두 수사이므로, 품사가 다른 것은 ④이다.

06 정답 ④

정답 해설

④ 4문단을 통해 '와/과, 하고, (이)랑'이 부사격 조사와 접속 조사로 쓰이며, 그 구분은 앞뒤 단어의 자격을 통해 확인할 수 있음을 알 수 있다. '나는 영미와 결혼하였다.'는 문장에서는 앞뒤 단어가 다른 자격을 지니고 있으므로, 이때의 '와'는 부사격 조사이다. 참고로, '와/과, 하고, (이)랑'은 대개 접속 조사의 역할을 하나, '싸우다, 만나다, 결혼하다, 닮다' 등의 둘 이상의 주체가 필요한 경우에는 부사격 조사로 활용된다.

오답 분석

① '할아버지'라는 주어를 높이는 주격 조사 '께서'를 사용하였다.
② '이며'는 '이다'의 활용형으로 서술격 조사에 해당한다.
③ '만'은 체언인 '그것'에 붙어 한정의 의미를 더해주므로 보조사에 해당

정답 및 해설

· 한눈에 확인이 가능한 정답표를 제공하여, 자신이 맞힌 문제와 틀린 문제가 무엇인지 빠르게 파악할 수 있습니다.

· 정답 해설뿐만 아니라 오답의 이유까지 명확하게 설명해 주는 상세한 해설을 통해 앞서 학습한 이론을 완벽하게 정리할 수 있습니다.

해커스공무원 신민숙 쉬운국어 문법 강화 200제

01 품사

1. 품사

(1) 품사의 개념

단어 성질이 공통된 것끼리 모아 갈래를 지은 것

(2) 9품사

명사, 대명사, 수사 / 동사, 형용사 / 조사 / 관형사, 부사 / 감탄사
└체언 └용언 └관계언 └수식언 └독립언

2. 체언

(1) 명사

구분 기준	종류	개념	예
사용 범위	고유 명사	특정한 사람이나 사물에 붙인 이름(사람 이름, 문화재명, 지명)	서울, 한강, 광화문
	보통 명사	일반적인 사물의 이름	알약, 학교, 상자
자립성의 유무	자립 명사	관형어의 꾸밈 없이도 단독으로 쓰일 수 있는 명사	하늘, 바다
	의존 명사	주로 관형어의 꾸밈을 받아 쓰이는 명사	바, 것, 수
감정 표현 능력의 유무	유정 명사	감정을 나타내는 사람이나 동물을 가리키는 명사	친구, 사슴
	무정 명사	감정을 나타내지 못하는 식물이나 무생물을 가리키는 명사	꽃, 바위, 돌

(2) 의존 명사: 주로 관형어의 수식을 받아 쓰이는 명사(자립성은 없으나, 하나의 단어이므로 띄어 씀)

① 것, 이, 분, 즈음 등

예 • 마실 것 좀 다오.
• 사랑하는 이를 만났어요.

② 수, 리 등

예 • 먹을 수가 없다.

③ 따름, 때문 등

예 • 그가 좋을 따름이다.
• 그는 빚 때문에 고생을 했다.

④ 양, 체, 척, 법, 만, 듯, 뻔 등

예 • 못 이기는 척 시키는 대로 하렴.
• 도둑으로 몰려서 잡혀갈 뻔도 했다.

⑤ 자루, 마리, 개 등

예 연필 한 자루 / 말 한 마리 / 사과 열 개 / 조기 한 손 / 북어 한 쾌 / 오징어 한 축

개념 더하기 '대로, 만큼, 뿐'의 품사 통용

- 의존 명사: 어간 + 관형사형 전성 어미 + 대로, 만큼, 뿐
  - 예 • 느낀 대로 말해라.
  - • 노력한 만큼 대가를 얻는 법이다.
  - • 나는 웃고만 있을 뿐이었다.
- 조사: 체언(명사, 대명사, 수사) + 대로, 만큼, 뿐
  - 예 • 단추는 단추대로 모아 두어야 한다.
  - • 집을 궁만큼 크게 지었다.
  - • 집뿐만 아니라 회사에서도 그런다.

(3) 대명사: 사람이나 사물의 이름을 대신 가리켜 이르는 말

① '이, 그, 저'의 품사 통용

- 대명사: 이, 그, 저 + 조사 예 이는 책이다. / 이는 내가 알 바가 아니다.
- 관형사: 이, 그, 저 + 명사 예 이 책은 흥미롭다. / 이 사람이 범인이다.

② 지시 대명사

사물	이것, 그것, 저것, 무엇 등
장소	여기, 거기, 저기, 어디 등

③ 인칭 대명사

구분		높임말	예사말	낮춤말
1인칭		-	나, 우리(들)	저, 저희
2인칭		당신, 그대	자네, 당신	너, 너희, 당신
3인칭	근칭(이)	이분	이이	이자
	중칭(그)	그분	그이	그자
		그, 그녀, 그들 (*높임말, 예사말, 낮춤말의 구별 없음)		
	원칭(저)	저분	저이	저자
	미지칭	-	누구	-
	부정칭	-	아무, 누구	-
	재귀칭	당신	자기, 자신	저, 저희

개념 더하기 대명사

대명사 '당신'의 쓰임

- 2인칭 높임말 예 당신(you)의 희생을 잊지 않겠습니다.
- 2인칭 예사말 예 당신(you)은 누구요?
- 2인칭 낮춤말 예 당신(you), 위험하게 운전을 하면 어떻게 해!
- 3인칭 재귀칭 예 저 소나무도 아버지께서 당신('자기'의 높임) 손으로 직접 심으셨지.

대명사 '저희'의 쓰임

- 1인칭 낮춤말 예 저희가 가져오겠습니다.
- 3인칭 재귀칭('자기'로 대체 ○) 예 학생들은 저희들끼리 책을 고르겠다고 한다.
  └ 자기네들끼리

대명사 '우리'의 쓰임

- 듣는 이 포함 예 형, 우리 오늘 북한산에 갈까?
- 듣는 이 제외 예 우리가 너한테 무슨 잘못을 했다고 그래?
- 친밀한 관계 예 우리 엄마, 우리 동네

미지칭과 부정칭의 차이

- 미지칭: 모르는 사람을 가리키는 말(대상 분명) 예 저 사람이 누구인가요?
- 부정칭: 정해지지 않은 막연한 사람을 가리키는 말(대상 불분명) 예 누구든지 할 수 있다.

(4) 수사: 수량이나 순서를 가리키는 품사

① 양수사: 사물의 수량을 나타내는 수사 예 하나, 둘, 셋, 넷 / 일, 이, 삼, 사

② 서수사: 사물의 순서를 나타내는 수사 예 첫째, 둘째, 셋째, 넷째

개념 더하기 수와 관련된 단어의 품사 통용

- 수사 + 조사 ○
  예 • 여덟은 농구를 한다.
  • 다섯에서 열까지 세라.

- 수 관형사 + 조사 ×, 체언 ○
  예 • 여덟 명이 농구를 한다.
  • 다섯 사람이 보였다.

3. 관계언

(1) 조사: 주로 체언 뒤에 붙어서 다른 말과의 문법적인 관계를 나타내는 품사

① 격 조사: 체언이 일정한 지격을 갖도록 하여 주는 조사

종류	형태
주격 조사	이/가, 께서, 에서 (└ 단체를 나타내는 명사 뒤)
목적격 조사	을/를
보격 조사	이/가('되다', '아니다'의 앞에 오는 것) 예 철수는 학생이 되다. / 물이 얼음이 되다. / 그 사람은 학생이 아니다.
서술격 조사	이다
관형격 조사	의
부사격 조사	에, 에게, 에서, 라고/고, (으)로, (으)로서/(으)로써, 와/과, 랑/이랑, 하고, 한테, 만큼, 보다, 께, 더러 (└ 께: '에게'의 높임말)
호격 조사	아, 야, 이여 예 예쁜아. / 수수야. / 청춘이여.

개념 더하기 '로서'와 '로써'의 구별

로서
- 지위나 신분 또는 자격을 나타내는 격 조사
  예 교육자로서 책임을 다하다.
- 어떤 동작이 일어나거나 시작되는 곳을 나타내는 격 조사
  예 모든 일은 너로서 시작되었다.

로써
- 어떤 일의 수단이나 도구를 나타내는 격 조사
  예 말로써 천 냥 빚을 갚는다.
- 시간을 셈할 때 셈에 넣는 한계를 나타내거나 어떤 일의 기준이 되는 시간임을 나타내는 격 조사
  예 이로써 세 번째다.

② 접속 조사: 두 단어를 같은 자격으로 이어 주는 조사

종류	예
와/과	고등학교 때 수학과 영어를 무척 좋아했다.
하고	철수는 꽃하고 나비를 좋아한다.
(이)랑	영희는 너랑 나를 파티에 초대했다.

01 품사 해커스공무원 신민숙 쉬운국어 문법 강화 200제

개념 더하기 접속 조사와 부사격 조사 '와/과'의 비교

- '같다, 다르다, 닮다' 앞에 있는 '와/과'는 부사격 조사이다.
  예 수민이는 어머니와 닮았다.
- '와/과' 앞뒤가 같은 자격이면 접속 조사, 같은 자격이 아니면 부사격 조사이다.
  - 접속 조사: 종구는 피자와 통닭을 먹었다. → '와/과' 앞뒤 같은 자격
  - 부사격 조사: 너는 누구와 갈 것이냐?

③ 보조사: 앞말에 붙어 특별한 의미를 더해 주는 조사

의미	형태	예
대조	은/는 - 주격 조사×	인생은 짧고, 예술은 길다.
한정	만	한 가지만 먹지 말고 골고루 먹어라.
포함, 더함	도	소설만 읽지 말고, 시도 읽어.
극단	까지	믿었던 너까지!
더함	조차, 마저	• 비가 오는데 바람조차 부는구나. • 너마저 나를 떠나는구나.
출발점	부터	처음부터 끝까지 말썽이다.
반전, 의문	마는	약속을 했지마는 안 되겠다.
감탄	그려, 그래	• 경치가 좋네그려. • 그것 참 신통하군그래
높임	요	오늘은 일기를 썼어요.
부정	커녕	• 나무커녕 물도 없는 상황 • 나무는커녕 잡초도 없다.

└ 는(보조사) + 커녕(보조사): 보조사는 붙여 써야 함

4. 용언

(1) 동사, 형용사

① 동사와 형용사의 구분

구분		동사	형용사
의미		주어의 동작이나 작용을 나타내는 단어 예 • (책을) 보다 • (빵을) 먹다	주어의 성질이나 상태를 나타내는 단어 예 (맛이) 달다/(날씨가) 춥다 (책이) 많다/(거짓이) 아니다
어미의 종류	감탄형 종결 어미	동사 어간 + -는구나 예 늙다: 너도 점점 늙는구나.	형용사 어간 + -구나 예 젊다: 늦게까지 공부하는 것을 보니 너도 아직 젊구나.
	현재 시제 선어말 어미	동사 어간 + -ㄴ/는- + 어미(○) 예 영희는 밥을 먹는다.(○)	형용사 어간 + -ㄴ/는- + 어미(×) 예 지혜는 지혜롭는다.(×)
	명령형/청유형 종결 어미	동사 어간 + 명령형/청유형 어미(○) 예 먹어라(○), 보아라(○), 일어나자(○), 읽자(○)	형용사 어간 + 명령형/청유형 어미(×) 예 행복해라(×), 건강해라(×), 곱자(×)

개념 더하기 헷갈리기 쉬운 동사와 형용사

동사			형용사		
• 낡다	• 맞다	• 모자라다	• 없다	• 알맞다	• 흐드러지다
• 늙다	• 못나다	• 못생기다	• 젊다	• 예쁘다	• 걸맞다
• 닮다	• 잘나다	• 잘생기다	• 아름답다	• 맞다	

② 동사와 형용사로 모두 쓰이는 단어: 늦다, 크다, 있다, 밝다, 굳다, 감사하다

구분	동사	형용사
늦다	정한 때보다 지나다. 예 그는 약속 시간에 매번 늦는다.	• 기준이 되는 때보다 뒤져 있다. 예 작년에는 눈이 늦게 내렸다. • 시간이 알맞은 때를 지나 있다. 또는 시기가 한창인 때를 지나 있다. 예 늦은 점심을 먹었다. • 곡조, 동작 따위의 속도가 느리다. 예 박자가 늦은 곡을 들으면 졸리다.

01 품사

구분	동사	형용사
크다	• 동식물의 몸의 길이가 자라다. 예 날씨가 건조하면 나무가 크지 못한다. • 사람이 자라서 어른이 되다. 예 아이가 크면서 점점 총명해졌다. • 수준이나 능력 따위가 높은 상태가 되다. 예 한창 크는 분야라서 지원자가 많다.	• 사람이나 사물의 외형적 길이, 넓이, 높이, 부피 따위가 보통 정도를 넘다. 예 • 새로 산 집이 무척 크다. • 큰 집을 장만하는 것이 내 꿈이다. • 사람의 됨됨이가 뛰어나고 훌륭하다. 예 큰 인물을 배출하다.
있다	• 사람이나 동물이 어느 곳에서 떠나거나 벗어나지 아니하고 머물다. 예 그녀는 오늘 집에 있는다고 했다. • 사람이 어떤 직장에 계속 다니다. 예 다니던 직장에 그냥 있어라. • 사람이나 동물이 어떤 상태를 계속 유지하다. 예 떠들지 말고 얌전하게 있어라. • 얼마의 시간이 경과하다. 예 배가 아팠는데 조금 있으니 괜찮아졌다.	• 사람, 동물, 물체 따위가 실제로 존재하는 상태이다. 예 나는 신이 있다고 믿는다. • 어떤 일이 이루어지거나 벌어질 계획이다. 예 오늘 회식이 있습니다. • 어떤 물체를 소유하거나 자격이나 능력 따위를 가진 상태이다. 예 영희는 돈이 있다.
밝다	밤이 지나고 환해지며 새날이 오다. 예 • 벌써 새벽이 밝아 온다. • 곧 날이 밝으면 출발할 수 있다.	• 불빛 따위가 환하다. 예 밝은 조명 • 생각이나 태도가 분명하고 바르다. 예 예의가 밝다. • 예측되는 상황이 긍정적이고 좋다. 예 전망이 밝다. • 어떤 일에 대하여 잘 알아 막히는 데가 없다. 예 세상 물정에 밝다.
굳다	• 무른 물질이 단단하게 되다. 예 시간이 지날수록 진흙이 굳는다. • 근육이나 뼈마디가 뻣뻣하게 되다. 예 손발이 굳다. / 혀가 굳다. • 표정이나 태도 따위가 부드럽지 못하고 딱딱하여지다. 예 꾸지람을 듣자 그의 얼굴은 곧 굳었다. • 몸에 배어 버릇이 되다. 예 한번 말버릇이 굳어 버리면 여간해서 고치기 어렵다. • 돈이나 쌀 따위가 헤프게 없어지지 않고 자기의 것으로 계속 남게 되다. 예 네가 밥 안 먹으면 쌀 굳고 좋지, 뭐.	• 누르는 자국이 나지 아니할 만큼 단단하다. 예 굳은 시멘트 • 흔들리거나 바뀌지 아니할 만큼 힘이나 뜻이 강하다. 예 굳은 결심, 굳게 맹세하다. • 재물을 아끼고 지키는 성질이 있다. 예 그는 사람됨이 굳고 인색해서 돈을 빌려 주는 법이 없다.

감사하다	(…에게 …에 / …에게 …을 / …에게 -음을 / …에 대하여) 고맙게 여기다. 예 • 나는 친구에게 도와준 것에 감사하는 마음을 표했다. • 나는 그가 이곳을 직접 방문해 준 것에 감사하고 있다. • 그는 힘써 준 것에 대하여 어르신께 진심으로 감사하고 있습니다.	(…이 / -어서 / -으면) 고마운 마음이 있다. 예 • 당신의 작은 배려가 대단히 감사합니다. • 무례를 용서해 주시면 감사하겠습니다.

(2) 용언의 어간과 어미

① 용언의 어간: 용언이 활용할 때 변하지 않는 부분

② 용언의 어미: 용언의 어간을 제외한 나머지 부분으로, 용언이 활용할 때 변하는 부분

• 선어말 어미

종류	기능	형태	예
시제 선어말 어미	과거	-았-/-었-	솟았다, 예뻤다
	현재	-는-/-ㄴ-	먹는다, 달린다
	미래	-겠-	가겠다, 먹겠다
높임 선어말 어미	주체 높임	-(으)시-	드시고, 앉으시고

• 어말 어미

종류		형태	예
종결 어미	평서형	-ㅂ니다, -습니다, -다, -아/-어	먹는다.
	의문형	-ㅂ니까, -습니까, -(으)ㄹ까	먹었을까?
	명령형	-아라/-어라	먹어라.
	청유형	-자, -(으)세	먹자.
	감탄형	-는구나, -구나	먹는구나!
연결 어미	대등적	-고, -(으)며	비가 오고 바람이 분다.
	종속적	-아서/-어서	비가 와서 소풍이 취소됐다.
	보조적	-아/-어	범인을 잡아 버렸다.
전성 어미	명사형	-ㅁ, -음 / -기	밥을 먹기 싫다.
	관형사형	-던 / -ㄴ, -은, -는 / -ㄹ, -을	내가 먹던 약이다.
	부사형	-게 / -도록	밥을 먹게 두어라.

(3) 본용언과 보조 용언 ─ 용언이 여러 개 연이어 나타날 때만 본용언·보조 용언 구분

① 본용언: 문장의 주체를 서술하는 용언으로, 용언이 여러 개 있을 때는 맨 앞에 있는 용언은 본용언임

② 보조 용언: 본용언 뒤에서 본용언을 도와주는 용언으로, 본용언의 뜻을 보충함

예 철수는 빵을 먹고(본) 간다(본). / 철수는 빵을 먹어(본) 간다(보조).

③ 본용언과 보조 용언으로 모두 쓰이는 단어

	본용언으로 쓰일 때 예	보조 용언으로 쓰일 때 예
가다	흥부가 집에 가다.	우리는 공부를 할수록 더 많은 것을 알아 간다.
버리다	마당에 쓰레기를 버렸다.	• 그의 손을 놓쳐 버렸다. • 동생이 내 과자를 먹어 버렸다.
오다	춘향이가 서울로 온다.	창문 너머로 날이 밝아 온다.
쌓다	선조는 성벽을 쌓았다.	• 그렇게 동생을 놀려 쌓으면 못쓴다. • 왜 울어 쌓느냐?
내다	• 번화가에 상점을 냈다. • 회사에 지원서를 내다.	• 그는 분노를 참아 냈다. • 고구려는 적의 침략을 막아 냈다.
대다	• 수화기에 귀를 대다. • 항구에 배를 대다.	• 학생들이 교실에서 떠들어 대다. • 그는 음식을 먹어 대다.
주다	철수에게 스카프를 줬다.	• 한글을 가르쳐 주었다. (본용언 + 보조 용언) • 죽을 먹여 주었다. (본용언 + 보조 용언) • 설거지를 해 주었다. (본용언 +보조 용언)
하다	쓸데없는 일만 골라 하니 저렇게 시간을 낭비할 수밖에 없다.	• 생선이 싱싱하기도 하다. • 영수는 종종 바닷가에 나가기도 한다. • 날씨가 좋고 하니 놀러 가자.
아니하다(않다)	'아니하다' 본용언 ×	• 피자를 먹지 않았다. • 나는 춥지 않다.
못하다	• 노래를 못하다. • 음식 맛이 못하다.	피자를 먹지 못했다.
있다	• 그는 집에 있었다. (동사) • 배가 아팠는데 조금 있으니 괜찮아지더라. (동사) • 여기서 조용하게 있어라. (동사) • 신은 있다. (형용사)	• 꽃이 피어 있다. • 꽃이 피고 있다. └ '-어 있다', '-고 있다'의 '있다' → 보조 동사
보다	푸르른 바다를 보았다.	• 음식을 먹어 보다. ─ 시험·경험 → 보조 동사 • 실력이 대단한가 보다. ─ 추측·이유·원인 → 보조 형용사

(4) '본용언 + 본용언' / '본용언 + 보조 용언' 구분 방법

① 용언 + '-아서/어서'의 합성이 가능하면 본용언 + 본용언

예 사과를 깎아서 주었다.(○) → 본용언 + 본용언

② 용언 + 아니하다(않다), 못하다 — 본용언의 품사를 따름

보조 용언

예 철수는 학교에 가지 않았다. / 영수는 라면을 먹지 못하다.

③ 용언 + 양하다, 체하다, 척하다, 법하다, 만하다, 듯하다, 뻔하다, 듯싶다, 성싶다

보조 동사 / 보조 형용사 (양하다), 보조 동사 (체하다, 척하다), 보조 형용사 (법하다 ~ 성싶다)

예 • 그 사람은 아무것도 모르는 양하며 시치미를 뗐다. (보조 동사)

• 휘파람을 부는 것을 보니 기분이 좋은 양하다. — 보조 형용사

• 잘난 체하다. / 먹는 척하다.

• 눈이 내릴 법하다. / 놀랄 만하다. / 읽는 듯하다.

④ 용언 + 싶다 — 보조 형용사

예 나는 아이스크림을 먹고 싶다.

⑤ 용언(-아/어, -고) + 있다 — 보조 동사

예 꽃이 피어 있다. / 꽃이 피고 있다.

⑥ 용언 + 가다, 오다 — go, come의 의미 ×

보조 동사

예 글을 다 읽어 간다. / 날이 서서히 밝아 오다.

⑦ 용언 + 보다 — see의 의미 ×

경험: 보조 동사

추측, 원인: 보조 형용사

예 오랜만에 떡을 먹어 보다. / 식구들이 모두 돌아왔나 보다.

⑧ 용언 + 주다 — give의 의미 ×

봉사하다: 보조 동사

예 환자에게 죽을 먹여 주었다. / 한글을 가르쳐 주었다. / 아내를 위해 설거지를 해 줬다.

5. 수식언

(1) 관형사: 체언을 꾸며 주는 단어

성상 관형사	새 책, 헌 책, 어느 사람, 온갖 사물, 옛 모습, 모든 사람, 몇 명, 무슨 말, 갖은 고생
지시 관형사	이 사람, 그 책, 저 교장 선생님
수 관형사	배 세 척, 사과 네 개

개념 더하기 품사 통용

관형사의 품사 통용

형태	쓰임		예
갖은	갖가지의 또는 온갖		어머니께서 갖은 음식을 준비하셨다.
별	관형사	보통과 다르게 두드러진	별 희한한 일을 다 보겠네.
	접미사	그것에 따른	능력별, 계층별
아무	관형사		나는 그 일에 대해 아무 불만도 없다. 아무 일도 없다.
	대명사		집에 아무도 없다.
여느(여늬 ×)	보통의		영수는 여느 아이들과는 다르게 참 똑똑하고 눈치가 빨라.
온갖	이런저런 여러가지의		놀부는 온갖 나쁜 짓을 도맡아 한다.
온	전체의, 또는 전부의		봄이 오니 온 천지에 꽃이 피었다.
외딴	떨어져 있는		그 산 속에는 아무도 모르는 외딴 마을이 있다.
어느	여럿 가운데의 어떤		네가 좋아한다는 사람이 저 중 어느 사람이니?
여러	수효가 많은		그녀는 여러 나라를 돌아다니며 여행했다.
모든	빠짐이나 남김이 없이 전부의		선생님은 반의 모든 아이들에게 사탕을 나눠 주었다.
오랜	동안이 오래된		그녀는 나의 오랜 친구이자 연인이었다.
옛	지나간 때의		경주에 가면 우리 옛 조상들의 흔적을 볼 수 있다.
허튼	쓸데없이 헤프거나 막된		그 사람이 농담은 하지만 허튼 말은 하지 않는다.
한다하는	수준이나 실력 따위가 상당하다고 자처하거나 그렇게 인정받는		그 사람은 서울에서도 한다하는 집안에서 자랐다.

부사의 품사 통용

형태	쓰임		예
모두	명사	일정한 수효나 양을 기준으로 하여 빠짐이나 넘침이 없는 전체	식구 모두가 여행을 떠났다. (조사 ○)
	부사	일정한 수효나 양을 빠짐 없이 다	그릇에 담긴 소금을 모두 쏟았다. (조사 ×)

(2) **부사**: 주로 용언을 수식(활용하지 않음)

① 성분 부사

성상 부사	• 아주, 매우, 너무, 가장 • 상징 부사(의성어, 의태어): 철썩철썩, 깡충깡충, 흔들흔들, 헐떡헐떡, 촐랑촐랑, 방글방글
지시 부사	이리, 그리, 저리
부정 부사	• 안 일어났다. • 못 일어났다.

개념 더하기 부정의 보조 용언

- 일어나지 않았다.: 보조 동사
- 일어나지 못했다.: 보조 동사

② 문장 부사

양태 부사	과연, 설마, 제발, 결코, 아마 등	예 과연 솜씨가 훌륭해!
접속 부사	그리고, 그러나, 즉, 곧, 또는, 및 등	예 그리고 배를 탔다.

개념 더하기 부사의 수식

- 용언 수식 예 • 그는 매우 착하다.
  • 우리 반에서 키가 가장 큰 아이는 준수다.
- 관형사 수식 예 아주 새 것
- 부사 수식 예 매우 자주 다닌다.
- 문장 수식 예 제발 비가 왔으면 좋겠다.
- 체언 수식 예 바로 옆집에 삼촌이 사신다.

6. 독립언

(1) 감탄사

감정	아, 아차, 아하, 아이코 등	예 아, 세월이 빠르구나.
의지	자, 에라, 글쎄, 천만에 등	예 자, 이제 그만 가자.
호응	여보, 여보세요, 예, 그래 등	예 예, 저요?
입버릇	뭐, 아, 저, 응 등	예 뭐, 난 여기 못 올 덴가.
답변	네, 아니요	예 네, 부르셨습니까?

7. 품사의 통용

(1) 대로, 만큼, 뿐

① 어간 + 관형사형 전성 어미(-(으)ㄴ, -(으)ㄹ, -는, -던) + 대로, 만큼, 뿐(의존 명사)

예
- 집에 도착하는 대로 편지를 쓰다.
- 들어오는 대로 전화 좀 해 달라고 전해 주세요.
- 나도 참을 만큼 참았다.
- 할 만큼 했다.
- 그는 미소만 지을 뿐이었다.

② 체언 + 대로, 만큼, 뿐(조사)

예
- 큰 것은 큰 것대로 따로 모아 두다.
- 네 생각대로 일을 처리하면 안 된다.
- 나도 그 사람만큼 할 수 있다.
- 집뿐만 아니라 회사에서도 그런다.

(2) 양, 체, 척, 법, 만, 듯

① 관형어(관형사, 어간 + 관형사형 전성 어미 등) + 양, 체, 척, 법, 만, 듯(의존 명사)

예 애써 태연한 체 길을 걸었다. / 태연한 척을 하다.

② 용언 + 양하다(보조 동사, 보조 형용사)

예
- 그 사람은 아무것도 모르는 양하며(보조 동사) 시치미를 뗐다.
- 그는 이미 집에 간 양하다(보조 형용사).

③ 용언 + 체하다, 척하다(보조 동사)

예 모르는 사람이 나와 친한 척한다. / 태연한 척하다.

④ 용언 + 법하다, 만하다, 듯하다(보조 형용사)

예 그 일은 할 법하다. / 비가 올 듯하다.

(3) 이, 그, 저

구분	형식	예
대명사	조사와 결합	그는 착한 사람이다.
관형사	체언을 수식	그 사람은 착하다.

(4) 수

구분	형식	예
수사	조사와 결합	여기 모인 사람은 모두 여덟이다.
관형사	체언을 수식	여덟 사람이 모여 농구를 했다.

(5) 보다

구분	형식	예
조사	체언과 결합	나는 누구보다(than) 동생에 대해 잘 안다.(비교)
부사	용언을 수식	보다(한층 더) 나은 내일을 위해 노력해라.

(6) -적

구분	형식	예
명사	-적 + 조사	• 그는 이지적이다. • 한국적인 분위기 • 김홍도의 그림은 한국적이다.
관형사	-적 + 명사	• 그는 이지적 인간이다. • 이 그림은 한국적 정서가 물씬 풍긴다.
부사	-적 + 용언	• 가급적 쉽게 문제를 출제하라. • 우리나라의 출산율은 비교적 낮은 편이다. 참고 비교적 교통이 편리한 곳에 사무실이 있다.

(7) 지

구분	의미	예
의존 명사	시간의 흐름, 경과 O	내가 너를 만난 지 일 년이 되었구나.
어미	시간의 흐름, 경과 ×	• 그 일을 할지 말지 고민이다. • 그가 뭐라 말할지 기대된다. 어미 '-ㄹ지'

(8) 다른

구분	의미	예
관형사(他)	나머지(서술성 ×)	이것 말고 다른 물건을 보여 주세요.
형용사(異)	같지 않다(서술성 O)	나는 동생과 성격이 다른 사람이다.

실전 학습 문제

정답 및 해설 2p

01 다음 글에 따라 <보기>의 ⓐ~ⓓ를 짝지은 것으로 올바르지 않은 것은?

> 국어에서의 명사는 사람, 사물, 장소 등의 이름을 나타내는 단어를 말한다. 명사는 관형어의 꾸밈을 받을 수 있고, 사용 범위에 따라 보통 명사, 고유 명사로 나뉜다.
>
> 보통 명사는 일반적인 사물, 장소, 추상적인 개념 등을 가리키는 명사로, 동일한 종류에 속하는 모든 개체를 포괄적으로 지칭하는 말이다.
>
> 고유 명사는 특정한 것들을 다른 것들과 구별하기 위해 붙인 이름이다. 이는 특정한 개체나 대상을 구체적으로 지칭하기 때문에, 문장에서 특정한 정보를 제공하는 역할을 한다.

> 보기
>
> 나는 ⓐ 철수와 서울에 올라가서 한강을 구경하고 ⓑ 편의점에서 ⓒ 라면과 ⓓ 새우깡을 구매하였다.

① ⓐ: 고유 명사

② ⓑ: 보통 명사

③ ⓒ: 고유 명사

④ ⓓ: 고유 명사

02 다음 글에 따라 밑줄 친 단어를 분석했을 때, 품사가 다른 하나는?

> 한국어에서는 수사를 독립된 품사로 보고 체언에 배속시킨다. '수 관형사'와 헷갈릴 수 있지만 수사는 체언이고 수 관형사는 수식언에 속하는 관형사이다. 예를 들어 '여덟을 세겠다.'의 여덟은 목적어로 쓰인 수사이고, '여덟 살입니다.'의 여덟은 의존 명사 '살'을 수식하는 수 관형사이다.
>
> 이 둘의 구분은 뒤의 환경을 잘 보면 되는데, 명사처럼 조사가 곧바로 붙으면 수사, 뒤에 의존 명사 등과 같이 다른 명사가 있고 그것을 꾸미고 있으면 수 관형사이다.
>
> 예시로 '포도 일곱 개를 주세요.'에서 '일곱'은 수 관형사로 수사가 아니다. '일곱이 개', '일곱을 개' 등과 같이 조사가 붙은 형태가 자연스럽지 않다는 점을 보면 알 수 있다. 이에 반해 '포도 일곱을 주세요.'에서 '일곱'은 앞의 예시와는 다르게 수사이다. 뒤에 조사 '을'이 붙어 있으니 이는 체언임을 알 수 있다.

① 옆집 식구는 여섯이다.

② 영화관에 들어가 셋째 줄에 앉았다.

③ 서울에서 부산까지 기차로 다섯 시간 정도 걸린다.

④ 친구들과 한두 마디 인사를 교환했다.

[03~04] 다음 글을 읽고 물음에 답하시오.

> 품사 통용이란 한 단어에 둘 이상의 품사가 공유되는 현상이다. 품사 통용에는 여러 가지 단어들이 있는데 그중에서 '크다'는 '수준이나 능력 따위가 높은 상태가 되다'의 의미이거나 '동식물의 몸의 길이가 자라다'의 의미일 경우에는 동사가 된다. 반면 '사람이나 사물의 외형적 길이, 넓이, 높이 따위가 보통 정도를 넘다' 혹은 '사람의 됨됨이가 뛰어나고 훌륭하다'의 의미일 경우에는 형용사가 된다.
>
> '있다' 역시 동사와 형용사가 모두 존재하는데 '영희는 공원에 있다'와 같이 '사람이나 동물이 어느 곳에서 떠나거나 벗어나지 아니하고 머물다'의 의미일 경우, '너는 그냥 회사에 계속 있어라'와 같이 '사람이 어떤 직장에 계속 다니다'의 의미일 경우, '모두 조용히 있어라'와 같이 '사람이나 동물이 어떤 상태를 계속 유지하다'의 의미일 경우, '배가 고팠는데 조금 있으니 배고픈 줄 모르겠다'와 같이 '얼마의 시간이 경과하다'의 의미일 경우에는 동사가 된다. 반면 '신은 있다'와 같이 '사람, 동물, 물체 따위가 실제로 존재하는 상태'의 의미일 경우, '회식이 있을 예정이다'와 같이 '어떤 일이 이루어지거나 벌어질 계획이다'의 의미일 경우, '나에게 사과가 있다'와 같이 '어떤 물체를 소유하거나 자격이나 능력 따위를 가진 상태'의 의미일 경우에는 모두 형용사가 된다. 이와 달리 '있다'의 반의어인 '없다'는 형용사만 존재한다.
>
> 또한 '밝다'는 '아침이 오다, 새벽이 오다'와 같이 '밤이 지나고 환해지며 새날이 오다'의 의미일 경우 동사가 되고, '불빛 따위가 환하다', '생각이나 태도가 분명하고 바르다', '예측되는 상황이 긍정적이고 좋다', '어떤 일에 대하여 잘 알아 막히는 데가 없다'와 같은 나머지 다른 뜻은 모두 형용사가 된다.

03 윗글에 따라 밑줄 친 단어를 분석했을 때, 품사가 다른 것은? 17. 국회직 9급 변형

① 아무런 증세가 없어서 조기 발견이 어렵다.
② 키가 몰라보게 컸구나.
③ 앞으로 사흘만 있으면 추석이다.
④ 내일 아침이 밝으면 떠나겠다.

04 윗글에 따라 밑줄 친 단어를 분석했을 때, 품사가 다른 하나는?

① IT 산업은 미래가 밝다.
② 김구 선생은 큰 인물이다.
③ 그 직장에 계속 있어라.
④ 입맛이 없느냐?

05 다음 글에 따라 밑줄 친 단어를 분석했을 때, 품사가 다른 하나는?

> '수사'는 '사물의 수량이나 순서를 나타내는 말'이다. 수사는 크게 두 가지로 나눌 수 있는데 먼저 '하나, 둘, 셋, 넷…'과 같이 수량을 나타내는 말은 양수사라 하고 '첫째, 둘째, 셋째…'와 같이 순서를 나타내는 말은 서수사라고 한다.
>
> 그런데 '수'를 나타낸다고 해서 모두 수사는 아니다. '수'를 나타내지만 '수사'가 아닌 경우가 있는데, 바로 단위 명사를 꾸미는 '수 관형사'가 그러하다. '한 명, 두 명, 세 명…'과 같이 수를 세는 말 뒤에 의존 명사가 오는 경우에는 수사가 아니라 수 관형사에 해당한다.

① 그 아이는 하나를 보면 열을 안다.
② 아버지는 아들 셋과 딸 둘을 두었다.
③ 이 음식은 둘이 먹다 하나가 죽어도 모를 맛이다.
④ 열 길 물속은 알아도 한 길 사람 속은 모른다.

실전 학습 문제

[06~07] 다음 글을 읽고 물음에 답하시오.

> 조사는 체언에 붙어 문장에서의 관계를 나타내거나 의미를 더해주는 역할을 하는 중요한 문법 요소이다. 한국어의 조사는 크게 격 조사, 접속 조사, 보조사로 분류할 수 있다.
>
> 격 조사는 체언에 붙어 그 체언이 문장에서 어떤 자격으로 쓰이는지를 나타내는 조사로 주격, 서술격, 목적격, 보격, 관형격, 부사격 등이 있다. 격 조사에서 '이/가'의 형태는 주격 조사와 보격 조사의 형태가 동일한데, '되다, 아니다' 앞에 쓰이는 '이/가'는 보격 조사이고 나머지는 모두 주격 조사이다. 또한 '에서' 역시 주격 조사와 부사격 조사로 쓰이는데, '에서'가 단체나 집단 명사 뒤에 쓰이면서 '이/가'로 대체될 수 있으면 주격 조사, 장소나 출발점 등의 의미를 지니고 있으면 부사격 조사에 해당한다. 조사는 활용을 하지 않는데, 특별히 서술격 조사 '이다'는 활용한다는 특징이 있다.
>
> 접속 조사는 두 개 이상의 단어를 같은 자격으로 이어 주는 조사이고, 보조사는 체언에 붙어 체언에 강조, 대조, 한정 등 특별한 의미를 더해 주는 조사이다.
>
> '와/과, (이)랑, 하고'의 경우에는 격 조사와 접속 조사의 형태가 모두 존재하는데 그 구분은 '와/과, (이)랑, 하고'의 앞뒤 단어의 자격을 통해 확인할 수 있다. '서울과 부산은 넓다'와 같이 앞뒤 단어가 같은 자격을 지닌 경우에는 접속 조사, '그는 동생과 살고 있다'와 같이 다른 자격을 지닌 경우에는 부사격 조사에 해당한다.

06 윗글에 따라 밑줄 친 부분과 조사를 짝지은 것으로 올바르지 않은 것은?

① 할아버지께서 시장에 가셨다. → 격 조사

② 그는 학생이며 뛰어난 운동선수였다. → 격 조사

③ 그것만 알고 싶어요. → 보조사

④ 나는 영미와 결혼하였다. → 접속 조사

07 윗글에 따라 <보기>의 밑줄 친 표현을 분석했을 때, 주격 조사가 아닌 것은? 14. 경찰직(2차) 변형

> 보기
>
> ㉠ 철수는 학생이 아니다.
>
> ㉡ 정부에서 학생들에게 장학금을 주었다.
>
> ㉢ 영수가 물을 마신다.
>
> ㉣ 할아버지께서 집에 오셨다.

① ㉠의 '이' ② ㉡의 '에서'

③ ㉢의 '가' ④ ㉣의 '께서'

08 다음 글에 따라 밑줄 친 단어를 분석했을 때, ⓐ가 아닌 것은? 17. 기상직 9급 변형

> 명사를 자립성 유무에 따라 의존 명사와 자립 명사로 분류할 수 있다. ⓐ 의존 명사는 반드시 관형어의 수식을 받아야만 문장에 쓰일 수 있지만, 자립 명사는 앞말의 수식 없이도 사용할 수 있다. 덧붙여 '단위'는 모두 '수' 뒤에 쓰이기 때문에 의존 명사에 해당한다.

① 어머니는 할 수 있는 일을 모두 하셨어.

② 벌써 거기까지 갔을 리가 없지 않니?

③ 우리가 다니는 학교는 참 시설이 좋아.

④ 대영아, 조기 한 두름만 사 오너라.

09 다음 글을 읽고 추론한 것으로 적절하지 않은 것은?

> 동사와 형용사를 구분하는 방법 중에는 의미를 보는 방법과 어미의 종류를 보는 방법이 있다.
>
> 의미에 따른 구분은 동사와 형용사가 주어를 어떻게 나타내고 있는지를 살펴보면 된다. 동사는 주어의 동작이나 작용을, 형용사는 주어의 성질이나 상태를 나타낸다.
>
> 어미의 종류에 따른 구분은 감탄형 종결 어미와 현재 시제 선어말 어미 그리고 명령, 청유형 종결 어미로 파악하는 것이다. 감탄형 종결 어미에 따른 구분은 어간에 '-는구나'를 결합하여 알 수 있다. 결합이 가능한 경우는 동사, 결합이 불가능한 경우는 형용사로 구분이 된다. 현재 시제 선어말 어미에 따른 구분은 용언의 어간에 '-는다' 또는 '-ㄴ다'를 붙여 말이 되는 경우 동사, 그렇지 않은 경우는 형용사로 구분한다.
>
> 하지만, 동사와 형용사로 모두 쓰이는 '늦다, 밝다, 길다'와 같은 단어(통용어)들도 있다. 이 단어들은 문장에서 쓰이는 의미에 따라 그 품사가 달라진다.

① '늙다'는 '늙는다'로 '-는다'와 결합하여 활용 가능하므로 동사이다.

② '모자라다'는 '모자라는구나'로 '-는구나'와 결합하여 활용 가능하므로 동사이다.

③ '늦다'는 '-는다'와 결합하여 '늦는다'로 활용 가능하므로 동사로 쓸 수 있지만, '늦은 시간'과 같이 '늦은'으로도 사용이 가능하여 형용사의 품사도 지닌 통용어이다.

④ '붐비다'는 '붐빈다'로 '-ㄴ다, -는구나'와 결합하여 활용 가능하므로 형용사이다.

10 다음 글을 읽고 추론했을 때, 밑줄 친 말의 품사가 다른 하나는?

> 국어에서의 동사와 형용사는 용언으로 분류되며, 문장에서 중요한 역할을 한다. 동사와 형용사는 모두 활용을 통해 다양한 형태로 변하지만, 그 의미와 용법에는 차이가 있다.
>
> 동사는 주로 동작이나 작용을 나타내며 주어의 행위나 상태의 변화를 나타내지만, 형용사는 주로 상태나 성질을 나타낸다.
>
> 그러나 하나의 단어가 2가지 이상의 문법적 성질을 가져 동사와 형용사로 사용되는 경우가 있다. 예를 들어 '크다'의 경우 '옷이 너무 커서 맞지 않는다'와 같이 '상태나 성질 등'을 나타내는 경우에는 형용사로 쓰이지만, '영양결핍으로 키가 크지 못하다.', '회사가 나날이 크고 있다'와 같이 '자라다, 성장하다'의 의미를 지닐 때에는 동사로 쓰인다.

① 기대한 만큼 실망도 <u>크다</u>.

② 반도체는 한창 <u>크는</u> 분야라서 미래가 밝다.

③ 돈의 액수가 <u>크다</u>.

④ 그는 역사에 <u>큰</u> 업적을 남겼다.

실전 학습 문제

[11~13] 다음 글을 읽고 물음에 답하시오.

조사는 기능과 의미에 따라 격 조사, 접속 조사, 보조사로 나눌 수 있다.

격 조사는 체언이 문장 안에서 일정한 자격을 가지게 해 주는 조사로서 주격, 목적격, 관형격, 부사격, 서술격, 보격, 호격 조사로 나눌 수 있다. 주격 조사는 '이/가, 에서' 등으로, 체언이 주어의 자격을 가지게 하며, 목적격 조사는 '을/를'로, 체언이 목적어의 자격을 가지게 한다. 관형격 조사는 '의'로, 체언이 관형어의 자격을 가지게 하며, 부사격 조사는 '에, 에게, 에서, (으)로, 와/과' 등으로, 체언이 부사어의 자격을 가지게 한다. 보격 조사는 '이/가'로, 서술어 '되다, 아니다' 앞에 오는 체언이 보어의 자격을 가지게 한다. 서술격 조사는 '이다'로 체언이 서술어의 자격을 가지게 하고, 호격 조사는 '아/야, (이)시여' 등으로 체언이 호칭어가 되게 한다.

접속 조사는 두 단어를 같은 자격으로 이어 주는 조사로 '와/과'가 대표적이며 '하고, (이)며' 등이 여기에 속한다.

보조사는 특별한 의미를 덧붙여 주는 조사로 '도, 만, 까지, 요' 등이 속한다. 보조사는 체언 뒤는 물론이고, 여러 문장 성분 뒤에도 나타날 수 있다.

조사는 서로 겹쳐 쓰기도 하는데, 이를 ⓐ 조사의 중첩이라 한다. 그러나 겹쳐 쓸 때 순서가 있다. 주격 조사, 목적격 조사, 보격 조사, 관형격 조사는 서로 겹쳐 쓸 수 없으나 보조사와는 겹쳐 쓸 수 있는데, 대체로 보조사의 뒤에 쓴다. 부사격 조사는 부사격 조사끼리 겹쳐 쓸 수 있고 다른 격 조사나 보조사와도 겹쳐 쓸 수 있는데, 일반적으로 다른 격 조사나 보조사의 앞에 쓴다. 보조사는 보조사끼리 겹쳐 쓸 수 있고 순서도 자유로운 편이지만, 의미가 모순되는 보조사끼리는 겹쳐 쓰기 어렵다.

11 **윗글에 따라 <보기>의 밑줄 친 부분에 해당하는 격 조사를 짝지은 것으로 올바르지 않은 것은?**

14. 경찰직(2차) 변형

> 보기
>
> ㉠ 그는 선생님이 아니다.
> ㉡ 할머니께서 집에 오셨다.
> ㉢ 영수는 우유를 마시고 있다.
> ㉣ 학교에서 학생들에게 장학금을 주었다.

① ㉠ - 보격 조사
② ㉡ - 주격 조사
③ ㉢ - 목적격 조사
④ ㉣ - 부사격 조사

12 **윗글에 따라 밑줄 친 부분을 분석한 내용으로 적절하지 않은 것은?**

① '눈이 오는데 바람까지 분다.'의 '까지'는 다시 그 위에 더한다는 의미를 가진 보조사이다.
② '우리 지역에서 축제를 개최하였다.'의 '에서'는 단체 명사 뒤에 쓰이는 부사격 조사이다.
③ '청춘이여, 영원하라.'의 '이여'는 어떤 대상을 부를 때 쓰는 호격 조사이다.
④ '철수는커녕 영수도 오지 않았다.'의 '커녕'은 '말할 것도 없거니와 도리어'의 뜻을 나타내는 보조사이다.

13 윗글의 ⓐ에 따라 <보기>의 ㉠~㉣을 분석한 내용으로 적절하지 않은 것은?

보기

㉠ 길을 걷다가 영수가를* 만났다.
㉡ 그것을 본 사람이 당신만이(당신이만*) 아니다.
㉢ 영희는 시골에서의(시골의에서*) 조용한 삶을 꿈꾼다.
㉣ 모든 관심이 대통령에게로(대통령로에게*) 쏟아졌다.

*는 비문 표시임.

① ㉠에서는 주격 조사와 목적격 조사는 겹쳐 쓸 수 없음을 확인할 수 있군.
② ㉡에서는 보조사와 보격 조사가 결합할 때 보격 조사가 뒤에 쓰였군.
③ ㉢에서는 부사격 조사와 관형격 조사가 결합할 때 관형격 조사가 뒤에 쓰였군.
④ ㉣에서는 부사격 조사와 보조사가 결합할 때 부사격 조사가 보조사 앞에 쓰였군.

14 다음 글에 따라 추론했을 때, 밑줄 친 말의 품사가 다른 하나는?

16. 서울시 7급 변형

동사는 사물의 동작이나 작용을 나타내는 품사이고, 형용사는 사물의 성질이나 상태를 나타내는 품사이다.

동사와 형용사를 구분하는 방법은 크게 세 가지이다. 먼저 현재 시제 선어말 어미를 통해 구분하는 방법이 있다. 동사는 현재 시제 선어말 어미를 붙일 수 있지만 형용사는 불가능하다. 예컨대, '동생은 밥을 먹는다.'에서 '-는'이 붙은 '먹는다'는 동사이고, '언니는 지혜롭는다.'에서 '지혜롭다'는 '-는'이 붙었을 때 부자연스러우므로 형용사이다.

또 청유형, 명령형 종결 어미를 통해 구분하는 방법이 있다. 동사는 청유형, 명령형 종결 어미를 붙일 수 있지만 형용사는 불가능하다.

마지막으로 감탄형 종결 어미를 통해 구분하는 방법이 있다. 동사는 감탄형 종결 어미 '-는구나'를 붙이고 형용사는 '-구나'를 붙인다. 예를 들어, '나도 점점 늙는구나'에서 '늙다'에 '-는구나'를 붙여 만든 '늙는구나'는 동사이고, '새벽까지 노는 것을 보니 넌 아직 젊구나.'에서 '젊다'에 '-구나'를 붙여 만든 '젊구나'는 형용사이다.

① 잠이 모자라서 늘 피곤하다.
② 사업을 하기에 자금이 턱없이 부족하다.
③ 어느새 새벽이 지나고 날이 밝는다.
④ 한 마리였던 돼지가 지금은 열 마리로 늘었다.

실전 학습 문제

15 다음 글에 따라 추론했을 때, 밑줄 친 부분 중 '품사 통용'의 예가 아닌 것은? 12. 사회복지직 9급 변형

> 용언에는 사물의 동작이나 작용을 나타내는 동사와 사물의 성질이나 상태를 나타내는 형용사가 있다. 이 둘의 구분은 어간과 어미 사이에 현재 시제 선어말 어미가 붙느냐에 따라 달라질 수 있다. 즉 '영수는 소갈비를 먹는다'의 '먹다'와 같이 현재 시제 선어말 어미가 붙는 경우에는 동사이고, '나는 네가 좋다'의 '좋다'와 같이 현재 시제 선어말 어미와 결합할 수 없는 경우에는 형용사이다.
>
> 그런데, 단어 중에는 2가지의 품사를 모두 지닌 경우도 존재한다. 예를 들어 '대로', '만큼', '뿐'이라는 단어는 용언의 관형사형 다음에 오면 의존 명사, 체언 다음에 오면 조사이다.
>
> '들은 대로 다 적었다.'에서 '대로'는 관형사형 뒤에 오므로 의존 명사, '네 말대로 했다'에서 '대로'는 체언 뒤에 오므로 조사이다.
>
> '같이'라는 단어는 모양이나 정도를 나타내는 의미로 쓰이면 조사, '함께'라는 의미로 쓰이면 부사이다. 예를 들어, '너같이 똑똑한 아이는 처음 봤다'에서 '같이'는 조사, '우리 같이 여행 가자'에서 '같이'는 부사이다.
>
> '늦다'라는 단어도 '정해진 때보다 지나다'라는 의미로 사용되면 동사, '기준이 되는 때보다 뒤져 있다', '시간이 알맞을 때를 지나 있다'의 의미로 사용되면 형용사이다.

① 집에서뿐만 아니라 회사에서도 칭찬을 들었다. (조사)
칼만 안 들었다 뿐이지 순 날강도다. (의존 명사)

② 올해는 꽃이 늦게 핀다. (형용사)
그는 약속 시간에 항상 늦는다. (동사)

③ 친구와 같이 영화관에 갔다. (부사)
아버지는 항상 소같이 일만 하신다. (조사)

④ 선생님도 많이 늙으셨네요. (형용사)
사람은 나이가 들면 늙는다. (동사)

16 다음 글에 따라 밑줄 친 단어를 분석했을 때, 품사가 다른 것은?

> 형용사는 사물의 상태의 특징이나 성질을 나타내는 단어로, 문장에서 명사나 대명사를 수식하여 그 의미를 더 자세히 전달할 수 있게 해준다. 형용사는 활용할 수 있기 때문에 다양한 어미와 결합이 가능하다.
>
> 이에 반해 관형사는 체언을 수식하여 그 특징을 더 자세히 나타내는 단어로, 문장에서 명사나 대명사의 앞에 위치하여 사용된다. 관형사는 수, 성질, 존재 여부 등을 나타내기도 하며, 다른 품사와 함께 사용될 수 있으나 활용하지 않는다.

① 웬 낯선 사나이가 들어왔다.

② 소녀는 늘 예쁜 얼굴을 자랑스러워했다.

③ 온갖 방법을 가리지 않았다.

④ 철수는 영희의 첫 연주회에 참석했다.

17 다음 글에 따라 분석했을 때, 밑줄 친 말의 품사가 다른 하나는?

> 품사의 수식언에는 관형사와 부사가 있다.
> 관형사는 활용하지 않으며 뒤에 있는 체언을 수식한다. 이는 한국어에만 존재하는 독특한 품사이며 영어나 중국어에서는 존재하지 않고 일본에서는 연체사라고 한다.
> 관형사에는 체언의 상태, 성질을 나타내는 성상 관형사와 '이, 그, 저'와 같은 지시 관형사, 체언의 숫자를 셀 때 쓰이는 수 관형사가 있다.
> 수식언의 또 한 형태인 부사 역시 활용하지 않는데, 부사는 크게 성분 부사와 문장 부사로 나뉜다.
> 성분 부사 중 성상 부사는 용언을 수식하거나 다른 부사 등을 수식하는 단어를 말하며, '야옹야옹', '깡충깡충'과 같은 의성 부사나 의태 부사가 존재한다. '이리, 그리, 저리'의 지시 부사도 지니고 있으며 부정문을 만드는 '안, 못'과 같은 부정 부사도 있다.
> 피수식어 바로 앞에 위치하는 성분 부사와는 다르게 문장 부사는 수식의 범위가 한 단어나 어구에 한정되지 않고 문장 전체에 걸리며 '설마, 제발' 등이 문장 부사에 속한다.

① 긴 시간이 지났음에도 거리는 옛 모습 그대로였다.
② 과연 봄이는 훌륭한 화가였다.
③ 온갖 방법을 다 동원하여라.
④ 아무 옷이라도 빨리 입자.

18 밑줄 친 단어 중 <보기>의 ㉠에 해당하는 예로 볼 수 있는 것은?

> 보기
> 대명사는 인칭에 따라 '나, 우리'와 같은 1인칭, '너, 자네, 그대'와 같은 2인칭, '이분, 그분, 이이, 그이'와 같은 3인칭으로 나뉜다. ㉠ 그런데 다음에서 볼 수 있듯이 동일한 형태가 1인칭, 2인칭, 3인칭 중에서 두 가지 인칭으로 쓰이기도 한다.
> 예1. 당신은 누구십니까? (2인칭)
> 예2. 할머니께서는 당신이 젊었을 때 미인이셨다. (3인칭)

① 가. 그 일은 저희들이 마저 하겠습니다.
나. 애들이 어려서 저희들밖에 모른다.
② 가. 그는 참으로 좋은 사람이다.
나. 그와 같은 사실에 깜짝 놀랐다.
③ 가. 너희를 누가 불렀니?
나. 나는 너희 학교가 마음에 든다.
④ 가. 우리 먼저 갈게요.
나. 우리 팀이 그 대회에서 우승했다.

실전 학습 문제

19 **다음 글에 따라 <보기>의 밑줄 친 단어를 분석했을 때, 같은 품사끼리 묶이지 않은 것은?**

10. 국회직 8급 변형

> 국어에서 품사는 총 9가지로 분류할 수 있다.
>
> 가장 먼저 명사란 대상의 이름 또는 추상적인 개념을 나타내는 단어이다. 그리고 이러한 명사의 이름을 대신하는 단어를 대명사라고 한다. 또 사물의 수량이나 순서를 나타내는 단어는 수사라고 한다. 명사, 대명사, 수사를 묶어 체언으로 분류한다.
>
> 다음으로 문장에서 체언 앞에 놓여 그 말을 수식해 주는 단어를 관형사라 하고, 용언, 부사, 관형사, 문장 전체를 수식하는 단어를 부사라 한다. 관형사와 부사를 묶어 수식언으로 분류한다.
>
> 그리고 놀람, 부름, 대답, 감탄 등을 나타내는 단어는 감탄사로 독립언으로 분류한다.
>
> 또한 체언의 뒤에 붙어 문법적 관계를 나타내는 단어는 조사로 관계언으로 분류한다.
>
> 마지막으로 대상의 움직임을 나타내는 단어인 동사와 대상의 성질이나 상태를 나타내는 단어인 형용사가 있다. 이들은 활용을 하는 용언으로 분류한다.

> **보기**
>
> 혼례는 끝이 났다. 맥이 풀린 듯 넋 빠진 사람처럼 송씨는 마루에 걸터앉아 있었다. 봉제 영감은 사랑에서 손님들과 술을 나누고 있었고, 봉희는 지쳐버린 신부에게 국수를 먹이면서 옷매무새를 고쳐준다.
>
> 성수는 일찍 부터 보이지 않았다. 지석원은 거나하게 술을 마시고 나섰다. 문둥이들도 술이 취해서 즐겁게 문둥이 타령을 하며 춤을 추고 갔다.
>
> "억울합니다. 아씨, 오래오래 사이소."
>
> 지석원은 대문 밖에서 고함을 친다.

① 동사: 걸터앉아, 지쳐버린, 추고

② 형용사: 거나하게, 억울합니다

③ 부사: 일찍, 즐겁게, 오래오래

④ 조사: -는, -처럼, -부터

20 **다음 글을 참고할 때, 밑줄 친 부분 중 ㉠이 실현된 것은?**

18. 국회직 8급 변형

> 부사는 한 성분을 수식하느냐 문장 전체를 수식하느냐에 따라 성분 부사와 ㉠ 문장 부사로 나뉜다. 성분 부사는 문장의 어느 한 성분을 꾸며 주는 부사이다. 예를 들어, '꽃이 매우 예쁘다'에서 '매우', '사람이 아주 많다.'에서 '아주'가 이에 해당한다. 문장 부사는 문장 전체를 꾸며 주는 부사이다. 예를 들어 '다행히 버스를 탈 수 있었다.'에서 '다행히'는 문장 부사에 해당한다.

① 개나리가 활짝 피었다.

② 결코 그는 그 일을 끝낼 수 없을 것이다.

③ 강아지가 사료를 안 먹는다.

④ 일 끝나면 이리 와.

[21~22] 다음 글을 읽고 물음에 답하시오.

용언은 쓰임에 따라 본용언과 보조 용언으로 나뉜다. 본용언과 보조 용언의 개념은 용언과 용언이 연이어 나올 때 고려해야 할 사항인데, 앞 용언은 항상 본용언으로 문장의 주어를 주되게 서술해 주는 역할을 한다. 반면 뒤에 제시되는 용언은 본용언과 보조 용언으로 나뉘게 되는데 용언 뒤에서 독립적인 의미를 지니는 용언이 나올 때에는 뒤의 용언 또한 본용언이고, 용언 뒤에서 본용언의 뜻을 보충하는 역할을 하며 단독으로 주어를 서술하지 못하는 경우에는 보조 용언에 해당한다.

예를 들어, '나는 밥을 먹어서 만족했다'와 같이 용언과 용언이 연이어 나올 때, '나는 밥을 먹었다'와 '(나는) 만족했다'가 각각의 독립적인 의미를 사용하고 있는 경우에는 '본용언+본용언'의 형태로 이루어진 겹문장이 된다. 그러나 '나는 아이스크림을 먹어 버렸다'와 같이 '나는 아이스크림을 먹다'의 의미는 독립적으로 존재하는데 '나는 (아이스크림을) 버렸다'의 의미가 존재하지 않고, 이때의 '버리다'는 단지 앞 용언의 뜻을 '완료'한다는 의미를 보충하는 역할을 하는 경우에는 ㉠ '본용언+보조 용언'의 형태를 지닌다.

21 윗글을 참고할 때, ㉠의 용례에 해당하지 않는 것은?

① 희진이는 쓰레기를 주워서 버렸다.
② 영섭이는 매번 나를 아는 척한다.
③ 적극적으로 권하니까 일단 먹어는 본다.
④ 경험을 하면 할수록 더 많은 것을 알아 간다.

22 윗글을 고려할 때, 밑줄 친 단어의 문법적 기능이 나머지 셋과 다른 하나는?

① 할머니가 참외를 들고 가셨다.
② 창섭이는 작업을 끝내지 못했다.
③ 영희는 철수에게 한글을 가르쳐 주었다.
④ 봄철 꽃이 피고 있다.

23 <보기>를 참고할 때, 밑줄 친 단어가 보조 용언으로 사용된 것은?

보기

본용언은 실질적인 뜻을 나타내고, 보조 용언은 본용언과 연결되어 그것의 뜻을 보충하는 역할을 한다.

예 사람들이 모두 가 버렸다. : '버렸다'는 '가다'의 행동이 이미 끝났음을 나타내는 뜻을 보충함.

① 힘이 드니 잠시 여기 있다 가자.
② 철수는 낮잠을 자고 일어났다.
③ 친구들과 운동장에서 놀고 왔다.
④ 봄에는 제주도로 여행을 가고 싶다.

정답 및 해설 2p

02 용언의 활용

1. 규칙 활용

구분	예
어간 + 어미의 규칙적 활용	씻다
'으' 탈락: 어간의 끝 '으' + 모음 어미 '-아/-어'	쓰다
'ㄹ' 탈락: 어간의 끝 'ㄹ' + 'ㄴ, ㄹ, ㅂ, ㅅ, 오' (학교 문법: 규칙 / 어문 규정: 불규칙)	알다, 갈다

2. 불규칙 활용

(1) 어간이 바뀌는 경우

구분	예
'ㅅ' 불규칙	짓다, 잇다
'ㅂ' 불규칙	돕다, 눕다, 곤혹스럽다, 여쭙다, 서럽다
'ㄷ' 불규칙	듣다, 걷다, 붇다
'르' 불규칙	오르다, 구르다, 빠르다
'우' 불규칙	푸다

개념 더하기 'ㄷ' 불규칙 활용

'붇다'의 'ㄷ' 불규칙 활용
붇다, 불어, 불으니, 붇는

- 분량이나 수효가 많아지다.
  예 • 재산이 붇다.
  • 강물이 붇다.
  • 재산이 붇기 시작하다.
- 물에 젖어서 부피가 커지다.
  예 • 라면이 붇다.
  • 라면이 붇기 시작하다.
  • 라면이 불으면 맛이 없다.
  (붇- + -으면)
- 살이 찌다.
  예 식욕이 왕성하여 몸이 많이 불었다.

(2) 어미가 바뀌는 경우

'여' 불규칙	하- + -아/-어 → 하여
'러' 불규칙	• 푸르- + -어 → 푸르러 • 이르[至]- + -어 → 이르러 • 노르- + -어 → 노르러 달걀 노른자의 빛깔과 같이 밝고 선명하다. • 누르- + -어 → 누르러 황금이나 놋쇠의 빛깔과 같이 밝고 탁하다.
'오' 불규칙	달- + -아라 → 달오 → 다오

(3) 어간과 어미가 모두 바뀌는 경우

'ㅎ' 불규칙	• 파랗- + -아 = 파래 • 하얗- + -아 = 하얘 • 퍼렇- + -어 = 퍼레 • 허옇- + -어 = 허예

개념 바로 체크

용언의 활용 연습하기

01. 다음 중 밑줄 친 활용 양상이 가장 이질적인 것은?

① 김치를 담가서 맛있게 먹었다.
② 여기에서 소금을 팝니까?
③ 인생은 아름다워.
④ 옷을 입고 나가다.

정답 01 ③

실전 학습 문제

정답 및 해설 5p

[01~03] 다음 글을 읽고 물음에 답하시오.

용언의 활용은 규칙 활용과 불규칙 활용으로 구분된다. 규칙 활용이란 용언이 활용될 때, 어간이나 어미의 기본 형태가 바뀌지 않거나 형태가 변하더라도 일반적인 음운 규칙으로 설명할 수 있는 경우를 말한다. 용언 '잡다'가 '잡고, 잡아서, 잡으니'로 활용되는 경우는 어간이나 어미의 기본 형태가 바뀌지 않았으므로 규칙 활용이다. 또한 형태가 변하더라도 일반적인 음운 규칙으로 설명할 수 있는 경우가 있는데 'ㄹ' 탈락과 'ㅡ' 탈락이 그러하다. 'ㄹ' 탈락은 기본형의 어간 끝이 'ㄹ'로 끝나고 'ㄴ, ㄹ, ㅂ, ㅅ, 오'로 시작하는 어미가 오는 경우 어간의 'ㄹ'이 탈락하는 경우를 말하며, 'ㅡ' 탈락은 어간의 끝이 'ㅡ'로 끝나고 뒤에 '아/어'로 시작하는 어미가 오는 경우 'ㅡ'가 탈락하는 경우를 말한다.

반면, 불규칙 활용은 용언의 어간이나 어미가 일정한 규칙에 따라 결합되지 않고, 각각의 동사가 고유한 어간이나 어미를 가지며 활용되는 경우를 의미한다. 불규칙 활용 용언은 일반적인 활용 규칙을 따르지 않아 예외적으로 기억해야 하는 경우이며, 이러한 동사들은 개별적인 형태를 가지고 있다.

불규칙 활용의 종류에는 '어간이 바뀌는 경우', '어미가 바뀌는 경우', '어간과 어미가 모두 바뀌는 경우'의 3가지가 있다. 먼저 어간이 바뀌는 활용에는 어간의 끝소리 'ㄷ'이 모음으로 시작하는 어미 앞에서 'ㄹ'로 바뀌는 경우, 어간의 끝소리 'ㅂ'이 모음으로 시작하는 어미 앞에서 'ㅗ/ㅜ'로 바뀌는 경우, 어간의 끝소리 'ㅅ'이 모음으로 시작하는 어미 앞에서 사라지는 경우, 어간의 끝이 '르'로 끝날 때 '르'가 모음으로 시작하는 어미 앞에서 'ㄹㄹ'로 바뀌는 경우, 어간이 'ㅜ'로 끝날 때 모음으로 시작하는 어미 앞에서 사라지는 경우가 있다.

다음으로 어미가 바뀌는 활용이 있다. '푸르다'와 같은 단어들이 '아/어'와 결합할 때 '러'로 변하는 활용을 말한다. 또 '하다'의 경우에는 '아/어'로 결합할 때 '아/어'가 '여'로 바뀌는 불규칙 활용의 단어이고, 명령형 어미 '아라'가 '-오'로 바뀌는 '오' 불규칙 활용도 있다.

마지막으로 어간과 어미가 모두 바뀌는 경우도 있는데, 'ㅎ' 불규칙 활용이 바로 그러하다.

01 윗글을 통해 볼 때, ㉠과 ㉡에 해당하는 예로만 묶은 것은?

> 불규칙 용언은 활용형에 따라서 ㉠ 어미만이 불규칙적으로 바뀌는 것, 어간만이 불규칙적으로 바뀌는 것, ㉡ 어간과 어미 모두가 불규칙적으로 바뀌는 것으로 분류할 수 있다.

	㉠	㉡
①	(물을) 긷다	(춤을) 추다
②	(물을) 긷다	(끈을) 놓다
③	(나뭇잎이) 누르다	(음료수를) 따르다
④	(나뭇잎이) 누르다	(은행잎이) 노랗다

02 윗글을 통해 볼 때, 밑줄 친 부분이 ㉠과 ㉡의 사례로 옳은 것만을 짝지은 것은?

> 용언의 불규칙 활용은 크게 ㉠ 어간만 불규칙하게 바뀌는 부류, ㉡ 어미만 불규칙하게 바뀌는 부류, 어간과 어미 둘 다 불규칙하게 바뀌는 부류로 나눌 수 있다.

	㉠	㉡
①	기차가 빠름	신발이 노람
②	곤욕을 치름	수영을 함
③	라면이 불음	통일을 바람
④	우물물을 품	산 정상에 이름

03 윗글을 통해 추론할 때, 밑줄 친 말이 불규칙 활용 용언이 아닌 것은?

① 공원에는 조용한 음악이 흘렀다.
② 하늘이 맑고 파래 마음이 상쾌하다.
③ 그들은 자정에 이르러서야 집에 도착했다.
④ 외출할 때는 반드시 수도 밸브를 잠가야 한다.

04 <보기>는 '용언의 활용'에 대한 설명이다. 밑줄 친 부분이 ㉠의 예로 적절하지 않은 것은?

> 보기
>
> 용언이 활용할 때 어간이나 어미의 모습이 달라지는 경우가 있다. 예를 들면, 기본형이 같은 '굽다'인데도 '(허리가) 굽다'는 '굽어, 굽어서'로 활용되는데, '(불에) 굽다'는 '구워, 구워서'로 활용한다. 이처럼 용언이 활용할 때 어간이나 어미의 기본 형태가 달라지는 경우를 ㉠ 불규칙 활용이라고 한다.

① 동생은 침대에 누워 책을 읽었다.
② 그는 차에 짐을 실어 집으로 보냈다.
③ 집에 거의 다 이르러 차가 멈춰 섰다.
④ 아버지는 외투를 벗어 옷걸이에 걸었다.

05 다음 글에서 추론한 내용으로 적절하지 않은 것은?

> 용언은 문장에서 주체의 동작과 상태 또는 성질을 서술하는 기능을 가지고 있다. 이때 용언의 형태가 변하는 것을 용언의 활용이라고 한다. 용언의 활용 과정에서는 어미의 종류에 따라서 어간이 변할 수도, 변하지 않을 수도 있다.
>
> 용언의 활용은 규칙 활용과 불규칙 활용으로 나눌 수 있다. 용언의 규칙 활용에 있어서는 어간과 어미의 기본 형태가 바뀌지 않을 수도 있지만 어간이나 어미의 기본 형태가 바뀌는 모습을 일정한 규칙으로 설명할 수 있다. 예를 들어 '드디어 사람들은 그를 우러러 섬기기 시작했다'의 문장에서 '우러러'는 '우러르-+어'에서 'ㅡ'가 탈락한 경우이므로 용언의 규칙 활용 중에서 'ㅡ' 탈락 용언에 해당한다.
>
> 한편 불규칙 활용은 용언이 활용될 때 어간이나 어미의 기본 형태가 바뀌는 이유를 일정한 규칙으로 설명할 수 없다. 불규칙 활용에는 어간이 불규칙적으로 바뀌는 경우, 어미가 불규칙적으로 바뀌는 경우, 어간과 어미가 모두 불규칙적으로 바뀌는 경우가 있다.

① 용언의 활용 과정에서 어간의 형태가 바뀌었더라도 규칙 활용일 수 있다.
② 용언이 활용될 때 어간과 어미가 둘 다 바뀔 수 있다.
③ '살다'의 활용 과정을 보면 '산'이 되는 과정에서 어미의 형태가 변화하였다.
④ '이곳에 오게 되어 기뻐'에서 '기뻐'는 용언의 규칙 활용에 해당한다.

실전 학습 문제

[06~08] 다음 글을 읽고 물음에 답하시오.

용언의 활용은 규칙 활용과 불규칙 활용이 있다. 규칙 활용은 어간의 형태가 일정하게 유지되고 어미가 일정한 규칙에 따라 결합되어 활용되는 일반적인 음운 규칙으로 설명할 수 있는 경우를 말하며, 대부분의 용언이 규칙 활용을 따른다. 단, 어간의 형태가 바뀌는 'ㄹ' 탈락이나 'ㅡ' 탈락의 경우에는 특정 어미와 결합할 때 어간의 형태가 변화하지만, 이는 일반적인 음운 규칙으로 설명할 수 있는 경우에 속하는 것으로 여긴다.

반면, 불규칙 활용은 어간과 어미의 활용이 일정한 규칙을 따르지 않는 경우를 말한다.

불규칙 활용의 종류에는 '어간이 바뀌는 경우', '어미가 바뀌는 경우', '어간과 어미가 모두 바뀌는 경우'가 있다. 어간이 바뀌는 활용에는 어간 끝 'ㄷ'이 'ㄹ'로 바뀌는 'ㄷ' 불규칙 활용, 어간의 끝 'ㅂ'이 'ㅗ/ㅜ'로 바뀌는 'ㅂ' 불규칙 활용, 어간의 끝 'ㅅ'이 삭제되는 'ㅅ' 불규칙 활용, 어간의 끝 'ㅜ'가 삭제되는 '우' 불규칙 활용, 어간의 끝 '르'가 'ㄹㄹ'로 바뀌는 '르' 불규칙 활용이 있다.

또한 어미가 바뀌는 불규칙 활용이 있다. 어미 불규칙 활용의 종류에는 '러' 불규칙 활용, '여' 불규칙 활용, '오' 불규칙 활용이 있는데, 먼저 '러' 불규칙 활용은 '푸르+어'가 '푸르러'로 표기되는 것과 같이 '아/어'가 '러'로 변하는 활용을 말한다. 다음으로 '여' 불규칙 활용에는 '아/어'가 '여'로 바뀌는 불규칙 활용으로 '하+아/어'가 '하여'로 쓰이는 경우를 말한다. 어미 '아라'가 '오'로 바뀌는 형태도 있는데 이것은 말하는 이가 듣는 이에게 어떤 것을 주도록 요구할 때 쓰이는 '주다'의 보충 동사인 '달다'가 '다오'가 되는 단어만 존재한다.

어간과 어미가 모두 바뀌는 활용도 있다. 어간이 'ㅎ'일 때, 뒤에 '아/어'로 시작하는 어미가 오는 경우 'ㅎ'은 탈락하고 뒤에 있는 '아/어'가 '이'로 바뀌는 형태이다. 예를 들어, '파랗다'는 '아/어'와 활용할 때, '파랗아'가 아니라 '파래'가 된다.

06 **윗글에 따라 밑줄 친 부분을 분석했을 때, 용언의 규칙 활용이 나타나지 않은 것은?**

① 결국 이렇게 되어서 너무 기뻐.
② 갈 길이 머니 어서 움직여라.
③ 어머니를 도와서 청소를 끝냈다.
④ 이건 거의 다 잡은 고기야.

07 **윗글에 따라 밑줄 친 부분을 분석했을 때, <보기>의 ㉠과 ㉡의 예를 알맞게 짝지은 것은?**

> 보기
>
> 용언은 활용할 때 어간이나 어미의 기본 형태가 바뀌지 않거나 바뀌어도 일반적인 음운 규칙으로 설명할 수 있는 때를 ㉠ '규칙 활용'이라고 하고, 어간이나 어미의 기본 형태가 바뀌는 것을 일반적인 음운 규칙으로 설명할 수 없을 때는 ㉡ '불규칙 활용'이라고 한다.

① ㉠: 밤마다 야식을 먹었더니 몸이 불었다.
　㉡: 도로를 이어 효율성을 높이자.
② ㉠: 그는 집을 지으며 행복해했다.
　㉡: 그는 모자를 벗으며 인사를 했다.
③ ㉠: 고기를 구워 먹으니 무척 좋구나.
　㉡: 할아버지의 허리가 무척 굽으셨다.
④ ㉠: 그녀에 대한 마음을 가슴속에 묻었다.
　㉡: 관계자에게 그 책임을 물었다.

08 윗글을 바탕으로 밑줄 친 단어를 분석했을 때, A와 B의 활용 유형이 같은 것은?

① A: 나뭇잎이 누르니 가을이 왔다.
B: 나무가 높아 오르기 힘들다.

② A: 목적지에 이르기는 아직 멀었다.
B: 앞으로 구르기를 잘한다.

③ A: 주먹을 휘두르지 마라.
B: 머리를 짧게 자른다.

④ A: 그를 불운한 천재라 부른다.
B: 색깔이 아주 푸르다.

09 다음 글에서 추론한 내용으로 적절하지 않은 것은?

음운의 변동 과정에서 '낫다'와 '낳다'가 모음으로 시작하는 어미와 결합하여 활용될 때는 공통적으로 음운의 탈락 현상이 일어난다. 음운의 탈락 현상이 일어나는 용언들 가운데 불규칙 활용을 하는 용언들은 모두 음운 변동이 표기에 반영되는 반면, 규칙 활용을 하는 용언들은 표기에 반영되기도 하고 반영되지 않기도 한다.

'낫다'의 활용 유형은 불규칙 활용에 해당하므로 표기에 반영되어 사용된다. '무릎이 다 나아 예전보다 빨리 뛸 수 있다'에서의 '나아'처럼 활용하면서 'ㅅ'이 탈락한다.

반면 '낳다'는 '그녀는 아이를 낳았다'에서의 '낳았다'처럼 발음은 [나았다]라고 하지만 표기는 그대로 '낳았다'라고 표기한다.

따라서 '낳다'는 '낫다'와는 다르게 규칙 활용에 포함되며 표기에는 이를 반영하지 않는 용언으로 구분된다.

① 음운의 변동 과정에서 '낳다'가 활용될 때 'ㅎ'이 탈락한다.

② 음운의 탈락이 일어나는 단어 중에 불규칙 활용을 하는 용언이 있다.

③ '짓다'는 '낫다'와 마찬가지로 활용 과정에서 'ㅅ'이 탈락한다.

④ '낳고[나코]'는 용언이 규칙 활용되며 이것이 표기에 반영된 경우이다.

실전 학습 문제

10 **<보기>는 '용언의 활용'에 대한 설명이다. ㉠의 예로 적절하지 않은 것은?**

> 보기
>
> 용언이 활용할 때 어간이나 어미의 기본 형태가 바뀌지 않거나 바뀌어도 일반적인 음운 규칙으로 설명할 수 있는 경우를 '규칙 활용'이라고 한다. 반면, 어간이나 어미의 기본 형태가 바뀌는 것을 일반적인 음운 규칙으로 설명할 수 없는 경우를 ㉠ '불규칙 활용'이라고 한다. 불규칙 활용의 종류에는 '어간이 바뀌는 경우', '어미가 바뀌는 경우', '어간과 어미가 모두 바뀌는 경우' 3가지가 있다. 어간이 바뀌는 활용에는 'ㄷ'이 'ㄹ'로 바뀌는 불규칙 활용, 'ㅂ'이 'ㅗ/ㅜ'로 바뀌는 불규칙 활용, 'ㅅ'이 모음으로 시작하는 어미 앞에서 사라지는 불규칙 활용, 어간이 '르'로 끝날 때 '르'가 모음으로 시작하는 어미 앞에서 'ㄹㄹ'로 바뀌는 불규칙 활용, 어간이 'ㅜ'와 모음으로 시작하는 어미와 결합하는 경우 'ㅜ'가 생략되는 활용이 있다.
>
> 다음으로는 어미가 바뀌는 활용이 있다. 어간이 '르'로 끝나고 '아/어'와 결합할 때 '아/어'가 '러'가 되는 '러' 불규칙 활용이 있으며 '하-' 뒤에 오는 어미 '아/어'가 '여'로 바뀌는 '여' 불규칙 활용도 있다. 또한 말하는 이가 듣는 이에게 어떤 것을 주도록 요구할 때 쓰이는 '주다'의 보충 동사인 '달다'가 '다오'가 되는 '오' 불규칙 활용도 존재한다.
>
> 어간과 어미가 모두 바뀌는 활용도 있다. 어간이 'ㅎ'일 때, 뒤에 '아/어'로 시작하는 어미가 오는 경우 'ㅎ'은 탈락하고 뒤에 있는 어미도 바뀌는 형태이다.
>
> (가) • 그녀가 모자를 벗는다.
> • 그녀가 모자를 벗으며 방으로 들어간다.
>
> (나) • 그는 시골에 집을 짓고 있다.
> • 그는 시골에 집을 지으며 행복해했다.
>
> (가)는 어간 '벗-' 뒤에 어미 '-으며'가 붙었을 때 어간의 형태가 바뀌지 않는 규칙 활용을 하는 반면, (나)는 어간 '짓-' 뒤에 어미 '-으며'가 붙었을 때 어간의 형태가 '지-'로 바뀌는 불규칙 활용을 한다.

① 그녀는 산에 올라 하늘을 바라보았다.
② 친구의 비밀을 마음속에 묻어 두었다.
③ 그녀는 음악을 들으면서 공부를 한다.
④ 그녀는 어머니를 도와 집안일을 하였다.

11 <보기>를 바탕으로 'ㅎ' 말음 용언의 활용 유형을 탐구한 내용으로 적절하지 않은 것은?

> 보기
>
> 다음은 어간의 말음이 'ㅎ'인 용언이 '아/어'로 시작하는 어미와 만날 때 보이는 활용의 유형을 정리한 것이다. 이들은 활용의 규칙성뿐만 아니라 모음조화 적용 여부나 활용형의 줄어듦 가능 여부에 따라 그 유형이 구분된다.

불규칙 활용 유형		규칙 활용 유형	
㉠-1	노랗- + -아 → 노래	㉡-1	닿- + -아 → 닿아(→*다)
㉠-2	누렇- + -어 → 누레	㉡-2	놓- + -아 → 놓아(→놔)

('*'은 비문법임을 뜻함)

① '조그맣-, 이렇-'은 '조그매, 이래서'로 활용하므로 ㉠-1과 활용의 유형이 같겠군.

② '꺼멓-, 뿌옇-'은 '꺼메, 뿌옜다'로 활용하므로 ㉠-2와 활용의 유형이 같겠군.

③ '낳-, 땋-'은 활용형인 '낳아서, 땋았다'가 '*나서, *땄다'로 줄어들 수 없으므로 ㉡-1과 활용의 유형이 같겠군.

④ '넣-, 쌓-'은 활용형인 '넣어, 쌓아'가 '*너, *싸'로 줄어들 수 없으므로 ㉡-2와 활용의 유형이 같지 않겠군.

12 <보기>의 밑줄 친 내용을 설명하기 위해 활용할 수 있는 사례로 가장 적절한 것은?

> 보기
>
> 동음이의(同音異義) 관계에 있는 용언들은, 그 기본형은 같지만 다양한 어미를 결합시켜 활용을 해 보면 하나는 규칙, 다른 하나는 불규칙 활용을 함으로써 두 용언의 활용 형태가 서로 달라지는 경우가 있다. 이를 통해 동음이의 관계의 두 용언이 각각 서로 다른 단어임을 좀 더 명확하게 확인할 수 있다.

① 친구가 병이 낫다.
동생이 형보다 인물이 낫다.

② 장작이 벽난로에서 타다.
학교에 가려고 버스를 타다.

③ 소나무가 마당 쪽으로 굽다.
어머니께서 빵을 굽다.

④ 친구에게 약속 시간을 이르다.
약속 장소에 이르다.

실전 학습 문제

13 <보기>는 '용언의 불규칙 활용'에 대한 설명이다. 밑줄 친 부분이 ㉠에 해당하는 것은?

보기

용언의 활용에서 용언의 어간이나 어미의 기본 형태가 불규칙적으로 달라지는 것을 '불규칙 활용'이라고 하는데, 불규칙 활용에는 다음과 같은 세 가지 유형이 있다.

• 어간만 바뀌는 경우

어간	어미의 기본 형태	활용형
걷-	-고	걷고
	-아/어	걸어
	-아라/어라	걸어라

• 어미만 바뀌는 경우

어간	어미의 기본 형태	활용형
이르(至)-	-고	이르고
	-아/어	이르러
	-아서/어서	이르러서

• 어간과 어미가 모두 바뀌는 경우 … ㉠

① 공부를 열심히 하여 좋은 결과를 얻자.
② 하늘이 파래서 기분이 좋다.
③ 그런 식으로 말을 지어내지 마라.
④ 지나가는 사람에게 길을 물어봐라.

14 다음 글을 바탕으로 추론할 때, 밑줄 친 용언의 활용형이 잘못 쓰여진 것은?

불규칙 활용의 종류에는 '어간이 바뀌는 경우', '어미가 바뀌는 경우', '어간 어미가 모두 바뀌는 경우' 3가지가 있다. 어간이 바뀌는 활용에는 어간 받침 'ㄷ'이 모음으로 시작하는 어미 앞에서 'ㄹ'로 바뀌는 경우, 어간 끝소리가 'ㅂ'으로 끝날 때 'ㅗ/ㅜ'로 바뀌는 경우가 있다. 또 어간의 끝소리 'ㅅ'이 모음으로 시작하는 어미 앞에서 사라지는 경우, 어간의 끝이 '르'로 끝날 때 '르'가 모음으로 시작하는 어미 앞에서 'ㄹㄹ'로 바뀌는 경우가 있다. 마지막으로 어간이 'ㅜ'로 끝날 때 모음으로 시작하는 어미와 결합하면서 'ㅜ'가 생략되는 경우도 있다. '물을 푸다'의 '푸다'가 '아/어'의 어미와 결합하면 '퍼'가 되는 경우를 말한다.

① 아주 곤혹스런 상황에 빠졌다.
② 할아버지께 여쭈워 보시면 됩니다.
③ 라면이 붇기 전에 빨리 먹어라.
④ 내 처지가 너무 서러워 눈물만 나온다.

15 다음은 용언의 활용에 대해 탐구한 내용이다. ㉠ ~ ㉢에 들어갈 말로 적절한 것은?

> **[탐구 과제]**
>
> 다음 자료를 보고, 용언의 활용 양상을 탐구해 보자.
>
> **[탐구 자료]**
>
> • 따르다: 따르- + -고 → 따르고 / 따르- + -어 → 따라
> • 푸르다: 푸르- + -고 → 푸르고 / 푸르- + -어 → 푸르러
> • 묻다[問]: 묻- + -고 → 묻고 / 묻- + -어 → 물어
> • 묻다[埋]: 묻- + -고 → 묻고 / 묻- + -어 → 묻어
>
> **[탐구 결과]**
>
> '따르다'는 (㉠)처럼 'ㅡ'가 모음으로 시작하는 어미 앞에서 탈락하는 규칙 활용을 하는 반면, '푸르다'는 (㉡)에서 '따르다'와 다른 활용 양상을 보인다는 점에서 불규칙 활용을 한다. 또한 '묻다[問]'는 (㉢)에서 '묻다[埋]'와 다른 활용 양상을 보인다는 점에서 불규칙 활용을 한다.

	㉠	㉡	㉢
①	잠그다	어간	어미
②	머무르다	어미	어간
③	부르다	어미	어간
④	들르다	어미	어간

16 국어의 불규칙 활용에 대한 〈보기〉의 설명과 그 예를 가장 바르게 짝지은 것은?

> 보기
>
> (가) 불규칙 용언 가운데는 어간의 일부가 탈락하는 경우가 있다.
> (나) 불규칙 용언 가운데는 어간의 일부가 다른 것으로 바뀌는 경우가 있다.
> (다) 불규칙 용언 가운데는 어미가 다른 것으로 바뀌는 경우가 있다.
> (라) 불규칙 용언 가운데는 어간과 어미가 함께 바뀌는 경우가 있다.

① (가) - 짓다, 푸다, 눕다
② (나) - 깨닫다, 춥다, 씻다
③ (다) - 푸르다, 하다, 노르다
④ (라) - 좋다, 파랗다, 부옇다

실전 학습 문제

[17~19] 다음 글을 읽고 물음에 답하시오.

국어의 용언은 규칙 활용과 불규칙 활용의 형태로 구분되는데, 이를 구분하는 방법은 용언의 기본형 어간에 모음으로 시작하는 어미를 결합시켜 보는 것이다. 예를 들어, 용언 '잡다'를 모음으로 시작하는 어미와 결합시키면 '잡아, 잡아서, 잡으니'와 같이 어간과 어미의 형태가 바뀌지 않는데 이때의 '잡다'는 규칙 활용에 속한다. 반면 '병에 있는 물을 컵에 붓다'의 '붓다'는 모음으로 시작하는 어미와 결합시킬 때, '부어, 부어서, 부으니'와 같이 'ㅅ'이 탈락하게 되므로 '붓다'는 불규칙 활용을 하는 단어가 된다.

이때 문장에서 어간이 모음으로 시작되는 어미와 결합된 형태로 단어가 제시된 경우, ㉠ 규칙 활용과 불규칙 활용을 구분하기 위해서는 그 의미에 알맞은 용언의 기본 어간과 어미의 형태를 잘 알아야 한다. 예를 들어, '요즘 너무 먹어서 뱃살이 계속 불어'의 '불어'는 기본형이 '불다'인지 '붇다'인지를 알아야 규칙 활용인지 불규칙 활용인지를 판단할 수 있다.

불규칙 활용은 어간이 바뀌는 경우, 어미가 바뀌는 경우, 어간과 어미가 모두 바뀌는 경우로 나누어 살펴볼 수 있다. 어간이 바뀌는 활용에는 'ㄷ'이 'ㄹ'로 바뀌는 불규칙 활용, 'ㅂ'이 'ㅗ/ㅜ'로 바뀌는 불규칙 활용, 'ㅅ'이 모음으로 시작하는 어미 앞에서 사라지는 불규칙 활용, 어간의 끝이 '르'로 끝날 때 '르'가 모음으로 시작하는 어미 앞에서 'ㄹㄹ'로 바뀌는 불규칙 활용, 어간이 'ㅜ'로 끝날 때 모음으로 시작하는 어미와 결합하는 경우 'ㅜ'는 생략되는 불규칙 활용이 있다. 다음으로는 어미가 바뀌는 활용이 있다. '푸르다'와 같은 단어들이 '아/어'와 결합할 때 '아/어'가 '러'로 변하는 '러' 불규칙 활용이 있으며 '하다'가 '아/어'와 결합할 때 '아/어'가 '여'로 바뀌는 '여' 불규칙 활용도 있다. 또한 말하는 이가 듣는 이에게 어떤 것을 주도록 요구할 때 쓰이는 '주다'의 보충 동사인 '달다'가 '다오'가 되는 '오' 불규칙 활용도 존재한다.

덧붙여, 형태가 변하더라도 일반적인 음운 규칙으로 설명할 수 있는 경우가 있는데 'ㄹ' 탈락과 'ㅡ' 탈락이 그러하다. 'ㄹ 탈락'은 기본형의 어간의 끝이 'ㄹ'로 끝나고 'ㄴ, ㄹ, ㅂ, ㅅ, 오'로 시작하는 어미가 오는 경우 어간의 'ㄹ'이 탈락하는 경우를 말하며, 'ㅡ' 탈락은 어간의 끝이 'ㅡ'로 끝나고 뒤에 '아/어'로 시작하는 어미가 올 때 'ㅡ'가 탈락하는 경우를 말한다. 참고로 어간이 'ㄹ'로 끝나는 경우에는 뒤에 매개모음 '으'가 사용되지 않아 'ㄹ' 탈락이 일어나는 경우가 빈번하다.

17 윗글의 ㉠을 통해 볼 때, 밑줄 친 단어의 기본형이 옳지 않은 것은?

① 아침이면 얼굴이 부어서 늘 고생이다. (→ 붓다)
② 개울물이 불어서 징검다리가 안 보인다. (→ 불다)
③ 은행에 부은 적금만도 벌써 천만 원이다. (→ 붓다)
④ 물속에 오래 있었더니 손과 발이 퉁퉁 불었다. (→ 붇다)

18 윗글의 ㉠을 통해 볼 때, 밑줄 친 말의 기본형이 옳지 않은 것은?

① 오렌지를 가니 즙이 나온다. (기본형: 갈다)
② 오래되어 불은 국수는 맛이 없다. (기본형: 불다)
③ 학생들에게 위험한 데서 놀지 말라고 일렀다. (기본형: 이르다)
④ 퇴근하는 길에 가게에 들렀다가 친구를 만났다. (기본형: 들르다)

19 윗글을 토대로 추론할 때, 다음 밑줄 친 단어의 활용 형태가 잘못된 것은?

① 홍수로 인해 강물이 붇고 있다.

② 당번이 문을 제대로 잠궈 놓지 않아 사건이 발생했다.

③ 하지만 나는 삶은 음식보다 구운 음식이 좋아.

④ 거친 방법으로 일을 해결하려는 사람과는 사귀지 마라.

20 다음 글을 통해 추론할 때, 밑줄 친 단어의 활용 형태가 옳지 않은 것은?

> '르' 불규칙 활용은 동사나 형용사 어간의 끝이 '르'로 끝날 때 '르'가 모음으로 시작하는 어미 앞에서 'ㄹㄹ'로 바뀌는 활용이다. '물이 흐르다'의 경우 '흐르다'가 모음으로 시작하는 어미 '아/어'와 결합하면 '흘러'가 된다. 한편 어간이 'ㅜ'로 끝날 때 모음으로 시작하는 어미와 결합하면 'ㅜ'가 생략되는 경우도 있다. '물을 푸다'의 '푸다'가 '아/어'의 어미와 결합하면 '퍼'가 되는 경우를 말한다.

① 멀리서 보기와 달리 산이 가팔라서 여러 번 쉬었다.

② 예산이 100만 원 이상 모잘라서 구입을 포기해야 했다.

③ 영혼을 불살라서 이룬 깨달음이니 더욱 소중하다.

④ 말이며 행동이 모두 올발라서 흠잡을 데 없는 사람이다.

정답 및 해설 5p

03 문장 성분

1. 주성분

(1) 주어, 목적어, 보어, 서술어

구분	개념	형식	예
주어	서술어가 나타내는 동작 또는 상태나 성질의 주체가 되는 문장 성분	체언 + 주격 조사	꽃이 피기 시작했다.
		체언 + 보조사	꽃은 피기 시작했다.
목적어	타동사로 된 서술어의 동작이나 행동의 대상이 되는 문장 성분	체언 + 목적격 조사	나무가 꽃을 피우기 시작했다.
		체언 + 보조사	나무가 꽃은 피우기 시작했다.
보어	서술어 '되다', '아니다'의 필수 성분이며, 서술어의 의미를 보충해주는 구실을 하는 문장 성분	체언 + 보격 조사	저것은 꽃이 아니다.
		체언 + 보조사	저것은 꽃은 아니다.
서술어	주어의 동작 또는 상태나 성질을 서술하는 문장 성분	체언 + 서술격 조사 '이다' → 종결 어미, 연결 어미	그녀는 학생이다.
		용언(동사, 형용사) → 종결 어미, 연결 어미	빵을 먹다.
		본용언 + 보조 용언	• 사탕을 먹어 버렸다. • 사탕을 먹고 싶다.

2. 부속 성분

(1) 관형어, 부사어

구분	개념	형식	예
관형어	주어, 목적어, 보어를 수식하는 문장 성분	체언 + 관형격 조사 '의'	지금도 나는 어머니의 말씀이 기억난다.
		관형사	새 책, 옛 모습, 갖은 음식
		용언 어간 + 관형사형 전성 어미	5월에 예쁜 꽃을 보러 가자.
부사어	용언, 관형어, 부사어, 문장 전체를 수식하는 문장 성분	체언 + 부사격 조사	• 그는 기어코 미국으로 떠났다. • 우리들은 강에서 실컷 놀았다.
		부사	• 그 학생이 아주 새 사람이 되었더라. • 설마 그럴 리가 있겠어?
		용언 어간 + 부사형 전성 어미	꽃이 곱게 피었다.

(2) 필수적 부사어: 서술어로 쓰인 용언의 특성에 따라 필수적으로 요구되는 부사어로, 요구되는 부사어는 용언의 특성에 따라 다름

① 부사어(체언 + 와/과) + 같다, 다르다, 닮다 예 예지는 어머니와 닮았다.

② 부사어(체언 +(으)로) + 삼다, 변하다 예 부인은 청아를 양녀로 삼았다.

③ 부사어(체언 + 에/에게) + 넣다, 두다, 다가서다 예 영희는 편지를 우체통에 넣었다.

④ 부사어(체언 + 에게) + 수여 동사(주다, 보내다 등)

예 • 그가 그녀에게 책을 주었다.
• 할아버지는 손자들에게 용돈을 주셨다.

⑤ 부사어(어간 + -게) + 생기다 예 그녀는 예쁘게 생겼다.

⑥ 부사어(어간 + -게) + 굴다 예 철수가 비겁하게 굴더라.

개념 더하기 서술어의 자릿수

서술어의 성격에 따라 필수적으로 요구되는 문장 성분의 수
└ 주어, 목적어, 보어, (필수적) 부사어

• 한 자리 서술어: 주어 + 서술어 예 새가 운다.

• 두 자리 서술어: 주어 + 목적어/보어/부사어 + 서술어

예 • 예쁜 그녀는 많은 책을 빠르게 읽었다.
• 멋진 그는 의사가 되었다.
• 영수가 도서관에서 책을 읽었다.
• 이것은 저것과 매우 다르다.

• 세 자리 서술어: 주어 + 목적어 + 부사어 + 서술어

예 할머니께서 과자를 우리들에게 주셨다.

개념 더하기 문장 성분과 품사 구분하기

예	문장 성분	품사	예	문장 성분	품사
예쁜(예쁘-+-ㄴ) 꽃	관형어	형용사	기차가 빠르게(빠르-+-게) 달리다.	부사어	형용사
멋진(멋지-+-ㄴ) 사나이	관형어	형용사	매우 예쁘다	부사어	부사
맛있는(맛있-+-는) 음식	관형어	형용사	온갖 꽃	관형어	관형사
먹던(먹-+-던) 약	관형어	동사	기차가 빠르다(빠르-+-다)	서술어	형용사
빠른(빠르-+-ㄴ) 기차	관형어	형용사			

3. 독립 성분

구분	개념	형식	예
독립어	다른 성분들과 관련 없는 문장 성분	체언 + 호격 조사(아/야/이여)	철수야.
		감탄사	아야!
		제시하는 말(표제어) └ 조사와 결합하지 않은 명사가 문장 맨 앞에 제시될 때	청춘, 이것은 듣기만 하여도 가슴 설레는 말이다.
		명령, 의지의 단어가 하나의 문장을 이룰 때	조용! / 어서! / 싫어! / 차렷!

실전 학습 문제

정답 및 해설 9p

[01~03] 다음 글을 읽고 물음에 답하시오.

> 문장을 구성하는 성분들은 주어, 서술어, 목적어, 보어, 관형어, 부사어, 독립어로 7가지가 있다. 여기서 주어, 서술어, 목적어, 보어는 문장의 필수 성분이고, 관형어, 부사어는 부속 성분, 독립어는 독립 성분으로 구분한다. 문장은 기본적으로 주성분을 기본으로 하지만 서술어에 따라 주어, 목적어, 보어 이외에 필수적 부사어가 필요한 경우도 있다.
>
> 주어는 '무엇이 어떠하다', '무엇이 무엇이다' 등의 '무엇'에 해당하는 말로 문장의 주체 역할을 한다.
>
> 서술어는 주어에 대하여 '어찌하다', '무엇이다' 등의 풀이를 해주는 말로 동사, 형용사, 서술격 조사(이다)가 붙어 사용된다.
>
> 목적어는 주체가 행동할 때 그 대상이 되는 것을 뜻하며 '-을/를'로 나타낸다.
>
> 보어는 '되다', '아니다'가 쓰일 때 체언, 명사구, 명사절에 조사 '-이/가'가 붙어서 이루어진 말이다. 문장을 좀 더 완벽하게 만들어주는 역할을 한다.
>
> 관형어는 명사, 대명사와 같은 체언 앞에 붙어 그것을 꾸며 주는 성분이다. 관형어는 혼자 쓰일 수 없기 때문에 사용하지 않아도 되지만 간혹 관형어가 없으면 불완전한 문장이 되는 경우도 있다.
>
> 부사어는 서술어에 덧붙어서 그 뜻을 한정해 주는 역할을 하는 성분이다. 일반적으로 용언을 수식하지만 다른 관형어나 부사어, 문장 전체를 수식하는 경우도 있다.
>
> 마지막으로 독립어는 문장에서 어떤 성분과 직접적인 관계없이 사용하는 문장 성분으로 호칭어, 감탄사, 접속사 등이 이에 해당한다.

01 윗글을 토대로 할 때, 밑줄 친 말의 문장 성분이 잘못 표시된 것은?

① 오늘은 아침 못 먹었어. - 목적어

② 희수를 그가 도왔다. - 보어

③ 나는 너의 장점을 알고 있다. - 관형어

④ 그는 연필을 깎았고 나는 운동을 했다. - 서술어

02 윗글을 토대로 할 때, 밑줄 친 부분의 문장 성분이 다른 하나는?

① 수미는 밥도 안 먹고 일만 한다.

② 시간은 지체되었지만 마음만은 날아갈 것 같다.

③ 희철이는 문수에게 김치만 주었다.

④ 고향의 음식까지 싫어할 이유는 없었다.

03 윗글을 토대로 할 때, 국어의 문장 성분에 관한 설명이 옳은 것끼리 묶인 것은?

> ㉠ 주어는 성격에 따라 필요로 하는 문장 성분의 숫자가 다르다.
> ㉡ 주어, 서술어, 목적어, 부사어는 주성분에 속한다.
> ㉢ '물이 얼음으로 되었다.'의 문장 성분은 주어, 부사어, 서술어이다.
> ㉣ 부사어는 관형어나 다른 부사어를 수식하기도 한다.
> ㉤ 체언에 호격 조사가 결합된 형태는 독립어에 해당된다.
> ㉥ 문장의 객체 역할을 하는 것은 주어이다.

① ㉠, ㉡, ㉢　　② ㉡, ㉢, ㉣

③ ㉢, ㉣, ㉤　　④ ㉣, ㉤, ㉥

04 다음 글을 참고할 때, <보기>의 ⓐ~ⓓ에 대한 설명으로 적절한 것은?

> 합성 용언 중 일부는 명사와 동사 또는 형용사가 결합하여 만들어진다. 구성적 측면에서는 주어-서술어, 목적어-서술어, 부사어-서술어 관계로 분류된다. 예를 들어 '쓸모없다'는 주어-서술어, '손잡다'는 목적어-서술어, '자랑삼다'는 부사어-서술어 관계이다. 의미적 측면에서는 구성 요소의 의미를 유지하거나 새로운 의미를 획득하는 경우로 나뉜다. 예를 들어, '쓸모없다'는 의미를 유지하지만 '주름잡다'는 새로운 의미를 얻는다. 새로운 의미를 가진 합성 용언 중 일부는 필수 부사어를 요구한다. 예를 들어, '불타다'는 새로운 의미일 때 필수 부사어를 필요로 한다.

> 보기
> - 그는 깨달음에 ⓐ 목말라 있었다.
> - 그녀는 이번 사건을 마음속으로 ⓑ 간직했다.
> - 그는 십 년 넘게 금융 시장을 ⓒ 주름잡았다.
> - 요즘 야식과 ⓓ 담쌓고 있다.

① ⓐ: 구성 요소의 의미를 벗어나 새로운 의미를 획득했고 필수 부사어를 요구하지 않는다.

② ⓑ: 구성 요소의 의미를 벗어나 새로운 의미를 획득했다.

③ ⓒ: 구성 요소의 의미를 그대로 유지하고 있다.

④ ⓓ: 구성 요소의 의미를 벗어나 새로운 의미를 획득했고, 필수 부사어를 요구하지 않는다.

[05~06] 다음 글을 읽고 물음에 답하시오.

> 부속 성분은 주성분을 수식하는 성분으로 관형어, 부사어가 이에 속한다. 관형어는 주로 체언 앞에서 체언의 뜻을 구체적으로 나타내주는 성분이다. 체언에 관형격 조사 '의'가 붙어서 형성되는 경우와 체언과 체언 사이에 '의'가 생략되는 경우가 있다. 또한 관형사 자체가 관형어가 되는 경우와 용언의 관형사형이 관형어가 되는 경우가 있다.
>
> 부사어는 체언에 부사격 조사가 붙는 경우가 있으며 부사 자체가 부사어가 되는 경우도 있다. 또한 용언 앞에 '안/못'과 같이 부정문을 만드는 부사어도 있으며 의성어와 의태어도 부사어이다. 또한 '그리고, 그러나'와 같은 접속 부사도 부사어이며 '과연, 설마'와 같이 문장 전체를 수식하는 부사어와 용언의 부사형 역시 부사어에 속한다.
>
> 마지막으로 독립 성분은 문장의 어느 성분과 직접적인 관련이 없는 성분으로 호칭어, 감탄사 등의 독립어가 이에 해당한다.

05 윗글을 바탕으로 할 때 밑줄 친 부분의 문장 성분이 나머지 셋과 다른 것은?

① 영희가 어제 산 책상 다리가 부러졌다.

② 내년에 모두 거기에서 모이자.

③ 붐비는 사람들 사이에 그가 있었다.

④ 그는 첫 출근부터 지각했다.

06 윗글을 바탕으로 할 때 밑줄 친 부분의 문장 성분이 나머지 셋과 다른 것은?

① 희섭이는 아침에 일찍 못 일어난다.

② 겨울에 비가 부슬부슬 내린다.

③ 민수야, 이제 일어나렴.

④ 결코 그런 일은 없다.

실전 학습 문제

07 다음 글을 참고하여 <보기>를 이해한 것으로 적절하지 않은 것은?

관형어는 문장을 구성하는 성분 중 하나로, 품사 가운데 명사나 대명사와 같은 체언 앞에서 그 뜻을 꾸며 주는 기능을 한다. 예를 들어 '모든 책'의 '모든'은 뒤에 오는 명사 '책'에 '빠짐이나 남김이 없이 전부의.'라는 의미를 더해 주는 관형어이다.

다음 문장들의 밑줄 친 부분은 모두 관형어이다.

ㄱ. 선생님의 목소리가 들린다.
ㄴ. 마실 물이 있다. / 맑은 물이 있다.
ㄷ. 온갖 꽃이 활짝 피어 있다.

ㄱ은 체언에 관형격 조사 '의'가 결합하여 관형어가 된 경우이다. '선생님의'는 명사 '선생님'에 관형격 조사 '의'가 결합하여 '목소리'를 꾸며주고 있다. 이 경우 '선생님 목소리'와 같이 관형격 조사 없이 명사만으로도 관형어가 될 수 있다.

ㄴ은 동사나 형용사와 같은 용언의 어간에 관형사형 어미 '-(으)ㄴ', '-(으)ㄹ' 등이 결합하여 관형어가 된 경우이다. '마실'은 동사의 어간 '마시-'에 관형사형 어미 '-ㄹ'이 결합하여 '물'을 꾸며 주고 있고, '맑은'은 형용사의 어간 '맑-'에 관형사형 어미 '-은'이 결합하여 '물'을 꾸며주고 있다.

ㄷ은 관형사가 관형어가 된 경우이다. 관형사는 체언 앞에서 체언의 뜻을 꾸며 주는 품사이다. 관형사 '온갖'은 명사 '꽃'을 꾸며 주며 '이런저런 여러 가지의'라는 의미를 더해 주고 있다. 관형사는 체언과 달리 조사와 결합할 수 없으며, 용언과 달리 활용이 불가능하다는 특성이 있다.

보기

a. 철수
b. 멋있는 + 친구가 여기 있다.
c. 모든

① a~c는 모두 체언 '친구'를 꾸며 주는 역할을 하는 관형어이다.
② a는 조사 없이 명사만으로 관형어가 된 경우이다.
③ b는 용언의 어간 '멋있-'에 관형사형 어미 '-는'이 결합된 동사이자 관형어이다.
④ c는 조사가 결합할 수 없으며 활용이 불가능한 관형사이자 관형어이다.

[08~09] 다음 글을 읽고 물음에 답하시오.

문장을 구성하는 성분들은 주어, 서술어, 목적어, 보어, 관형어, 부사어, 독립어로 7가지가 있다. 여기서 주어, 서술어, 목적어, 보어는 문장의 필수 성분이며 관형어, 부사어는 부속 성분, 독립어는 독립 성분으로 구분한다.

주어는 서술어가 나타내는 동작이나 상태의 주체가 되는 말로써 명사, 대명사, 수사가 '이/가' 등과 같은 주격 조사와 결합한 형태로 나타난다.

서술어는 주어의 상태, 성질 따위를 서술하는 말로써 주로 동사, 형용사, 서술격 조사의 종결형으로 나타난다.

목적어는 문장에서 동사의 동작의 대상이 되는 문장 성분으로 체언이 목적격 조사와 결합하여 나타난다.

보어는 문장의 불완전한 곳을 보충하는 말로써 '되다', '아니다' 앞에 조사 '이', '가'를 취하여 나타난다.

관형어는 체언 앞에서 체언만을 꾸며 주는 말로써 문장을 구성하는 데에 필수적인 요소는 아니다. 관형사, 용언의 관형사형, 체언과 관형격 조사 '의'의 결합 등을 통해 형성된다.

부사어는 보통 동사, 형용사, 서술격 조사의 내용을 한정하는 말로 부사, 용언의 부사형, 체언과 부사격 조사 등을 통해 형성된다.

독립어는 독립적으로 쓰이는 말로 감탄사, 제시어, 대답하는 말 등이 있다.

08 윗글에 따라 <보기>의 ㉠ ~ ㉣의 문장 성분을 짝지은 것으로 올바르지 않은 것은? 12. 국가직 7급 변형

보기

- 그녀는 ㉠ 아름다운 꽃을 품에 ㉡ 가득 안고 왔다.
- 하루 종일 ㉢ 날씨가 맑았다. 그래서 ㉣ 몹시도 마음이 즐거웠다.

① ㉠: 관형어　② ㉡: 부사어
③ ㉢: 주어　④ ㉣: 독립어

09 윗글을 토대로 할 때, 밑줄 친 부분의 문장 성분이 나머지 셋과 다른 것은? 09. 경찰직(2차) 변형

① 나만 그 일을 했다.
② 그런 춤은 전문가도 못 춘다.
③ 물이 얼음으로 되다.
④ 누구나 성공하기 위해 열심히 일한다.

10 다음 글을 참고할 때, <보기>의 ⓐ ~ ⓓ의 밑줄 친 부분에 대한 설명으로 적절하지 않은 것은?

부사어나 부사절은 주로 서술어나 문장을 수식하는 기능을 한다. 부사어는 부사 이외에도 여러 가지 품사로 이루어질 수 있으며, 부사절은 하나의 문장이 다른 문장에 안기는 방식으로 이루어진다. 부사어나 부사절이 어떤 방식으로 실현되는지 다음의 밑줄 친 부분을 중심으로 살펴보자.

보기

ⓐ 꽃이 예쁘게 피었다.
ⓑ 그리고 아무 말이 없었다.
ⓒ 가을을 재촉하는 비가 소리 없이 내렸다.
ⓓ 그녀는 무척이나 상냥했다.

① ⓐ: 부사형 어미가 붙은 형용사가 부사어로 쓰였다.
② ⓑ: 접속 기능을 하는 부사가 그대로 부사어로 쓰였다.
③ ⓒ: 주술 관계를 갖춘 문장이 안겨 부사절로 쓰였다.
④ ⓓ: 체언이 서술격 조사와 결합하여 부사어로 쓰였다.

실전 학습 문제

[11~12] 다음 글을 읽고 물음에 답하시오.

> 부사어는 일반적으로 동사, 형용사, 서술격 조사의 내용을 꾸며주는 말이다. 예를 들어 '창섭이는 매우 멋지다'라는 문장에서 '매우'는 형용사 '멋지다'를 수식하는 부사어이다.
>
> 또한 부사어는 체언 뒤에 '(으)로, (으)로써, (으)로써, 에, 에게, 에서, 와/과, 랑, 하고'와 같은 부사격 조사를 사용하여 형성될 수도 있다. 예를 들어 '강으로 물이 흘러들어왔다'라는 문장에서 '강으로'는 명사 '강'과 부사격 조사 '(으)로'가 결합한 부사어이고, '내일 학교에서 만나자'의 '학교에서'는 명사 '학교'와 앞말이 행동이 이루어지고 있는 처소임을 나타내는 부사격 조사 '에서'의 결합으로 이루어진 부사어이다.
>
> 그러나 몇몇 조사들은 같은 형태를 지녔지만 부사격 조사가 아닌 것들도 있다. 가령 '에서'는 '학교에서 시험 날짜를 발표했다'와 같이 '단체를 나타내는 명사 뒤에 붙어 앞말이 주어임을 나타내는 격 조사'의 형태도 존재하기 때문에 체언과 '에서'가 결합한 형태는 주의해서 문장 성분을 파악해야 한다.

11 윗글을 토대로 할 때, 밑줄 친 부분의 문장 성분이 다른 것은?

① 이번 대회는 우리 학교에서 열린다.
② 70주년을 기념으로 국립국어원에서는 표준어를 대대적으로 개정하였다.
③ 집값이 치솟자 정부에서 새롭게 부동산 정책을 발표하였다.
④ 이번 대회는 우리 학교에서 우승을 차지하였다.

12 윗글을 토대로 할 때, 밑줄 친 부분의 문장 성분이 다른 것은? 15. 국가직 7급 변형

① 어느 학교의 동창회에서 있었던 일이다.
② 손에 익은 연장이라서 일이 빨리 끝나겠다.
③ 정부에서 실시한 조사 결과가 드디어 발표되었다.
④ 그 고마운 마음에 보답하고자 편지를 드리려고 합니다.

13 다음 중 ㉠의 사례가 포함되어 있지 않은 것은?

> 부속 성분은 주로 주성분을 꾸며 주는 역할을 하는 성분으로, 부속 성분인 부사어는 기본적으로 용언을 수식하지만 다른 부사, 관형사, 문장 전체를 꾸며 주는 경우도 있다. 부사어는 부속 성분이므로 대부분의 경우 문장에서 필수적이지 않지만, 부사어 중에 문장에서 반드시 필요한 것이 있다. 이를 ㉠ 필수적 부사어라고 부른다. 예를 들어, '선생님은 영희를 제자로 삼았다'라는 문장에서 '제자로'는 필수적 부사어이다. '삼다'가 주어, 목적어, 필수적 부사어라는 세 가지 문장 성분을 요구하며, '제자로'가 빠지면 자연스럽지 못한 문장이 되기 때문이다. 반대로 '나는 그가 친구로 좋다'라는 문장에서 '친구로'는 필수적 부사어가 아니다. '좋다'가 '나는'과 '그가'만 요구하고, '친구로'가 빠져도 문장이 자연스럽기 때문이다.

① 영수의 눈빛이 열정으로 빛난다.
② 춘천은 예전부터 닭갈비로 유명하다.
③ 그는 사랑하는 제자를 사위로 삼았다.
④ 영희는 언니와 생각이 다르다.

[14~16] 다음 글을 읽고 물음에 답하시오.

> 서술어의 자릿수란, 문장에서 서술어가 필요로 하는 문장 성분의 개수를 말한다.
>
> 주어 하나만을 요구하는 서술어를 '한 자리 서술어'라고 하고, 주어 이외에 목적어나 부사어, 보어를 요구하는 서술어는 '두 자리 서술어'라고 하며, 주어, 목적어, 부사어의 세 가지 성분을 필수적으로 요구하는 서술어를 '세 자리 서술어'라고 한다. 본래 부사어는 수식언으로 문장 안에서 생략해도 되는 성분이지만 서술어가 문장에서 부사어를 반드시 요구하는 경우에는 부사어를 서술어 자릿수에 포함해야 한다.
>
> 다음 문장을 통해 서술어의 자릿수를 알아보자.
>
> (1) 가. 바다가 푸르다.
> 나. 아람이는 예쁘다.
> (2) 가. 차희가 책을 읽는다.
> 나. 물이 얼음이 되었다.
> (3) 가. 진수가 민지에게 꽃을 주었다.
> 나. 민수가 희수에게 엽서를 보냈다.
>
> (1)의 '푸르다'와 '예쁘다'는 주어 하나만을 필요로 하기 때문에 한 자리 서술어이다. '바다가 매우 푸르다.', '아람이는 아주 예쁘다.'처럼 주어 이외의 문장 성분이 추가되어도 문장이 성립하지만, '매우'와 '아주'와 같은 문장 성분은 없어도 문장이 성립되는 반면, (1)의 주어인 '바다가', '아람이는'이 없으면 문장이 성립하지 않으므로 필수적인 문장 성분은 하나이다.
>
> (2)의 '읽다'는 주어와 목적어를 필요로 하고, '되다'는 주어와 보어를 필요로 하므로 두 자리 서술어이다. 한 자리 서술어와 달리 주어만으로는 문장이 성립되지 않으므로 필수적인 문장 성분은 둘이다.
>
> (3)의 '주다'와 '보내다'는 주어, 목적어, 부사어를 필요로 하는 세 자리 서술어이다. 주어, 목적어, 부사어 중 하나의 성분만 생략되어도 문장이 성립하지 않는다. 이때의 부사어는 필수적 부사어에 속하며 서술어 자릿수에 반드시 포함되어야 한다.

14 **윗글을 토대로 할 때, 밑줄 친 서술어의 자릿수가 다른 하나는?**

① 그림이 실물과 같다.
② 나는 경찰이 아니다.
③ 소영이가 종을 울렸다.
④ 길이 매우 넓다.

15 **윗글을 참고할 때, 밑줄 친 ㉠ ~ ㉣에 대한 설명으로 가장 적절한 것은?**

> • 꽃이 노랗게 ㉠ 물들었다.
> • 태진이는 이 소설책을 열심히 ㉡ 읽었다.
> • 저 사람은 전혀 다른 사람이 ㉢ 되었다.
> • 그녀는 자신의 지위를 당연하게 ㉣ 여긴다.

① ㉠은 부사어를 필수적으로 요구하는 두 자리 서술어이다.
② ㉡은 부사어를 필수적으로 요구하는 세 자리 서술어이다.
③ ㉢은 보어를 필수적으로 요구하지 않는 한 자리 서술어이다.
④ ㉣은 목적어 외에 부사어를 필수적으로 요구하지 않는 두 자리 서술어이다.

16 **윗글을 따라 서술어의 자릿수를 분석한 것으로 적절하지 않은 것은?**

① 믿음은 마치 보석과도 같단다.
→ 두 자리 서술어
② 나 어제 시험공부로 녹초가 됐어.
→ 두 자리 서술어
③ 철수의 생각은 나와는 아주 달라.
→ 세 자리 서술어
④ 영섭이가 길가 우체통에 편지를 넣었어.
→ 세 자리 서술어

실전 학습 문제

17 다음 글을 읽고 <보기>를 분석한 내용으로 적절하지 않은 것은?

> 품사를 이해하기 위해서는 문장 성분을 고려해야 한다. 품사 분류의 기준 중 하나인 '단어가 문장에서 다른 단어들과 맺는 문법적 관계'란 단어가 문장에서 어떤 성분으로 쓰이는가를 뜻한다. 명사, 대명사, 수사를 체언이라 하며, 체언은 단독으로도 쓰일 수 있고 조사와 결합하여 모든 문장 성분으로 쓰일 수 있다. 그러나 품사 중 주어, 목적어, 보어가 될 수 있는 것은 체언뿐이므로 체언은 주로 이 세 성분을 들어 설명한다. 동사와 형용사를 용언이라 하며, 이들은 주로 서술어로 쓰인다. 용언의 어미가 바뀌어 명사절, 관형사절 등을 이루는 경우에도 용언은 해당 절의 서술어로 쓰인다.
>
> 관형사와 부사는 수식언이라 하며, 관형사는 조사와 결합할 수 없고 언제나 관형어로 쓰인다. 부사는 보조사와 결합할 수 있고 부사어로 쓰여 주로 용언을 수식하지만, 다른 관형사나 다른 부사를 수식할 수도 있다. 조사는 스스로 문장 성분이 될 수 없지만 체언과 결합하여 그것의 기능을 밝혀준다는 점에서 관계언이라 하며, 감탄사는 문장의 다른 성분과 관계를 맺지 않는 독립어로 쓰이므로 독립언이라 한다.

> 보기
>
> ⓐ 여기가 너무 시끄럽다.
> ⓑ 이렇게 아름다운 경치를 본 적이 없다.
> ⓒ 어서 집에 가자.
> ⓓ 와! 정말 멋지다.

① ⓐ: 대명사에 주격 조사가 결합해 주어로 쓰였다.
② ⓑ: 부사가 형용사를 수식하는 부사어로 쓰였다.
③ ⓒ: 부사가 용언을 수식하는 부사어로 쓰였다.
④ ⓓ: 감탄사가 독립어로 쓰였다.

18 다음 글에 따라 밑줄 친 부분을 설명한 것으로 적절하지 않은 것은?

> 용언은 의미에 따라 동작이나 작용을 나타내는 동사와 성질이나 상태를 나타내는 형용사로 나뉜다. 동작이나 작용에는 주체의 의도를 개입시킬 수 있지만 성질이나 상태는 그렇지 않다. 따라서 동사는 명령, 의도를 나타내는 어미가 결합한 '먹어라, 먹으려고 (한다)'가 가능하지만, 형용사는 '예뻐라, 예쁘려고'가 불가능하다. 또한 동작이나 작용은 시작과 끝을 상정할 수 있지만 성질이나 상태는 그렇지 않다. 따라서 '먹고 있다'와 같은 진행 표현은 동사에서만 가능하다. '먹는다'와 '예쁘다', '먹은, 먹는'과 '예쁜'처럼 동사와 형용사의 시제를 표현하는 방법이 다른 것도 이 때문이다. 같은 용언이라도 '날이 밝는 시간', '밝은 날'처럼 의미에 따라 어미의 형태가 달라지기도 한다.

① 아이가 행복하다.
→ '행복하다'는 의도를 나타내는 어미가 결합할 수 없으므로 형용사이다.

② 지금 일을 하고 있다.
→ '하고 있다'는 진행을 나타내는 표현이므로 '하다'는 동사이다.

③ 그녀는 매일 예뻐진다.
→ '예뻐진다'는 상태를 나타내므로 형용사이다.

④ 바람이 점점 세게 불고 있다.
→ '불고 있다'는 진행 표현이 가능하므로 '불다'는 동사이다.

19 다음 글에 따라 <보기>의 ⓐ ~ ⓓ를 분석한 내용으로 적절하지 않은 것은?

> 품사는 문장에서 다양한 문장 성분으로 실현된다. 예를 들어, '아빠는 차로 출근하신다.'에서 '아빠는'은 명사 '아빠'에 보조사 '는'이 결합하여 서술어 '출근하신다'의 주어로 쓰였다. 그리고 '차로'는 명사 '차'에 부사격 조사 '로'가 결합하여 동사 '출근하신다'를 수식하는 부사어로 쓰였다.

> 보기
> ⓐ 너에게 주는 선물이야.
> ⓑ 학생 다섯 명이 참가했다.
> ⓒ 우리는 그를 믿었다.
> ⓓ 올해는 비가 많이도 왔다.

① ⓐ: 대명사가 격 조사와 결합하여 서술어 '주다'의 부사어로 쓰였다.
② ⓑ: 수사가 조사와 결합하지 않고 명사 '명'을 수식하는 관형어로 쓰였다.
③ ⓒ: 대명사가 격 조사와 결합하여 서술어 '믿었다'의 목적어로 쓰였다.
④ ⓓ: 부사가 보조사와 결합하여 동사 '왔다'를 수식하는 부사어로 쓰였다.

20 다음 글을 토대로 할 때, 밑줄 친 말 중 부속 성분에 해당하는 것은?

> 문장 성분은 문장을 이루는 각 요소를 말한다. 크게 주성분, 부속 성분, 독립 성분 세 가지로 나눌 수 있다.
> 먼저 주성분은 문장을 이루는 필수적인 성분으로 주어, 서술어, 목적어, 보어가 이에 속한다. 주어는 문장의 주체가 되는 성분, 서술어는 주어의 구체적인 행동, 상태, 성질을 나타내는 성분, 목적어는 서술어의 행동 또는 동작이 향하는 대상이 되는 성분, 보어는 서술어의 의미가 불분명하여 보다 확실한 의미를 나타내기 위한 성분이다.
> 다음으로 부속 성분은 주성분을 수식하는 성분으로 관형어, 부사어가 이에 속한다. 관형어는 주로 체언 앞에서 체언의 뜻을 구체적으로 나타내주는 성분이고, 부사어는 용언의 내용을 한정하는 문장 성분으로 다른 문장 성분이나 문장 전체를 수식하기도 한다.
> 마지막으로 독립 성분은 문장의 어느 성분과 직접적인 관련이 없는 성분으로 호칭어, 감탄사 등의 독립어가 이에 해당한다.

① 이번 승급 심사에는 합격자가 많구나.
② 할머니께서 감자를 구워 주셨다.
③ 밭이 바다가 되었다.
④ 아이가 머리를 곱게 빗고 있다.

정답 및 해설 9p

04 단일어, 파생어, 합성어

1. 어근과 접사

(1) 어근: 단어에서 실질적인 의미를 나타내는 부분 예 풋나물

(2) 접사: 어근에 결합해 특정한 뜻을 더하는 부분 예 풋고추, 선생님

위치에 따라	접두사	풋 + 사랑, 맨 + 손, 시 + 누이, 건 + 어물
	접미사	멋 + 쟁이, 선생 + 질, 선생 + 님
기능에 따라	한정적 접사	풋(접두사) + 사과(명사) → 풋사과(파생어, 명사)
	지배적 접사	정(명사) + 답다(접미사) → 정답다(파생어, 형용사)

2. 단일어와 복합어

(1) 단어

① 단일어: 하나의 어근만으로 이루어진 단어 예 꽃, 산, 하늘

② 복합어

- 파생어
  - 접두사 + 어근 예 풋 + 사과 → 풋사과
  - 어근 + 접미사 예 장사 + 꾼 → 장사꾼
- 합성어: 어근 + 어근 예 돌 + 다리 → 돌다리

(2) 파생어: 어근과 접사가 결합하여 이루어진 단어

① 접두 파생법

접두사	의미	예
개-	야생 상태의, 질이 떨어지는	개살구, 개먹, 개떡
	헛된, 쓸데없는	개꿈, 개죽음, 개수작
	정도가 심한	개망나니, 개잡놈
군-	쓸데없는	군말, 군불, 군살, 군기침, 군소리 [참고] • 군말: 하지 않아도 좋을 쓸데없는 군더더기 말 • 군불: 음식을 하기 위해서가 아니라 오로지 방을 덥히려고 아궁이에 때는 불 • 군기침: 인기척을 내거나 목청을 가다듬거나 하기 위하여 일부러 기침함. 또는 그렇게 하는 기침 • 군소리: 1. 하지 아니하여도 좋을 쓸데없는 말 2. 잠이 들었을 때 꿈결에 하는 말 3. 몹시 앓을 때 정신없이 하는 말
	가외로 더한, 덧붙은	군식구, 군사람
덧-	거듭된, 겹쳐 신거나 입은	덧니, 덧버선, 덧신, 덧저고리

접두사	의미	예
알-	겉을 덮어 싼 것이나 딸린 것을 다 제거한	알감, 알몸, 알바늘, 알밤 [참고] • 알감: 잎이 다 떨어진 가지에 달린 감 • 알바늘: 실을 꿰지 않은 바늘
	작은	알바가지, 알요강, 알항아리
	진짜, 알짜	알가난, 알건달, 알거지, 알부자 [참고] 알부자: 겉보다는 실속이 있는 부자
엿-	몰래	엿보다, 엿듣다, 엿살피다
제(第)-	그 숫자에 해당되는 차례	제일, 제이, 제삼, 제3장, 제삼장
짓-	마구, 함부로, 몹시	짓개다, 짓누르다, 짓밟다
	심한	짓고생, 짓망신 [참고] 짓고생: 아주 심한 고생
풋-	처음 나온, 덜 익은	풋고추, 풋나물, 풋감, 풋과실, 풋사과
	미숙한, 깊지 않은	풋사랑, 풋잠, 풋내기
한-[13]	큰	한길, 한시름, 한격정
	정확한, 한창인	한겨울, 한밤중, 한여름, 한가운데, 한낮 └ 한+밤중(밤+중)
한-[14]	바깥	한데
	끼니때 밖	한음식, 한저녁, 한점심 [참고] 한음식: 끼니때가 아닌 때에 차린 음식
강-	다른 것이 섞이지 않고 그것만으로 이루어진	강밥, 강굴, 강술 [참고] • 강밥: 국이나 찬도 없이 맨밥으로 먹는 밥 • 강굴: 물이나 그 밖의 다른 어떤 것도 섞지 아니한 굴의 살 • 강술: 안주 없이 마시는 술
	마른, 물기가 없는	강기침, 강추위, 강더위 [참고] 강기침: '마른 기침'을 일상적으로 이르는 말
	억지스러운	강울음, 강호령 [참고] • 강울음: 눈물 없이 우는 울음, 또는 억지로 우는 울음 • 강호령: 까닭 없이 꾸짖는 호령
	몹시	강마르다, 강밭다, 강파리하다 [참고] • 강마르다: 1. 물기가 없이 바싹 메마르다. 2. 성미가 부드럽지 못하고 메마르다. 3. 살이 없이 몹시 수척하다. • 강밭다: 몹시 야박하고 인색하다. • 강파리하다: 1. 몸이 야위고 파리한 듯하다. 2. 성질이 까다롭고 괴팍한 듯하다.
강(強)-	매우 센, 호된	강추위, 강염기, 강타자, 강행군
날-	말리거나 익히거나 가공하지 않은	날고기, 날것, 날김치, 날가죽 [참고] 날김치: 아직 익지 아니한 김치
	다를 것이 없는	날바늘, 날바닥 [참고] • 날바늘: 실을 꿰지 아니한 바늘 • 날바닥: 아무것도 깔지 아니한 바닥
	장례를 다 치르지 않은	날송장 [참고] 날송장: 1. 죽은 지 얼마 되지 아니한 송장 2. 염습(殮襲)을 하지 아니한 송장

개념 더하기 '늦-'이 결합한 단어

'늦-'이 결합한 단어는 관점에 따라 파생어 또는 합성어로 볼 수 있음
- 접두사 + 명사 → 파생어
- 어간 + 명사 → 비통사적 합성어

개념 더하기 주의해야 할 파생어와 합성어

'날-'과 '길-'이 결합한 단어
- 날고기(파생어): 말리거나 익히거나 가공하지 아니한 고기
- 날짐승(합성어): 날아다니는 짐승을 통틀어 이르는 말
- 길짐승(합성어): 기어다니는 짐승을 통틀어 이르는 말

파생어/합성어 둘 다 인정되는 단어

늦더위, 늦잠, 설익다, 맛나다

주의해야 할 파생어와 합성어
- 곁눈질: 곁눈(명사) + -질(접미사) → 파생어
- 회덮밥: 회(명사) + 덮밥(명사) → 통사적 합성어

② 접미 파생법(어근 + 한정적 접미사)

접미사	의미	예
-가(家)	그것을 전문적으로 하는 사람, 그것을 직업으로 하는 사람	건축가, 교육가, 문학가
	그것에 능한 사람	외교가, 이론가, 전략가
	그것을 많이 가진 사람	자본가, 장서가, 재산가
	그 특성을 지닌 사람	대식가, 명망가, 노력가 [참고] 명망가: 명망이 높은 사람
-간	동안	이틀간
	장소	대장간, 마구간, 외양간
-꾼	어떤 일을 전문적으로 하는 사람, 어떤 일을 잘하는 사람	장사꾼, 일꾼, 소리꾼, 심부름꾼
	어떤 일을 습관적으로 하는 사람, 어떤 일을 즐겨 하는 사람	노름꾼, 낚시꾼, 잔소리꾼, 난봉꾼
-님	높임	사장님, 총장님, 선생님
	그 대상을 인격화하여 높임	달님, 해님
-다랗다	그 정도가 꽤 뚜렷함	가느다랗다, 커다랗다, 굵다랗다, 잗다랗다, 높다랗다
-질	그 도구를 가지고 하는 일	가위질, 부채질, 낚시질
	그 신체 부위를 이용한 어떤 행위	곁눈질, 손가락질
	직업이나 직책을 비하	선생질
	좋지 않은 행위를 비하	계집질, 노름질
-꾸러기	그것이 심하거나 많은 사람	장난꾸러기, 욕심꾸러기
-치-	강조	닫치다, 밀치다

개념 더하기 접미사 '-치-'

'-치-'를 제외해도 단어가 성립하면 이때의 '-치-'는 '강조'의 뜻을 더하는 접미사

예 • 철수가 나를 밀다(○) → 철수가 나를 밀치다(○)
• 철수가 문을 닫다(○) → 철수가 문을 닫치다(○)

참고 문이 바람에 닫다(×)
→ 바람에 문이 닫치다(×)
→ 문이 바람에 닫히다(○)
→ '문이 바람에 닫다'는 자연스럽지 않으므로, '닫치다'를 사용할 수 없다. 따라서 이때에는 피동 접미사 '-히-'가 결합한 '닫히다'를 써야 한다.

③ 접미 파생법(어근 + 지배적 접미사)

형용사 파생	-답다	정답다, 너답다 예 부부가 서로를 정답게 바라본다.
	-롭다	신비롭다, 명예롭다 예 그의 모습은 언제 봐도 신비롭다.
	-스럽다	복스럽다, 자랑스럽다 예 아이는 복스럽다. / 나는 그가 자랑스럽다.
동사 파생	-당하다	거절당하다, 이용당하다 예 그의 애정 고백은 무참히 거절당했다.
	-거리다	반짝거리다, 출렁거리다 예 그 별이 반짝거리다.
	-시키다	교육시키다, 등록시키다 예 그는 아들들을 외국에서 교육시켰다.
	-이다 └체언 등에 결합하는 서술격 조사 '이다'와 구분	반짝이다, 끄덕이다, 망설이다, 속삭이다, 움직이다, 출렁이다 예 학생이다, 경찰이다
관형사 파생	-까짓	이까짓, 그까짓, 저까짓 예 이까짓 일을 가지고 뭘 그리 망설이니?
부사 파생	-히	조용히, 영원히 예 조용히 해라.
	-내	봄내, 여름내, 저녁내, 마침내, 끝내 예 여름내 강이 말랐다.
	-씩	조금씩 예 건강이 조금씩 회복되고 있다.
명사 파생	-개	날개, 덮개, 지우개 예 덮개가 너무 작다.

개념 더하기 서술격 조사 '이다'와 접미사 '-이다'의 구분

• 서술격 조사 '이다'('인다' ×): '이다'를 '인다'로 교체할 수 없으면 서술격 조사
예 그는 학생이다(명사 + 서술격 조사) → 서술어

• 접미사 '-이다'('인다' ○): '이다'를 '인다'로 교체할 수 있으면 접미사
예 별이 반짝이다(부사 + 접미사) → 서술어

(3) 주의해야 할 파생 접미사

① -이

- 명사를 만듦: 길이, 높이, 먹이, 넓이 예 높이가 높다. / 먹이가 있다.
- 부사를 만듦: 많이, 높이, 빨리(빠르- + -이) 예 높이 날아라. / 빨리 일어나라.

② -하다

- 동사로 만듦: 공부하다, 덜컹덜컹하다, 빨리하다 예 학생들이 영어를 공부하다.
- 형용사로 만듦: 건강하다, 듯하다 예 영희는 이제 건강하다.

③ -ㅁ, -음, -기

앞뒤로 같은 단어가 나올 때	앞 단어: 명사	예 꿈을 꿈, 보기를 보기, 잠을 잠
	뒤 단어: 동사/형용사	예 꿈을 꿈, 보기를 보기, 잠을 잠
앞말에 꾸미는 단어가 있을 때	관형어가 수식: 명사	예 빠른 걸음
	부사어가 수식: 동사/형용사	예 빨리 달리기, 크게 웃음
다른 명사 대체 가능 여부	다른 명사로 대체 O: 명사	예 그는 죽음을('실패'로 대체 가능) 각오하고 연구에 돌입했다.
	다른 명사로 대체 ×: 동사/형용사	예 나는 그가 합격했음을(다른 명사로 대체 ×) 알았다.
주어와의 호응 여부	주어와의 호응 ×: 명사	예 조사원들이 기울기를(조사원들이 기울다(×)) 재다.
	주어와의 호응 O: 동사/형용사	예 나는 그의 말이 옳음을(그의 말이 옳다(○)) 깨달았다.

④ -이-/-추-/-히-(사동·피동 접미사): 사동·피동 접미사가 붙어 품사가 바뀔 때

예
- 건물이 높다.(형용사) → 건물의 높이를 높이다.(동사)
- 건물이 낮다.(형용사) → 건물의 높이를 낮추다.(동사)

개념 더하기 사동·피동 접미사가 붙어도 품사가 바뀌지 않는 경우(지배적 접사 ×)

예
- 아이가 우유를 먹다.(동사) → 할머니께서 아이에게 우유를 먹이다.(동사)
- 경찰이 범인을 잡다.(동사) → 범인이 경찰에게 잡히다. (동사)

⑤ 접미사가 붙어서 어근의 원형을 바꾸는 경우

-어리	귀머거리(귀먹- + -어리)	-애	마개(막- + -애)	-암	마감(막- + -암)
-엄	무덤(묻- + -엄), 주검(죽- + -엄)	-아리	이파리(잎 + -아리)	-아지	바가지(박 + -아지)
-악서니	꼬락서니(꼴 + -악서니)	-웅	지붕(집 + -웅), 마중(맞- + -웅)	-우	너무(넘- + -우)
-으머리	끄트머리(끝 + -으머리)	-	-	-	-

(4) 합성어 — 실질적 의미 + 실질적 의미

① 합성어의 의미 범주에 따른 분류

대등 합성어	오가다, 팔다리, 여닫다
종속 합성어	손수건, 책가방, 손수레
융합 합성어	밤낮(항상), 춘추(나이), 피땀(노력), 쑥밭(엉망)

② 합성어의 형성 방법에 따른 분류

• 통사적 합성어: 국어의 일반적인 단어 배열과 일치 ○

형성 방법		예
어간 + 어미 + 어간 + 어미		들어가다, 알아보다, 돌아가다, 돌아오다, 가져오다, 타고나다
명사 + 용언 (동사, 형용사)	주어(주격 조사) + 서술어	힘들다, 빛나다, 철들다, 손쉽다
	목적어(목적격 조사) + 서술어	본받다, 수놓다, 용쓰다
	부사어(부사격 조사) + 서술어	앞서다, 뒤서다, 남다르다
부사 + 동사, 형용사		그만두다, 잘생기다, 가로막다
관형사 + 명사		새해, 첫사랑, 웬일, 새언니
용언의 관형사형 + 명사		젊은이, 어린이, 작은집(따로 살림하는 아들이나 아우, 작은아버지의 집)
같은 품사	명사 + 명사	논밭, 기와집, 김치찌개, 회덮밥, 밤낮, 손목, 눈물, 할미꽃, 어깨동무, 얼룩소, 금지곡, 한자음, 핵폭발, 수족(手足), 연세(年歲)(한자어 명사 + 한자어 명사)
	부사 + 부사	이리저리, 비틀비틀, 부슬부슬
	감탄사 + 감탄사	얼씨구절씨구

• 비통사적 합성어: 국어의 일반적인 단어 배열과 일치 ×

형성 방법	예
어간 + 명사	덮밥, 접칼, 먹거리, 감발, 붉돔, 곶감
어간 + 어간 + 어미	검붉다, 짙푸르다, 보살피다, 오르내리다, 굶주리다, 굳세다, 높푸르다, 날뛰다, 돌보다
부사 + 명사	부슬비, 척척박사, 산들바람, 살짝곰보, 딱딱새
한자어 어순이 우리말과 다른 경우	독서(讀書), 등산(登山)

실전 학습 문제

정답 및 해설 13p

[01~02] 다음 글을 읽고 물음에 답하시오.

> 어근과 어근의 결합으로 이루어진 단어를 합성어라고 한다. 합성어는 어근의 배열 방식에 따라 통사적 합성어와 비통사적 합성어로 나눌 수 있다.
>
> 통사적 합성어는 어근의 결합이 우리말의 일반적인 단어 배열법과 일치하는 합성어이다. '명사+명사', '감탄사+감탄사', '용언의 연결형+용언', '관형어+체언', '부사+용언', '용언의 관형사형+명사' 등의 유형이 있다.
>
> 비통사적 합성어는 어근의 결합이 우리말의 일반적인 단어 배열법과 일치하지 않는 합성어이다. 용언과 명사가 결합할 때 관형사형 어미가 생략된 경우, 용언과 용언이 결합할 때 연결 어미가 생략된 경우, 부사가 명사를 직접 꾸며 주는 경우 등이 있다.

01 윗글에 따라 단어의 형성 방법이 서로 다른 것끼리 묶은 것은?
15. 경찰직(3차) 변형

① 늦잠 - 밤낮　② 앞뒤 - 똥오줌
③ 힘들다 - 앞서다　④ 맛있다 - 힘차다

02 윗글을 참고할 때, 비통사적 합성어로만 묶은 것은?
11. 국회직 8급 변형

① 가난하다, 영원하다, 앞서다
② 붙잡다, 손쉽다, 그만두다
③ 덮밥, 굳세다, 굶주리다
④ 갈림길, 앞서다, 그만두다

03 다음 글에 따라 비통사적 합성어만 묶은 것으로 올바르지 않은 것은?
15. 기상직 7급 변형

> 실질적인 의미와 실질적인 의미의 단어가 결합될 때, 그 단어는 합성어가 된다. 합성어는 단어의 형성 방식에 따라 통사적 합성어와 비통사적 합성어로 나뉜다.
>
> 통사적 합성어는 어근의 결합이 우리말의 일반적인 단어 배열법과 일치하는 합성어이다. '용언의 관형사형+명사', '관형어+체언', '부사+용언' 등의 유형이 있다.
>
> 비통사적 합성어는 어근의 결합이 우리말의 일반적인 단어 배열법과 일치하지 않는 합성어이다. '어간+용언', '어간+명사', '부사+명사' 등의 형태가 있으며 한자어가 형성되는 경우 '등산(登山)'과 같이 그 의미가 '서술어+부사어'의 관계를 지니는 경우도 비통사적 합성어에 해당한다.

① 감발, 덮밥, 접칼, 여닫다
② 등산, 독서, 높푸르다, 뛰놀다
③ 우짖다, 검푸르다, 어린이, 안팎
④ 헐떡고개, 곶감, 척척박사, 촐랑새

04 다음 글을 고려할 때, 단어 형성 방식이 나머지 셋과 다른 것은?
14. 경찰직(1차) 변형

> 단어는 하나 이상의 형태소가 결합한 단위인데, '산, 강'처럼 하나의 어근으로 이루어진 단어를 단일어라고 한다. 한편 '풋사과'처럼 파생 접사와 어근이 결합하여 이루어진 단어를 파생어라고 하며, '밤낮'처럼 둘 이상의 어근이 결합하여 만들어진 단어를 합성어라고 한다.

① 군말　② 돌다리
③ 덧가지　④ 짓누르다

05 다음 글에 따라 밑줄 친 부분을 분석했을 때, 접두사가 아닌 것은?

14. 국회사무처 9급 변형

> 단어에서 실질적인 의미를 지닌 부분을 어근이라고 한다. 예를 들어 '꽃, 바다, 하늘'과 같은 명사는 실질적인 의미를 지니고 있는 단어로 어근에 속하며, '좋다'의 '좋-'과 같은 어간 역시 '좋다' 전체 단어에서 실질적인 역할을 하는 어근에 속한다. '-다'와 같은 어미는 실질적인 의미를 지닌 것이 아니라 문법적 의미를 지닌 것으로 어근이 되지 않는다.
>
> 파생어는 어근과 접사가 결합된 복합어로 '어근+접사' 또는 '접사+어근'의 순서를 가진다. 이때 어근 앞에 붙는 파생 접사를 접두사, 어근 뒤에 붙는 파생 접사를 접미사로 부른다.
>
> 한편, 어근과 어근이 결합된 복합어를 합성어라고 하는데 합성어는 통사적 합성어와 비통사적 합성어로 나눌 수 있다.

① 막그릇에 찬밥이지만 진수성찬이 따로 없네.

② 올해 심을 씨감자가 비를 맞고 다 썩어버렸어요.

③ 피지도 못한 꽃들을 짓밟아버린 사람은 대체 누구인가.

④ 처남이 우리 집으로 이사 오면서 군식구가 늘었어.

06 다음 글에 따라 통사적 합성어의 유형과 그 예를 짝지은 것으로 올바르지 않은 것은?

14. 사회복지직 9급 변형

> 합성어는 어근의 배열 방식에 따라 통사적 합성어와 비통사적 합성어로 나눌 수 있다.
>
> 통사적 합성어는 '명사+명사', '관형어+체언', '용언의 연결형+용언', '주어+서술어', '목적어+서술어', '부사어+서술어' 등과 같이 어근의 결합이 우리말의 일반적인 단어 배열법과 일치하는 합성어를 말한다.
>
> 비통사적 합성어는 용언과 명사가 결합할 때 관형사형 어미가 생략된 경우, '어간+어간+어미'의 형태를 지닌 경우, 부사가 명사를 직접 꾸며주는 경우 등과 같이 어근의 결합이 우리말의 일반적인 단어 배열법과 일치하지 않는 합성어를 말한다.

① 명사와 명사가 결합된 경우 - 할미꽃

② 관형어와 체언이 결합된 경우 - 큰형

③ 주어와 서술어가 결합된 경우 - 빛나다

④ 용언의 연결형과 용언이 결합된 경우 - 날뛰다

실전 학습 문제

[07~10] 다음 글을 읽고 물음에 답하시오.

단일어는 하나의 어근, 즉 하나의 실질 형태소로 이루어진 말을 뜻한다. 복합어는 어근과 접사가 결합하거나 어근과 어근이 결합하여 이루어진 단어로 하나의 실질 형태소에 접사가 붙거나 두 개 이상의 실질 형태소가 결합된 말이다.

복합어에는 두 가지 종류가 있는데 어근과 접사가 결합하여 만들어진 단어인 파생어와 둘 이상의 어근이 결합하여 만들어진 단어인 합성어가 있다. 파생어에는 '풋사과'처럼 접두사가 결합된 파생어가 있고, '덮개'처럼 접미사가 결합된 파생어가 있다. 또한 합성어는 국어 문법 규정에 맞게 합성된 통사적 합성어와 문법에 맞지 않게 합성된 비통사적 합성어로 분류할 수 있다.

07 윗글에 따라 단어를 분석했을 때, 단어의 형성 방법이 나머지와 다른 하나는? 16. 기상직 7급 변형

① 지붕 ② 노름꾼
③ 새롭다 ④ 낯설다

08 윗글에 따라 다음 단어를 분석했을 때, 단어의 형성 방식이 나머지와 다른 하나는?

① 까막까치 ② 손발
③ 디딤돌 ④ 시나브로

09 윗글을 따라 밑줄 친 단어를 분석했을 때, 짜임새가 다른 하나는?

① 거리에서 첫사랑을 우연히 만났다.
② 그의 말은 불난 집에 부채질하는 격이었다.
③ 민지는 돌계단을 서둘러 내려갔다.
④ 후드득후드득 빗소리가 들려왔다.

10 윗글에 따라 다음 단어를 분석했을 때, 합성어의 개수로 올바른 것은?

거짓말, 이것, 날고기, 맛있다, 맏아들, 볶음밥, 높푸르다, 춘추

① 3개 ② 4개
③ 5개 ④ 6개

11 다음 중 ㉠과 ㉡에 해당하는 예로 적절한 것은?

17. 교육행정직 9급 변형

> 파생어는 '어근+접사'로, 합성어는 '어근+어근'으로 이루어진 복합어이다. 파생어 중에는 ㉠ 접사와 결합하기 전의 어근의 품사와 파생어의 품사가 달라진 것도 있고, 달라지지 않은 것도 있다. 합성어 중에는 문장에서 나타나는 배열 방식으로 만들어진 통사적 합성어도 있고, ㉡ 문장에서 나타나지 않는 배열 방식으로 만들어진 비통사적 합성어도 있다.

	㉠	㉡
①	슬기롭다	접칼
②	선무당	늦잠
③	공부하다	힘들다
④	먹이	잘나가다

12 <보기 1>을 참고하여 <보기 2>를 ㉠과 ㉡으로 올바르게 분류한 것은?

17. 법원직 9급 변형

> 보기 1
>
> 어근과 어근의 형식적 결합 방식에 따라 합성어를 나누어 볼 수 있다. 형식적 결합 방식이란 어근과 어근의 배열 방식이 국어의 정상적인 단어 배열 방식. 즉 통사적 구성과 같고 다름을 고려한 것이다. 여기에는 합성어의 각 구성 성분들이 가지는 배열 방식이 국어의 정상적인 단어 배열법과 같은 ㉠ 통사적 합성어와 정상적인 배열 방식에 어긋나는 ㉡ 비통사적 합성어가 있다.

> 보기 2
>
> a. 새해 b. 힘들다 c. 접칼
> d. 부슬비 e. 돌아가다 f. 오르내리다

	㉠	㉡
①	a, e	b, c, d, f
②	a, b, e	c, d, f
③	a, c, d	b, e, f
④	b, e, f	a, c, d

실전 학습 문제

[13~14] 다음 글을 읽고 물음에 답하시오.

> 단어의 실질적 의미를 지닌 어근에 붙어 특정한 의미 또는 기능을 부여하는 요소를 접사라 한다. 이러한 접사는 자립적이지 않으며 반드시 어근에 결합하는 형태를 지닌다.
>
> 접사는 어근과 결합하는 위치에 따라 접두사와 접미사로 나뉘며, 그 기능에 따라 어근의 품사를 바꾸는 ㉠ 지배적 접사와 품사를 바꾸지 못하는 한정적 접사로 나누기도 한다. 예를 들어 '높이', '건강하다'에서 '-이', '-하다'는 어근의 품사를 바꾸므로 지배적 접사이고, '드높다', '가위질'에서 '드-'와 '-질'은 어근의 품사를 바꾸지 않으므로 ㉡ 한정적 접사이다. 이때 접두사는 대부분 한정적 접사로 쓰이며, 접미사는 어근의 품사를 바꾸는 지배적 접사와 바꾸지 않는 한정적 접사 모두로 쓰인다.

13 다음 밑줄 친 단어 중에서 ㉠이 쓰이지 않은 단어는?

① 건물의 높이가 아주 높다.

② 그의 희생은 영원히 기억될 것이다.

③ 어제 산 지우개가 너무 예쁘다.

④ 그를 넘어뜨리고 철수는 달려갔다.

14 다음 밑줄 친 단어 중에서 ㉡이 쓰인 단어는?

① 아버지가 아이에게 우유를 먹이다.

② 관객석에서 안 보이니 무대의 높이를 낮추자.

③ 그 보석의 색깔은 정말 신비롭구나.

④ 그는 직원에게 출입을 거절당했다.

15 다음 글의 밑줄 친 부분에 해당하는 것은?

13. 기상직 9급 변형

> 합성어는 파생 접사 없이 어근과 어근이 직접 결합하여 만들어진 단어이다. 합성어는 통사적 합성어와 비통사적 합성어로 분류되는데 통사적 합성어는 두 어근 또는 단어의 연결 방식이 우리말의 통사적 구성 방식과 일치하는 것이고, 비통사적 합성어는 우리말의 통사적 구성 방식에 어긋나는 방식으로 형성된 합성어이다.

① 작은형

② 철들다

③ 부슬비

④ 힘쓰다

16 <보기>를 바탕으로 단어 형성법에 대해 탐구한 것으로 적절하지 않은 것은?

> 보기
>
> 단어에서 실질적 의미를 나타내는 중심 부분을 어근이라 하고, 어근에 붙어 그 뜻을 더하는 부분을 접사라고 한다. 단어는 형성 방법에 따라 단일어와 파생어, 합성어로 나누어진다. 단일어는 '바다', '놀다'와 같이 하나의 어근으로 이루어진 말이고, 파생어는 '군살'이나 '멋쟁이'처럼 어근과 접사의 결합으로 이루어진 말이다. 합성어는 어근과 어근이 결합한 말로 '달빛'이나 '뛰놀다'와 같은 말이 이에 해당한다.

① '치솟다'는 접사가 어근에 붙어 뜻을 더하고 있으므로 파생어이군.

② '지우개'는 어근에 접사가 결합한 파생어이고, '닭고기'는 어근끼리 결합한 합성어이군.

③ '나무꾼'과 '검붉다'는 모두 실질적인 뜻을 가진 어근끼리 결합하였으므로 합성어이군.

④ '개살구'와 '부채질'은 모두 어근에 접사가 결합하여 이루어진 단어이므로 파생어에 해당하는군.

17 다음 글에 따라 <보기>를 분석한 것으로 적절하지 않은 것은?

> 단어를 둘로 나누었을 때 나누어진 두 요소 각각을 직접 구성 요소라고 한다. 사전의 표제어에 쓰인 '-'(붙임표)는 표제어를 구성하는 직접 구성 요소를 보여준다. 예를 들어 '물-음'도 어근과 접사를 직접 구성 요소로 하는 파생어이다. 반면 '손-목'은 어근만을 직접 구성 요소로 하는 합성어이다.

> 보기
>
> • 맛-깔: 음식 맛의 성질.
> • 물-음: 무언가를 알고자 하여 묻는 행위.
> • 손-목: 손과 팔을 연결하는 부분.

① '물음'은 어근과 접사로 이루어진 파생어이다.

② '손목'은 어근과 접사로 이루어진 파생어이다.

③ '맛깔'은 어근과 접사로 이루어진 파생어이다.

④ 단어의 직접 구성 요소는 사전의 표제어에 붙임표로 표시된다.

실전 학습 문제

[18~20] 다음 글을 읽고 물음에 답하시오.

> 어간 뒤에 '-(으)ㅁ, -기'가 붙는 경우 '-(으)ㅁ, -기'는 명사 파생 접미사와 명사형 전성 어미가 모두 가능하다. 이때 '슬픔이 다가왔다'와 같이 어간 뒤에 명사 파생 접미사 '-(으)ㅁ, -기'가 붙은 형태라면 '슬픔'이라는 단어의 품사는 명사가 된다. 반면 '그와 헤어져서 너무 슬픔'과 같이 어간 뒤에 명사형 전성 어미 '-(으)ㅁ, -기'가 붙은 형태라면 '슬픔'이라는 단어의 품사는 용언이 된다.
>
> 명사 파생 접미사 '-(으)ㅁ'과 명사형 전성 어미 '-(으)ㅁ'은 형태가 같기 때문에 표면상으로는 구분되지 않는다. 따라서 이를 구분하기 위해서는 먼저 단어가 어떤 수식어의 수식을 받는지 파악해야 한다. 관형어의 수식을 받는다면 명사 파생 접미사 '-(으)ㅁ'과 결합한 명사이고, 부사어의 수식을 받는다면 명사형 전성 어미 '-(으)ㅁ'과 결합한 용언의 활용형이다.
>
> 또한, 주어의 행위나 성질을 서술하는 서술성이 있느냐에 따라서도 구분할 수 있다. 서술성이 있다면 명사형 전성 어미 '-(으)ㅁ'과 결합한 용언의 활용형이고, 서술성이 없다면 명사 파생 접미사 '-(으)ㅁ'과 결합한 명사이다.
>
> 가령, '㉠ 잠을 ㉡ 잠'에서 ㉠과 ㉡의 형태소를 분석하면 '자- + -ㅁ'으로 동일하지만 ㉠은 명사 파생 접미사가 결합하였고, ㉡은 명사형 전성 어미가 결합하였다는 점에서 차이가 있다.

18 다음 중 밑줄 친 부분이 ㉠과 가장 유사한 것은?

① 별은 낮에도 반짝임을 왜 몰랐을까?
② 누나는 유화 그림을 즐겨 보러 다닌다.
③ 찬바람이 불어옴은 겨울이 오고 있다는 증거이다.
④ 선생님은 아이들이 시끄러움을 보고 주의를 주었다.

19 윗글에 따라 <보기 1>의 밑줄 친 부분을 분석했을 때, <보기 2>의 ㉠~㉣ 중 품사가 같은 것을 모두 고른 것은? 15. 기상직 9급 변형

> **보기 1**
> 나는 배가 고파 더 많이 먹기 시작했다.

> **보기 2**
> • 그는 밤새 믿기지 않는 ㉠ 꿈을 꾸었다.
> • 그는 '초상화를 잘 ㉡ 그림'이라고 썼다.
> • 그의 ㉢ 바람은 내가 건강해지는 것이었다.
> • 그는 빙그레 ㉣ 웃음으로써 마음을 전했다.

① ㉠, ㉡　② ㉠, ㉣
③ ㉡, ㉢　④ ㉡, ㉣

20 윗글을 참고할 때, (가)~(라)의 밑줄 친 부분 중 명사를 모두 고른 것은? 14. 지방직 9급 변형

> (가) 십 년 만에 그 친구를 만남으로써 갈등이 다소 해결되었다.
> (나) 가능한 한 깨끗하게 청소하여라.
> (다) 그녀는 웃을 뿐 말이 없었다.
> (라) 나를 보기 위해 왔니?

① 만남, 한, 뿐　② 한, 뿐
③ 한, 뿐, 보기　④ 만남, 보기

21 **다음 글에 따라 단어를 ㉠과 ㉡으로 분류한 결과로 적절한 것은?**

> 합성어는 형성 절차가 국어의 통사적 구성과 일치하느냐의 여부에 따라 통사적 합성어와 비통사적 합성어로 나뉜다. 먼저 '집밥'처럼 '명사+명사', '늙은이'처럼 '용언의 관형사형+명사', '들어가다'처럼 '용언의 연결형+용언'인 경우, 국어 문장에서 흔히 나타나는 단어 배열법과 일치하므로 ㉠ 통사적 합성어로 분류한다. 한편 '덮밥'처럼 '용언의 어간+명사', '높푸르다'처럼 '용언의 어간+용언'인 경우, 어간이 어미 없이 바로 명사나 다른 용언에 연결되는 것은 국어의 문장에 나타나는 단어 배열법이 아니므로 ㉡ 비통사적인 합성어로 분류한다.
>
> 그러나 '들볶다'와 같은 경우는 '용언의 어간+용언'처럼 이해하여 비통사적 합성어로 잘못 분류하기 쉽다. '들볶다'의 '들-'은 '마구', '몹시'의 뜻을 더하는 접두사이므로, '들볶다'는 파생어이지 합성어가 아니다.

	㉠	㉡
①	손발	첫사랑
②	군밤	굶주리다
③	꺾쇠	논밭
④	돌아가다	되팔다

22 **다음 글에 따라 분석했을 때, 파생어가 아닌 것은?**

> 접사는 단어의 어근에 결합하여 새로운 단어를 만들어내는 형식 형태소이다. 이러한 접사가 결합하면 본래 단어의 의미가 한정되거나 새로운 의미가 부가되는데, 이렇게 만들어진 단어를 파생어라 한다. 파생어는 본래 단어의 품사가 변화되는 경우와 품사가 변화되지 않는 경우로 나뉜다.
>
> 예 • 높-('높다'의 어근) + -이(접사) = 높이(형용사 → 명사)
> • 맨-(접사) + 손(어근) = 맨손(명사 → 명사)

① 첫눈 ② 덧문
③ 울음 ④ 웃음

실전 학습 문제

[23~24] 다음 글을 읽고 물음에 답하시오.

국어의 합성 명사는 '돌다리, 위아래, 밤낮' 등과 같이 명사 어근끼리 결합한 유형이 가장 많다. 그리고 '갈림길, 지난봄, 탈것'과 같이 용언이 명사와 결합한 유형도 있다. 이 두 유형은 합성 명사의 구성 방식과 통사 구성과의 일치 여부, 어근 간의 의미 관계, 어근 간의 문법적 관계에 따라 분류하고 비교할 수 있다.

구성 방식이 통사 구성과 일치하면 통사적 합성어, 그렇지 않으면 비통사적 합성어라 한다. 명사끼리는 나열될 수 있으므로 명사끼리의 결합은 모두 통사적 합성어이다. 용언에서 파생된 명사도 명사이므로 '갈림길'과 같은 유형도 명사끼리 결합한 합성 명사와 마찬가지로 통사적 합성어이다. '지난봄, 탈것'은 용언의 관형사형이 명사를 수식하는 자연스러운 구성이므로 통사적 합성어이다. 반면 용언 어간이 어미 없이 명사와 직접 결합한 '늦더위'나 용언의 연결형이 명사와 결합한 '살아생전'처럼 명사형, 관형사형 이외의 용언 형태가 명사와 결합하면 비통사적 합성어이다.

어근 간의 의미 관계에 따라서는 종속, 대등, 융합 합성어로 나눈다. '갈림길, 지난봄, 탈것, 돌다리'와 같이 앞의 요소가 뒤의 요소를 수식하면 종속 합성어라 하고, '위아래, 밤낮'과 같이 두 요소가 대등하면 대등 합성어라 한다. 그런데 '밤낮'이 '밤과 낮'이 아니라 '하루 종일'을 비유적으로 가리키는 경우가 있다. 이처럼 어근 본래의 뜻에서 멀어진 합성어를 융합 합성어라 한다.

어근 간의 문법적 관계는 '문장 성분'으로 설명한다. '지난봄'의 경우에는 '봄이 지나가다'로 설명할 수 있으므로 주어와 서술어의 관계라 한다.

23 윗글을 통해 추론한 것으로 적절하지 않은 것은?

① 명사끼리 결합한 합성 명사의 예로 '산길'을 들 수 있다.

② '맺음말'은 용언에서 파생된 명사가 명사와 결합한 예이다.

③ '볼거리'는 용언의 관형사형이 명사와 결합했으므로 통사적 합성어이다.

④ '섞어찌개'는 용언의 관형사형이 명사와 결합했으므로 통사적 합성어이다.

24 윗글에 따라 <보기>의 ㉠~㉣을 이해한 내용으로 적절한 것은?

보기

㉠ 해맞이를 보러 간다. - 자격시험에 턱걸이를 했다.
㉡ 몸싸움을 벌인다. - 손놀림이 빠르다.
㉢ 술래잡기가 재미있다. - 걸음걸이가 특이하다.
㉣ 첫사랑을 잊지 못한다. - 꺾은선 그래프를 그린다.

① ㉠은 어근 간의 의미 관계는 다르지만 문법적 관계가 같다.

② ㉡은 어근 간의 의미 관계와 문법적 관계가 모두 다르다.

③ ㉢은 어근 간의 의미 관계는 같지만 문법적 관계는 다르다.

④ ㉣은 어근 간의 의미 관계는 다르지만 문법적 관계는 같다.

정답 및 해설 13p

05 형태소

1. 형태소

(1) 정의: 최소 의미 단위, 더 나누면 뜻을 잃어버리는 가장 작은 말의 단위

(2) 분류

자립성의 유무에 따라	자립 형태소	예 명사, 대명사, 수사, 관형사, 부사, 감탄사
	의존 형태소	예 용언의 어간, 어미, 접사, 조사
의미의 유형에 따라	실질 형태소	예 자립 형태소, 용언의 어간
	형식(문법) 형태소	예 어미, 접사, 조사

2. 형태소 분석의 기준

① 가장 먼저 기준이 되는 것은 의미(뜻)임

예 책/상, 꽃/밭, 파/김치, 주름/살

② 문법적인 뜻을 지닌 것도 모두 형태소로 나뉨

- 어간 + 선어말 어미 + 어미 예 먹었다(먹/었/다), 가셨다(가/시/었/다), 오셨다(오/시/었/다)
- 조사(이/가, 을/를, 의, 에, 에게, 에서 등) 예 철수가 집에 갔다.
- 접사(접두사, 접미사) 예 풋/사과, 개/살구, 사장/님

실전 학습 문제

정답 및 해설 17p

[01~04] 다음 글을 읽고 물음에 답하시오.

형태소는 더 이상 쪼갤 수 없는 가장 작은 말의 단위이며 실질 형태소와 문법 형태소로 구분된다. 실질 형태소는 단어의 실질적인 의미를 나타내는 형태소이다. 명사, 동사, 형용사 등이 이에 해당하며, 문장에서 주로 실질적인 정보를 전달한다. 예를 들어, '꽃이 피었다'라는 문장에서 '꽃'과 '피-'는 실질 형태소에 해당한다. 반면, 문법 형태소는 문장의 구조와 관련된 기능을 수행하는 형태소이다. 조사, 어미, 접사 등이 여기에 해당하며, 이들은 문장의 문법적인 정확성을 유지하고 문장 간의 관계를 나타낸다. '꽃이 피었다'에서 '이'는 주어를 나타내는 조사, '-었-'은 과거를 나타내는 선어말 어미, '다'는 문장의 종결을 나타내는 어말 어미에 해당한다. 이들은 문장의 구조를 이해하는 데 도움을 주는 문법 형태소이다. 따라서 '꽃이 피었다.'는 문장은 '꽃', '이', '피-', '-었-', '-다'로 쪼갤 수 있다.

실질 형태소와 문법 형태소는 함께 작용하여 완전한 의미가 있는 문장을 형성한다. 실질 형태소는 주로 단어의 의미를 전달하며, 문법 형태소는 이러한 단어들을 결합하여 문장을 구성하고 그 의미를 명확하게 전달한다. 이 두 형태소의 구분으로 우리는 문장을 기초적인 수준으로 분해할 수 있으며 이를 바탕으로 더 복잡한 문장 구성도 분석할 수 있다.

01 윗글을 바탕으로 다음 문장을 형태소 단위로 나눌 때, 적절한 것은?

하늘이 맑고 푸르다.

① 하늘이 / 맑고 / 푸르다
② 하늘 / 이 / 맑고 / 푸르다
③ 하늘 / 이 / 맑고 / 푸르 / 다
④ 하늘 / 이 / 맑 / 고 / 푸르 / 다

02 윗글의 내용을 참고할 때, 문법 형태소의 개수가 가장 많은 것은?

① 그는 마음을 추스르다.
② 걸음이 느린 사람은 늦게 온다.
③ 하늘에는 달과 태양이 있다.
④ 나는 책을 읽고 잤다.

03 윗글의 내용을 참고할 때, 형태소의 개수가 가장 많은 것은? 19. 서울시 9급 변형

① 떠내려갔다
② 따라 버렸다
③ 빌어먹었다
④ 여쭈어봤다

04 윗글에 따라 분석했을 때, 형태소의 개수가 다른 것은? 13. 서울시 7급 변형

① 먹이를 나눠 줘라.
② 달님에게 물어봐.
③ 마음에도 안 찼니?
④ 우리들 눈에 보였다.

[05~06] 다음 글을 읽고 물음에 답하시오.

> ‘형태소’는 뜻을 가진 말의 가장 작은 단위이다. 형태소는 의미의 유무에 따라 구체적인 대상이나 동작, 상태를 표시하는 실질적인 의미를 지닌 실질 형태소와 문법적인 기능을 수행하는 형식 형태소로 나눌 수 있다. 실질 형태소는 명사, 동사, 형용사 등이 이에 해당하며, 문장에서 주로 실질적인 정보를 전달하고, 형식 형태소는 조사, 어미, 접사 등이 이에 해당하며, 이들은 문장의 문법적인 정확성을 유지하고 문장 간의 관계를 나타낸다.
>
> 그리고 자립성의 유무에 따라 다른 말에 기대어 쓰이지 않고 홀로 사용될 수 있는 자립 형태소와 다른 말에 기대어 사용하는 의존 형태소로 나눌 수 있다.

05 윗글을 바탕으로 <보기>를 분석할 때, 적절하지 않은 것은?

> 보기
>
> 바다가 매우 넓고 푸르다.

① 자립 형태소는 모두 4개이다.
② 형식 형태소는 모두 3개이다.
③ 실질 형태소이면서 의존 형태소는 모두 2개이다.
④ 실질 형태소이면서 자립 형태소는 모두 2개이다.

06 윗글에 따라 <보기>를 분석할 때, 적절하지 않은 것은?

> 보기
>
> 우리는 창밖으로 푸른 하늘을 보았다.

① 실질 형태소는 모두 6개이다.
② 의존 형태소는 모두 8개이다.
③ 자립 형태소이면서 실질 형태소는 모두 4개이다.
④ 자립 형태소이면서 형식 형태소는 모두 4개이다.

07 다음 글을 읽고 <보기>를 알맞게 분석한 것은?

> 형태소는 단어를 구성하는 가장 작은 의미 단위로, 자립성의 유무에 따라 자립 형태소와 의존 형태소로 나뉜다.
>
> 자립 형태소는 다른 형태소의 도움 없이 독립적으로 사용될 수 있는 형태소로, 주로 명사, 동사, 형용사 등이 해당된다.
>
> 의존 형태소는 홀로 사용될 수 없고 다른 형태소와 결합해야 의미가 완전해지는 형태소로, 주로 조사, 어미, 접사 등이 해당된다.

의미의 유형 / 자립성의 유무	실질 형태소	형식 형태소
자립 형태소	㉠	╳
의존 형태소	㉡	㉢

> 보기
>
> 그녀는 학교에서 열심히 달린다.

① ‘그녀는’의 ‘그녀’와 ‘열심히’의 ‘열심’은 ㉡에 속한다.
② ‘학교에서’와 ‘달린다’에는 ㉠과 ㉡에 속하는 형태소만 있다.
③ ‘열심히’의 ‘열심’과 ‘달리-’는 모두 ㉢에 속한다.
④ ‘달린다’에는 ㉡과 ㉢에 속하는 형태소만 있다.

실전 학습 문제

[08~10] 다음 글을 읽고 물음에 답하시오.

'형태소'는 단어를 분석한 단위이며 뜻을 가진 가장 작은 말의 단위이다. 형태소는 뜻의 성격에 따라 실질 형태소와 형식 형태소로 나눌 수 있고, 자립성의 여부에 따라서 자립 형태소와 의존 형태소로 나눌 수 있다.

(1) 대추를 먹었다.

(1)은 '대추, 를, 먹었다'의 세 단어로 이루어져 있다. 이 중 '대추'의 경우, 단어를 나누면 '대'와 '추'로 쪼개어지는데 각각은 뜻이 없다. 따라서 '대추'는 뜻을 가진 단위 중 가장 작은 단위이므로 하나의 형태소가 된다.

'먹었다'의 경우, '먹-'의 자리에 '꺾-'을 넣는다면 단어의 뜻이 달라진다. 그러므로 '먹었다'라는 단어가 '음식 등을 입을 거쳐 배 속으로 들여보내다.'라는 뜻을 나타낼 수 있는 것은 '먹-' 때문임을 알 수 있다. 다음으로, '-었-' 자리에 '-는-'을 넣으면 먹는 행위가 이루어진 때가 '현재'로 달라지므로 '-었-'이 과거를 나타내고 있음을 알 수 있다. 같은 방법으로 '-다' 자리에 '-고'를 넣으면 '먹었고'가 되어서 그 뒤에 문장이 이어짐을 나타내므로 '-다'가 '문장 종결'의 뜻을 나타내고 있음을 알 수 있다. 이러한 원리에 의해 단어 '먹었다'는 '먹-','-었-','-다'라는 세 개의 형태소로 분석할 수 있다.

이때 '-었-'이나 '-다'는 '먹-'과 달리 문법적인 기능을 수행하는데, 이러한 문법적인 기능을 하는 형태소를 형식 형태소라고 한다. 형식 형태소에는 '-었-', '-다'와 같은 어미뿐만 아니라 '를'과 같은 조사, 어근의 앞뒤에 붙어 뜻을 더하거나 단어의 성질을 바꾸는 접사가 있다. 반면에 '대추', '먹-'처럼 구체적인 대상이나 상태를 나타내는 실질적인 뜻을 지닌 형태소를 실질 형태소라고 한다.

(1)의 형태소 중 '대추'는 다른 말에 기대지 않고 자립해서 쓰일 수 있지만, '를'은 '사과'에 붙어야 쓰일 수 있고, '먹-'. '-었-','-다'는 서로 기대어야 문장에서 쓰일 수 있다. '사과'처럼 자립하여 쓸 수 있는 형태소를 자립 형태소라고 하고, '를', '먹-', '-었-', '-다'처럼 다른 말에 기대어 사용되는 형태소를 의존 형태소라고 한다.

이상의 설명을 바탕으로 (1)의 형태소를 분석하면 (2)와 같이 나타낼 수 있다.

(2) 대추 / 를 / 먹 / 었 / 다
실질 형식 실질 형식 형식
자립 의존 의존 의존 의존

08 윗글을 참고하여 <보기>를 분석한 내용으로 적절하지 않은 것은?

보기
그가 무지개떡을 맨손으로 만진다.

① '무지개떡'은 '무지개' 대신 '콩'을 넣거나 '떡' 대신 '사탕'을 넣으면 단어의 뜻이 달라지므로 '무지개'와 '떡'으로 나눌 수 있다.
② '맨손'의 '맨-'은 '손'과 결합하여 뜻을 더하는 기능을 하므로 하나의 형태소로 볼 수 있다.
③ '만진다'의 '-ㄴ-' 대신에 '-었-'을 넣으면 동작의 시간이 현재에서 과거로 바뀌므로 '-ㄴ-'을 하나의 형태소로 보아야 한다.
④ 다른 말에 기대지 않고 홀로 쓰일 수 있는 형태소의 개수는 모두 5개이다.

09 윗글에 따라 <보기>를 형태소로 분석한 것으로 적절하지 않은 것은?

보기
영희는 한여름을 지낼 수 있는 추운 지역을 찾았다.

① '한여름'의 '한-'은 '한창인'의 의미를 지닌 접두사로 의존 형태소에 해당한다.
② '지낼 수'의 '수'는 의존 명사로 자립 형태소에 해당한다.
③ '추운'은 형용사 '춥다'의 활용형으로 한 개의 형태소를 지닌다.
④ '찾았다'의 '았'은 실질적인 의미를 지닌 형태소가 아니다.

10 윗글을 바탕으로 〈보기〉의 문장을 이해한 것으로 가장 옳지 않은 것은?

> 보기
>
> 어머니께서 아이들에게 주의를 주신다.

① '어머니께서'의 '께서', '아이들에게'의 '들', '주신다'의 '주'는 모두 의존 형태소에 해당하는 것들이다.

② '어머니께서'의 '께서', '주의를'의 '를', '주신다'의 '다'는 모두 형식 형태소에 해당하는 것들이다.

③ '어머니께서'의 '께서', '주의를'의 '주의', '주신다'의 '주'는 모두 실질 형태소에 해당하는 것들이다.

④ '어머니께서'의 '어머니', '아이들에게'의 '아이', '주의를'의 '주의'는 모두 자립 형태소에 해당하는 것들이다.

11 다음 글에 따라 추론한 것으로 적절하지 않은 것은?

> 형태소는 뜻을 가진 가장 작은 말의 단위로, 형태소를 ㉠ 더 나누면 뜻을 파악할 수 없거나 본래의 뜻과 멀어짐을 뜻한다. 형태소는 항상 같은 모습으로 발음되는 것도 있지만 ㉡ 환경에 따라 여러 발음으로 실현되는 것도 있다. 이형태는 ㉢ 발음과 표기가 일치하지 않는 경우가 많다. 따라서 표기가 아닌 발음을 살펴 모든 이형태의 실현을 합리적으로 설명할 수 있는 것을 형태소의 기본형으로 설정한다.
>
> '빛'의 예를 보자. '빛[빋], 빛도[빋또], 빛이[비치], 빛만[빈만]'의 발음에서 이형태 '빋', '빛', '빈'을 확인할 수 있다. 이 중 '빛'을 기본형으로 설정하면 ㉣ 모음으로 시작하는 조사와 결합할 때 받침이 연음되어 [비치]가 되는 것을 설명할 수 있다. 또한 단독으로 쓰이거나 자음으로 시작하는 조사와 결합할 때 'ㅊ'이 'ㄷ'으로 발음되거나 'ㅊ'이 'ㄷ'을 거쳐 'ㄴ'으로 발음되는 것을 음절의 끝소리 규칙과 비음화 등 음운 규칙으로 설명할 수 있다. 반면 '빋'이나 '빈'을 기본형으로 설정하면 모음으로 시작하는 조사와 결합할 때 '빛'이 실현되는 것을 설명할 수 없다. 따라서 '빛'을 기본형으로 설정하는데, 대부분의 형태소는 이처럼 하나의 기본형을 설정한다.

① ㉠에 해당하는 예로 '귀신'을, 해당하지 않는 예로 '집사'를 들 수 있다.

② ㉡의 예로 '잎, 잎도, 잎이, 잎만'의 표기를 생각할 수 있다.

③ ㉢의 예로 '밥만'과 '밟는다'를 들 수 있다.

④ ㉣의 예로 '옷이[오시]'와 '낮에[나제]'를 들 수 있다.

실전 학습 문제

12 **다음 글에 따라 <보기>를 분석했을 때, ㉠이 포함되어 있는 것만 고른 것은?**

형태소는 자립성의 유무에 따라 자립 형태소와 의존 형태소로, 의미의 유형에 따라 실질 형태소와 형식 형태소로 분류된다. 국어의 모든 자립 형태소는 실질 형태소이므로, 자립성 유무를 먼저 판단한 뒤 의미의 유형을 판단하면 형태소의 유형을 쉽게 확인할 수 있다.

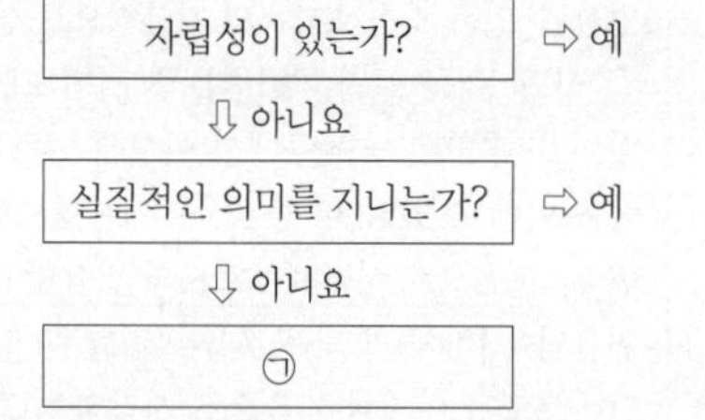

보기

개구리, 예쁘다, 김치찌개, 아름답다, 맛있다

① 개구리, 예쁘다

② 개구리, 김치찌개

③ 예쁘다, 아름답다

④ 김치찌개, 맛있다

13 **다음 글에서 추론한 내용으로 적절하지 않은 것은?**

'형태소'는 뜻을 가지고 있는 가장 작은 단위를 말한다. 국어에서 하나의 자음, 하나의 모음은 뜻을 가지고 있지 않기 때문에 형태소가 될 수 없다. '희망'을 '희'와 '망'으로 나눌 경우 본래의 뜻을 잃어버리므로 '희망'은 하나의 형태소로 역할 한다. 하지만 '첫사랑'은 '첫'과 '사랑'으로 나누어도 각각 뜻을 가지고 있기 때문에 형태소로 인정된다.

형태소는 자립성의 여부에 따라 홀로 자립하여 쓸 수 있는 자립 형태소와 다른 형태소에 의존하여 쓰는 의존 형태소로 구분되며, 의미에 따라서 실질적인 의미를 가지고 대상이나 동작을 표현하는데 쓰이는 실질 형태소와 실질 형태소에 결합하여 관계를 형식적으로 나타내는 형식 형태소로 구분한다.

용언의 어간은 스스로 자립하여 쓰일 수 없지만 실질적인 의미를 가지고 구체적인 동작을 표시하는 역할을 한다.

① 하나의 단어가 여러 개의 형태소로 구성될 수 있다.

② 조사는 의존 형태소이자 형식 형태소이다.

③ '예쁘다'의 어간 '예쁘-'는 의존 형태소이자 형식 형태소이다.

④ '예쁜'은 2개의 형태소로 구성되어 있다.

14 [학습자료]를 참고하여 [학습활동]을 수행한 결과로 적절하지 않은 것은?

> **[학습자료]**
>
> 형태소는 의미를 가진 말의 최소 단위이다. 형태소는 자립성의 유무에 따라 다른 형태소와 결합하지 않고 홀로 쓰일 수 있으면 ㉠ 자립 형태소, 다른 형태소와 결합해야만 쓰일 수 있으면 ㉡ 의존 형태소로 구분된다. 또한 의미와 성격에 따라 실질적인 의미를 나타내면 ㉢ 실질 형태소, 문법적인 의미를 나타내면 ㉣ 형식 형태소로 구분된다. 단어는 한 형태소 또는 형태소의 결합형 중에서 자립하여 쓰일 수 있는 단위를 말한다. 또한 예외적으로 자립성이 있는 말 뒤에 붙어서 쉽게 분리될 수 있는 말도 단어로 처리한다.
>
> **[학습활동]**
>
> '그 소식은 우리에게 매우 큰 기쁨을 주었다'를 형태소로 분석하고, 그 특징에 대해 알아봅시다.

① '그', '소식', '우리', '매우'는 ㉠에 해당하는 형태소이다.

② '크-', '기쁘-', '주-', '-었-'은 ㉡이면서 ㉢라는 공통점이 있다.

③ '그', '소식', '우리',' 매우', '크-', '기쁘-', '주-'는 ㉢에 해당하는 형태소이다.

④ '은', '에게', '을'은 ㉡이면서 ㉣이고, 단어의 자격을 갖는다는 특징이 있다.

15 다음 글을 참고하여 <보기>의 밑줄 친 부분을 형태소로 분석한 내용으로 적절하지 않은 것은?

> 형태소는 자립성의 유무에 따라 다른 형태소와 결합하지 않고 홀로 쓰일 수 있는 '자립 형태소'와 다른 형태소와 결합해야 쓰일 수 있는 '의존 형태소'로 구분할 수 있다. 자립 형태소는 명사, 대명사, 수사, 관형사, 부사와 같이 독립적으로 사용할 수 있는 것을 말하며, 의존 형태소는 어간, 어미, 접사, 조사와 같이 독립적이지 않고 반드시 다른 형태소와 함께 사용되는 것을 말한다.
>
> 그리고 의미의 성격에 따라 실질적인 의미를 나타내는 '실질 형태소'와 문법적인 의미를 나타내는 '형식 형태소'로 구분할 수 있다. 실질 형태소는 명사, 대명사, 수사, 동사와 형용사의 어간 등이 해당하며 문장에서 주로 실질적인 정보를 전달한다. 예를 들어, '새가 예쁘다'라는 문장에서 '새'와 '예쁘-'는 실질 형태소에 해당한다. 반면, 형식 형태소에는 조사, 어미, 접사 등이 있으며, 이들은 문장 간의 관계를 나타내는 역할을 한다.

> **보기**
>
> 나는 동생에게 먹일 햇과일을 사느라 힘들었다.

① '먹일', '사느라'는 모두 의존 형태소로만 이루어진 말이다.

② '햇과일'은 의존 형태소와 자립 형태소가 모두 포함된 말이다.

③ '햇과일'은 형식 형태소가 포함되지 않은 말이고, '사느라'는 형식 형태소가 포함된 말이다.

④ '먹일'은 실질 형태소가 한 개 포함된 말이고, '힘들었다'는 실질 형태소가 두 개 포함된 말이다.

실전 학습 문제

16 <보기>의 ⓐ~ⓓ에 대한 분석으로 적절하지 <u>않은</u> 것은?

> 보기
>
> 형태소는 의미를 가진 가장 작은 언어 단위를 말한다. '바다'와 같이 하나의 형태소가 하나의 단어인 경우도 있지만, '소리꾼'과 같이 둘 이상의 형태소가 결합하여 하나의 단어가 되는 경우도 있다. 일반적으로 조사는 형태소이면서 단어이지만, 어미나 파생 접사는 그 자체로는 단어가 아니고 형태소일 뿐 다른 형태소와 결합하여 단어를 이룬다.
>
> 다음 문장의 밑줄 친 ⓐ~ⓓ를 형태소와 단어로 분석해 보자.
>
> 염소 ⓐ <u>떼가</u> ⓑ <u>정답게</u> ⓒ <u>뛰어노는</u> 모습에 ⓓ <u>즐거웠다</u>.

		형태소	단어
①	ⓐ	떼, 가	떼, 가
②	ⓑ	정, -답-, -게	정답, 게
③	ⓒ	뛰-, -어, 놀-, -는	뛰어노는
④	ⓓ	즐겁-, -었-, -다	즐거웠다

17 밑줄 친 부분 중 <보기>의 ㉠의 예로 적절한 것은?

20. 의무소방원 변형

> 보기
>
> 형태소는 일정한 뜻을 가진 말의 가장 작은 단위이다. 형태소 가운데는 다른 말의 도움 없이 혼자 쓰일 수 있는 형태소도 있고, 반드시 다른 말에 기대어서만 쓰일 수 있는 형태소도 있다. 즉 ㉠ <u>자립 형태소</u>는 앞뒤에 다른 형태소가 직접 연결되지 않아도 문장에서 쓰일 수 있지만, 의존 형태소는 앞이나 뒤에 적어도 하나의 형태소가 연결되어야만 문장에서 쓰일 수 있다.

① 온 세상이 <u>새</u>하얗게 변해 버렸다.
② 조그마한 꽃이 구석에서 <u>자라</u>고 있었다.
③ 선생님이 들려주<u>는</u> 바이올린 소리는 정말 아름답다.
④ 사람들이 많은 밤길은 <u>하나</u>도 무섭지 않았다.

18 밑줄 친 부분 중 <보기>의 ⓐ에 해당하는 예로 적절한 것은?

> 보기
>
> 형태소는 의미를 가진 가장 작은 말의 단위이다. 하나의 형태소가 실제로 쓰일 때에는 그 앞뒤에 어떤 말이 있느냐에 따라 둘 이상의 모습으로 나타나기도 한다. 예를 들어 과거 시제를 나타내는 선어말 어미는 결합하는 앞말의 마지막 모음의 성격에 따라 '-았-'이나 '-었-'이 쓰이고, 특정 단어와 결합할 때는 ⓐ <u>'-였-'</u>이 쓰인다. 이처럼 형태소가 주위 환경에 따라 모습을 달리할 때, 그 각각의 모습들을 이형태라고 한다.

① 그간의 노력으로 수학 실력이 쌓<u>였</u>다.
② 다른 물건에 비해 내 것은 너무 초라하<u>였</u>다.
③ 실내 온도가 얼음을 천천히 녹<u>였</u>다.
④ 그는 라디오 볼륨을 높<u>였</u>다.

[19~20] 다음 글을 읽고 물음에 답하시오.

형태소는 성격에 따라 실질 형태소와 문법 형태소로 구분된다. 실질 형태소는 명사, 대명사, 수사, 동사와 형용사의 어간 등이 이에 해당하며, 문장에서 주로 실질적인 정보를 전달한다. 예를 들어, '영희가 노래를 부르다'라는 문장에서 '영희', '노래' '부르-'는 실질 형태소에 해당한다. 반면, 문법 형태소는 조사, 어미, 접사 등이 있으며, 이들은 문장 간의 관계를 나타낸다. '영희가 노래를 부르다'에서 '가'는 주어를 나타내는 조사로, '-를'은 목적어를 나타내는 조사로, '다'는 문장의 종결을 나타내는 어말 어미로 문법 형태소에 해당한다. 이에 따라 '꽃이 피었다.'는 문장을 분석하면 '꽃', '이', '피-', '-었-', '-다'로 쪼갤 수 있다.

자립 형태소와 의존 형태소는 자립 여부에 의한 분류 방법이다. 명사, 대명사, 수사, 관형사, 부사 등은 자립 형태소에 속하지만 어간, 어미, 조사, 접사는 홀로 쓰일 수 없기 때문에 의존 형태소에 속한다. '영희가 노래를 부르다'의 경우 '영희, 노래'는 자립 형태소에 해당하지만 '가, 를, 부르-, 다'는 모두 의존 형태소에 해당한다.

19 윗글을 바탕으로 <보기>의 형태소를 이해한 것으로 가장 옳지 않은 것은?

17. 서울시 7급 변형

보기

선생님께서 우리들에게 숙제를 주신다.

① '선생님께서'의 '께서', '우리들에게'의 '들', '주신다'의 '주'는 모두 의존 형태소에 해당하는 것들이다.

② '선생님께서'의 '께서', '숙제를'의 '를', '주신다'의 '다'는 모두 문법 형태소에 해당하는 것들이다.

③ '선생님께서'의 '님', '숙제를'의 '숙제', '주신다'의 '주'는 모두 문법 형태소에 해당하는 것들이다.

④ '선생님께서'의 '선생', '우리들에게'의 '우리', '숙제를'의 '숙제'는 모두 자립 형태소에 해당하는 것들이다.

20 윗글을 바탕으로 <보기>의 형태소를 이해한 것으로 옳지 않은 것은?

17. 서울시 7급 변형

보기

철수의 풋사랑은 결국 오해로 파국을 맞았다.

① '철수의'의 '의', '풋사랑'의 '풋-', '오해로'의 '로', '파국을'의 '을', '맞았다'의 '맞'은 모두 의존 형태소에 해당하는 것들이다.

② '철수의'의 '의', '풋사랑'의 '풋-', '오해로'의 '로', '파국을'의 '을', '맞았다'의 '았'은 모두 의존 형태소에 해당하는 것들이다.

③ '철수의'의 '철수', '풋사랑'의 '사랑', '결국' '오해로'의 '오해', '파국을'의 '파국', '맞았다'의 '맞'은 모두 실질 형태소에 해당하는 것들이다.

④ '철수의'의 '의', '풋사랑'의 '풋', '결국' '맞았다'의 '았'은 모두 문법 형태소에 해당하는 것들이다.

정답 및 해설 17p

06 문장의 짜임

1. 문장의 종류

(1) 문장

① 홑문장: 주어와 서술어의 관계가 한 번인 문장

예 영수는(주어) 모든(관형어) 학생들의(관형어) 존경을(목적어) 받는다(서술어).

② 겹문장: 주어와 서술어의 관계가 두 번 이상 반복되는 문장

- 이어진 문장(대등/종속), 안은문장과 안긴문장

개념 더하기 주의해야 할 홑문장

- 철수가 학교에 가지 못했다.
  → '본용언+보조 용언'은 하나의 서술어이므로, 홑문장임
- 철수는 기숙사에서 생활하고 있다.

(2) 홑문장

① '와/과'가 쓰이는 경우

- 서술어의 필수적 부사어가 있는 경우 예 예지는 어머니와 닮았다.
- '와/과' 앞뒤가 다른 자격으로 이어진 경우 예 너는 누구와 갈 테냐?
  - '와/과' 앞뒤가 같은 자격인 경우(겹문장) 예 서울과 부산은 넓다.

(3) 겹문장

① 이어진 문장

- 대등하게 이어진 문장 - 앞 절과 뒤 절이 구조상, 의미상 대칭성이 있음, 앞 절과 뒤 절의 순서 바꿈이 가능함

기능	연결 어미	예
나열	-고, -(으)며	오늘은 비가 오고 내일은 바람이 분다.
대조	-(으)나, -지만	낮말은 새가 듣지만 밤말은 쥐가 듣는다.

- 종속적으로 이어진 문장 - 앞 절과 뒤 절의 순서를 바꾸면 문장의 의미가 달라지거나 비문이 됨, 앞 절이 뒤 절 속으로 자리 옮김을 할 수 있음

기능	연결 어미	예
조건	-(으)면, -거든	사공이 많으면 배가 산으로 간다.
이유, 원인	-(아)서, -(으)므로, -(으)니까	비가 와서 소풍이 취소되었다.
의도	-(으)려고	(내가) 한라산을 등반하려고 아침 일찍 일어났다.

개념 더하기 겹문장을 구별하는 방법

- 안은문장/안긴문장인지 먼저 확인
- 대등하게 이어졌는지, 종속적으로 이어졌는지 확인
  → 앞/뒤 문장의 순서를 바꿨을 때 뒷문장이 영향을 받으면 종속적으로 이어진 문장

② 안은문장과 안긴문장

• 안긴문장의 형성 방법

종류	형성 방법	예
명사절	-ㅁ, -음, -기	나는 그가 합격했음을 깨달았다.
관형절	-던, -ㄴ, -은, -는, -ㄹ, -을, -다는	그것은 내가 읽던 책이다.
부사절	-없이, -같이, -달리, -게, -도록	비가 소리도 없이 내린다.
인용절	-라고, -고	나는 "네가 옳다"라고 말했다.
서술절	주어 + 주어 + 서술어	토끼는 앞발이 짧다.

• 안긴문장의 쓰임

종류	역할	예
명사절로 안긴문장	주어, 목적어, 보어, 부사어 역할	• 그녀가 마을 사람들을 속였음이 밝혀졌다.(주어) • 사공들은 바람이 불기를 기다렸다.(목적어) • 지금은 우리가 학교에 가기에 아직 이르다.(부사어)
관형절로 안긴문장	관형어 역할	• 그 사과는 내가 먹을 과일이다. • 그것은 내가 읽던 책이다. • 내가 본 영화는 재미있다. • 내가 먹은 아이스크림은 정말 맛있다.
부사절로 안긴문장	부사어 역할	비가 소리도 없이 내린다. / 너는 차가 지나가도록 길을 넓혀라. / 철수는 발에 땀이 나도록 뛰었다.
인용절로 안긴문장	부사어 역할	나는 네가 옳다고 믿는다. / 영희는 당당하게 "무슨 일이지?"라고 말했다.
서술절로 안긴문장	서술어 역할(주어 + 주어 + 서술어)	그는 키가 크다. / 토끼는 앞발이 짧다. / 영희는 마음씨가 곱다.

개념 더하기 관형절

관계 관형절과 동격 관형절

• 관계 관형절 — 내가 아이스크림을 먹었다(○)

예 • 내가 먹은 아이스크림은 맛있다.

• 그것은 내가 읽던 책이다. — 내가 책을 읽었다(○)

• 동격 관형절

예 철수는 그녀가 결혼했다는 소식을 들었다. — 그녀가 소식을 결혼했다(×)

홑문장으로 착각하기 쉬운 관형절로 안긴문장

• 푸른 나무가 있다: 관계 관형절 — 나무가 푸르다(○)

• 예쁜 나비가 날아가다: 관계 관형절 — 나비가 예쁘다(○)

실전 학습 문제

정답 및 해설 21p

[01~03] 다음 글을 읽고 물음에 답하시오.

> 우리나라 문장에는 홑문장과 겹문장이 있다. 문장의 가장 기본이 되는 주어와 서술어가 하나인 문장이 홑문장이고, 두 개 이상인 경우를 겹문장이라고 한다. 그중에서 겹문장은 이어진 문장과 안은문장, 안긴문장으로 나눌 수 있다. 안은문장은 다른 문장 속에 들어가 하나의 문장 성분처럼 쓰이는 절을 안고 있는 문장을 말한다. 안긴문장(= 절)에는 명사절, 관형사절, 부사절, 서술절, 인용절이 있다.
>
> 겹문장의 명사절은 주어, 목적어, 부사어, 관형어처럼 문장 성분 기능을 한다. 그 형성은 명사형 어미 '-(으)ㅁ, -기'가 붙어 실현된다. 관형절은 절 전체가 문장에서 관형어의 기능을 한다. 그 형성은 관형사형 어미 '-던, -(으)ㄴ, -는, -(으)ㄹ'이 붙어서 만들어진다. 부사절은 절 전체가 문장에서 부사어의 기능을 하는 것을 말하는데 서술어를 수식하는 기능을 한다. 그 형성은 부사형 어미 '-게, -도록, -이'에 의해서 이루어진다. 절 전체가 서술어의 기능을 하는 서술절로 안은 문장도 있는데 서술절은 절 표지가 따로 없다는 점에서 다른 안긴문장과 차이를 보인다. 마지막으로 인용절을 안은문장도 있다. 다른 사람의 말을 인용한 것이 절의 형식으로 안긴 것으로 '-라고, -고'를 통해 만들어진다.

01 **윗글을 토대로 할 때, <보기>의 밑줄 친 안긴문장과 같은 기능을 하는 안긴문장을 포함한 것은?**

17. 교육행정직 9급 변형

> 보기
>
> <u>내가 바라던</u> 합격이 현실이 되었다.

① 내 마음이 바뀌기는 어렵다.

② 하늘이 눈이 부시게 푸르다.

③ 나는 그 사람이 잡은 손을 놓지 않았다.

④ 우리의 싸움은 내가 항복함으로써 끝났다.

02 **윗글을 토대로 할 때, <보기>의 밑줄 친 안긴문장과 같은 기능을 하는 안긴문장을 포함한 것은?**

> 보기
>
> 눈이 <u>소리도 없이</u> 내린다.

① 그녀가 한 거짓말은 모두 밝혀졌다.

② 너는 그녀가 행복하도록 빌어줘라.

③ 문희는 머리가 아프다고 말했다.

④ 태식이는 술이 빈 잔을 바라보았다.

03 **윗글을 토대로 할 때, <보기>의 밑줄 친 안긴문장과 같은 기능을 하는 안긴문장을 포함한 것은?**

> 보기
>
> 우리는 <u>그가 정당했음</u>을 깨달았다.

① 영희는 수영이가 추천한 책을 읽었다.

② 농부들이 비가 오기를 기다렸다.

③ 고양이가 소리도 없이 들어왔다.

④ 영수는 "세상에는 할 일이 많다"라고 소리쳤다.

[04~05] 다음 글을 읽고 물음에 답하시오

> 홑문장과 겹문장을 구분할 때 보통 '서술어'의 개수에 따라 구분하는 것이 일반적이다. '서술어'의 개수가 한 개이면 홑문장, 두 개 이상이면 겹문장으로 구분한다.
>
> 그런데 '서술어'의 개수가 한 개인데도 겹문장이 되는 경우가 있다. 겹문장 중에서 ㉠ 서술절로 안긴문장이 바로 그러하다. 서술절로 안긴문장은 홑문장과 형태가 유사하지만 문장의 짜임새는 다르다. 즉, 홑문장은 주어와 서술어가 각각 한 개씩 있는 경우이고, 서술절로 안긴문장은 서술어는 한 개이지만 주어가 2개인 경우를 말한다. 아래의 문장을 통해 그 예를 살펴 보자.
>
> (예1) 토끼는 귀엽다
> 주어 서술어
> (예2) '토끼는 (다리가 짧다)'
> 주어 + (주어 + 서술어)
> → 서술절로 안긴문장
>
> 위의 예1은 주어와 서술어가 한 개인 형태로 홑문장에 해당하고 예2는 주어, 주어, 서술어의 형태로 서술절로 안긴문장 즉 겹문장에 속한다.
>
> 참고로, '아니다'와 '되다'는 '주어, 보어'를 필요로 하는 두 자리 서술어로 서술절을 안은문장과 형태가 유사하지만 주어를 한 개 가지고 있는 홑문장이므로 유의해야 한다.

04 윗글을 토대로 할 때, ㉠에 해당하는 문장을 포함하지 않은 것은?

① 물건이 질이 매우 좋다.
② 우리 강아지는 머리가 좋다.
③ 철수가 장관이 되다.
④ 그는 키가 크다.

05 윗글을 토대로 할 때, 홑문장에 해당하는 문장은?

① 이 전시장은 창문이 아주 많다.
② 우리 집 정원에 드디어 장미꽃이 피었다.
③ 연필이 글씨가 잘 써진다.
④ 옷들이 가격이 매우 싸다.

실전 학습 문제

06 **다음 글을 토대로 할 때, <보기>의 ㉠과 ㉡에 해당하는 예로 가장 적절하지 않은 것은?**

17. 경찰직(1차) 변형

> 이어진 문장이란 홑문장들이 둘 이상 이어져서 겹문장이 되는 것을 말한다. 이어진 문장에는 대등하게 이어진 문장과 종속적으로 이어진 문장으로 나눌 수 있다.
>
> 대등하게 이어진 문장은 앞의 문장과 뒤의 문장의 순서를 바꾸어 써도 의미에 큰 변화가 일어나지 않는다. 대등하게 이어진 문장에는 어미 '-고', '-며', '-만', '-나' 등의 연결 어미가 사용된다.
>
> - 오빠는 대학생이고, 언니는 고등학생이다. (나열)
> - 그를 좋게 평가하는 사람도 있지만 나쁘게 평가하는 사람도 있다. (대조)
>
> 종속적으로 이어진 문장은 기본적으로 하나의 문장이 다른 문장의 원인이나 조건이 되는 문장을 말한다. 종속적으로 이어진 문장에 사용되는 연결 어미는 '-한다면', '-더라도', '-려고', '-아서/어서', '-는데' 등이 있다.
>
> - 성공하려면 일찍 일어나라. (조건)
> - 비가 오더라도 내가 꼭 마중을 나가겠다. (양보)
> - 노트북을 사려고 누나가 돈을 모으고 있다. (의도)
> - 폭우가 내려서 버스가 다니지 못한다. (원인)
> - 마침 나가는데, 비가 쏟아졌다. (배경)

보기

> 문장은 홑문장과 겹문장으로 나뉘며, 겹문장은 다시 이어진 문장과 안은문장으로 나뉜다. 이어진 문장은 두 개의 홑문장이 대등한 자격으로 이어지는 ㉠ 대등하게 이어진 문장과 앞의 홑문장이 뒤의 홑문장에 종속적으로 연결되는 ㉡ 종속적으로 이어진 문장으로 나눌 수 있다.

① ㉠: 나는 밥을 먹고 학교에 갔다.
② ㉠: 어제는 눈이 왔고 오늘은 비가 온다.
③ ㉡: 가을이 되면 단풍이 든다.
④ ㉡: 공원에 갔는데 사람들이 많았다.

[07~09] 다음 글을 읽고 물음에 답하시오.

> 문장은 주어와 서술어가 한 번 나타나는 홑문장과 두 번 이상 나타나는 겹문장으로 구분된다. 겹문장에는 홑문장들이 이어지는 이어진 문장과 홑문장이 다른 문장 속의 한 문장 성분이 되는 안은문장의 두 유형이 있다.
> 이어진 문장이란 홑문장들이 둘 이상 이어져서 겹문장이 되는 것을 말한다. 이어진 문장에는 앞절이 뒷절에 대해 나열, 대조, 선택 등의 의미 관계를 형성하는 대등하게 이어진 문장과 이유, 조건, 의도 등의 의미 관계를 형성하는 종속적으로 이어진 문장이 있다.
> 어느 문장이 다른 문장 속의 한 문장 성분이 되는 겹문장을 안은문장과 안긴문장이라 한다. 여기서 한 문장을 하나의 문장 성분처럼 안고 있는 문장을 안은문장, 안은문장안에 하나의 문장 성분처럼 쓰이는 문장을 안긴문장이라 한다. 안긴문장은 명사절, 관형절, 부사절, 서술절, 인용절로 사용될 수 있다.
> 명사절은 명사형 어미 '-(으)ㅁ, -기'가 붙어 실현되며, 문장에서 주어, 관형어, 목적어, 보어, 부사어 등의 역할을 한다.
> 관형절은 관형사형 어미 '-던, -(으)ㄴ, -는, -(으)ㄹ'이 붙어서 형성되며 문장에서 관형어의 기능을 한다. 부사절은 부사형 어미 '-게, -도록, -이'에 의해서 이루어지며, 절 전체가 문장에서 부사어의 기능을 하는 것을 말한다.
> 서술절은 절 전체가 서술어의 기능을 하는데 절 표지가 따로 없다는 점에서 다른 안긴문장과 차이를 보인다.
> 인용절은 '-라고, -고'를 통해 만들어지며 문장에 다른 사람의 말을 인용한 형태를 지니고 있다.

07 윗글을 토대로 할 때, 문장의 종류를 잘못 설명한 것은?

① 도현이가 결백하다는 사실이 이제야 밝혀졌다.
 - 관형절을 안은문장

② 저 선생님은 아들이 공무원이다.
 - 서술절을 안은문장

③ 경찰은 재영이가 거짓말을 한다고 판단했다.
 - 명사절을 안은문장

④ 아내가 말도 없이 나가 버렸다.
 - 부사절을 안은문장

08 윗글을 토대로 할 때, 홑문장에 해당하는 것은?

① 날이 추워지면 방한용품이 잘 팔린다.

② 영수는 철수가 먹은 마라탕을 생각했다.

③ 수만 명의 관객들이 공연장을 가득 채웠다.

④ 영수는 너무 배가 고프다.

09 윗글을 토대로 할 때, 다음 중 문장의 짜임새가 다른 것은?

① 나는 형과 달리 말을 잘한다.

② 민영이는 내가 집중하도록 배려했다.

③ 서희는 우리가 돌아온 사실을 모른다.

④ 동수가 소리도 없이 다가왔다.

실전 학습 문제

[10~11] 다음 글을 읽고 물음에 답하시오.

겹문장은 한 문장 안에 주술 관계가 두 번 이상 이루어지는 문장을 말한다. 이 가운데, 안은문장은 다른 문장을 하나의 성분으로 포함하는 문장이다. 이때 문장이 안은문장의 한 성분으로 포함된 것을 '절'이라 하는데, 절에는 다음의 밑줄 친 부분과 같이 명사절, 관형사절, 부사절, 인용절, 서술절이 있다.

(1) 그녀는 <u>우리가 집에 오기</u>를 기다리고 있다.
(2) <u>그녀가 거짓말을 했음</u>이 밝혀졌다.
(3) 그는 <u>아무 말 없이</u> 방을 나갔다.
(4) 사람들이 <u>"그가 성공했다"</u>라고 말했다.
(5) 그 고양이는 <u>얼굴이 너무 귀엽다</u>.

한 문장이 안은문장의 성분이 되는 과정에서 (1)~(5)에서는 '-기', '-(으)ㅁ', '-이' 같은 어미나 '라고' 같은 조사가 붙어서 절을 형성한다. 또한 동일한 단어의 반복을 피하기 위해 (1)에서처럼 주어를 '우리가' 같은 대명사를 이용해 바꿀 수 있다.

이들이 안은문장에서 어떤 성분으로 쓰이는지 살펴보자. 먼저 체언과 관계 깊은 절들은 다양한 성분으로 쓰일 수 있다. 명사절은 문장을 명사화한 것이므로 뒤에 격 조사가 붙어 다양한 성분으로 실현될 수 있는데, (1)에서는 목적어로 쓰이고 있고 (2)에서는 주어의 역할을 하고 있다. 관형사절은 일차적으로 체언을 수식하지만 체언과 결합하면 명사절과 마찬가지로 격 조사가 붙어 다양한 성분으로 활용된다. 이때 격 조사는 생략되기도 한다.

다른 절들은 하나의 성분으로만 쓰인다. (3)의 부사절은 서술어를 수식하는 부사어와 같은 기능을 하고 있다. (4)의 인용절은 서술어를 수식한다는 점에서는 부사절과 동일한 기능을 하지만 그 이름에서 알 수 있듯이 인용이라는 특징적 의미 기능을 갖고 있다. (3)과 (4)의 밑줄 친 부분은 서술어를 수식한다는 점에서 공통점을 가지고 있으나 (3)은 서술어를 직접 서술할 수 있고, (4)는 서술어를 직접 서술하지 않는다. (5)의 서술절은 품사가 아닌 문장 성분의 이름을 따서 명명(命名)한 것에서 알 수 있듯이 안은문장의 서술어로만 쓰인다. '고양이는 얼굴이 너무 귀엽다'에서 '얼굴이 너무 귀엽다'의 서술절은 특정한 조사나 어미의 도움 없이 서술어 기능을 하고 있다.

10 **윗글을 바탕으로 하여 추론한 내용으로 가장 적절하지 <u>않은</u> 것은?**

① (1)~(5)를 통해 볼 때, 안은문장에서 절을 제외해도 주술 관계는 항상 성립한다.

② (1), (2)를 통해 볼 때, 명사절은 격 조사와 결합하여 다양한 문장 성분으로 쓰인다.

③ (3), (4)를 통해 볼 때, 부사절에서는 인용절의 특징적인 의미 기능을 확인할 수 없다.

④ (5)를 통해 볼 때, 서술절은 전체 주어의 서술어 역할을 하고 있다.

11 **윗글을 바탕으로 <보기>에 대해 이해한 내용으로 적절하지 <u>않은</u> 것은?**

> 보기
>
> ㉠ 그는 우리가 이기기를 바랐다.
> ㉡ 내가 본 영화가 아주 감동적이었다.
> ㉢ 나는 너의 이야기가 너무 재미있어서 웃었다.

① ㉠의 명사절은 조사와 결합하여 안은문장의 목적어로 쓰이고 있다.

② ㉡의 관형사절은 '영화'와 결합하여 안은문장의 주어로 활용되고 있다.

③ ㉢의 부사절은 '너의 이야기가 너무 재미있어서'가 부사어처럼 쓰이고 있다.

④ ㉡, ㉢ 모두 동일 단어의 반복을 피하기 위해 절 내부의 주어를 생략하고 있다.

12 **다음 글에 따라 <보기>의 ⓐ ~ ⓒ를 설명한 것으로 적절하지 않은 것은?**

안긴문장은 문장 내에서 부속적인 역할을 하며, 그 기능에 따라 네 가지 주요 유형으로 나눌 수 있다.

명사절은 문장에서 주어, 목적어, 보어 등의 역할을 한다. 이 절은 '것', '기', '음' 등의 의존 명사나 어미로 끝나는 경우가 많다. 명사절은 하나의 독립적인 단위로 기능하며, 다른 문장 성분과 결합하여 주절을 완성한다. 예를 들어 '철수가 밥을 먹는 것을 보았다'에서 '밥을 먹는 것'이 명사절이다. 이 명사절은 '것'이라는 의존 명사와 결합하여 주어, 목적어 등의 역할을 한다.

관형절은 명사를 수식하는 기능을 한다. 이 절은 주로 'ㄴ/는, ㄹ/을, 던' 등의 관형사형 어미로 끝나며 주어, 목적어, 보어 등을 포함할 수 있다. 이 절은 주어, 목적어, 보어 등이 포함된 문장을 하나의 단위로 묶어 특정 명사를 수식한다. 예를 들어 '철수가 밥을 먹는 모습을 보았다'에서 '밥을 먹는'이 관형절이다. 이 관형절은 '모습'이라는 명사를 꾸며주는 역할을 한다.

부사절은 주절의 동사나 형용사를 수식하여, 그 의미를 한정하거나 강조하는 기능을 한다. 이 절은 주로 '아서/어서, 기 때문에, ㄴ/는 다면' 등의 어미로 끝나며 주어, 목적어, 보어 등을 포함할 수 있다. 이 절은 하나의 독립적인 단위로서 주절의 의미를 보충하거나 추가적인 정보를 제공한다. 예를 들어 '철수가 밥을 먹고 나서 학교에 갔다'에서 '밥을 먹고 나서'가 부사절이다. 이 부사절은 주절의 행동이나 상태에 대한 시간, 원인, 조건 등의 부가적인 정보를 제공한다.

인용절은 누군가의 말이나 생각을 직접 또는 간접적으로 인용하는 기능을 한다. 이 절은 주로 '고, 라고, 으로' 등의 인용표현으로 끝나며, 주어, 목적어, 보어 등을 포함할 수 있다. 이 절은 인용된 내용을 독립적인 단위로 묶어 주절에 포함시킨다. 예를 들어 '철수는 내가 밥을 먹었다고 말했다'에서 '내가 밥을 먹었다고'가 인용절이다. 이 인용절은 주절에서 철수의 발언 내용을 전달하는 역할을 한다.

보기

ⓐ 어제 만난 친구는 혼자 영화 보기를 좋아했다.
ⓑ 나에게 실망한 동생은 말도 없이 자리를 떠났다.
ⓒ 책상 위에 놓여 있던 책은 두께가 정말 두꺼웠다.

① ⓐ와 ⓑ는 모두 목적어의 기능을 하는 안긴문장을 가지고 있다.
② ⓑ는 ⓒ와 달리 부사어의 기능을 하는 안긴문장을 가지고 있다.
③ ⓒ는 ⓐ와 달리 서술어의 기능을 하는 안긴문장을 가지고 있다.
④ ⓐ~ⓒ는 모두 관형어의 기능을 하는 안긴문장을 가지고 있다.

실전 학습 문제

[13~15] 다음 글을 읽고 물음에 답하시오

문장은 성분들의 짜임새에 따라 '홑문장'과 '겹문장'으로 나뉘며, 겹문장은 다시 '안은문장'과 '이어진 문장'으로 나뉜다. 홑문장은 문장의 필수 요소인 주어와 서술어가 한 번만 있는 문장 짜임새를 말하며, 겹문장은 한 개 이상의 홑문장이 다른 문장 속의 한 성분으로 안겨서 문장 속의 문장이 되거나, 홑문장들이 서로 이어져 하나의 문장을 이루는 것을 말한다.

(예1) 그녀는 멋지다. (홑문장)
(예2) 나는 사과를 먹는 영희를 보았다. (겹문장)
(예3) 예술은 길고, 인생은 짧다. (겹문장)

겹문장은 다시 이어진 문장과 안은문장, 안긴문장으로 나눌 수 있는데, 이어진 문장은 '주어+서술어'의 형태가 연이어 나타나는 형태를 말하고, 안은문장, 안긴문장은 홑문장이 절 형식으로 바뀌어 다른 문장의 성분이 되는 것을 말한다. 이때 홑문장은 명사절·관형절·부사절·서술절·인용절이 되어 안긴다.

명사절을 안은문장은 안긴문장이 명사절이 되어 전체 문장 안에서 주어, 목적어, 보어, 관형어 등의 문장 성분으로 쓰이는 것을 일컫는다. 예를 들어, '희선이는 동생이 합격했음을 알았다'의 '동생이 합격했음'이 전체 문장에서 목적어로 쓰이는 경우를 말한다.

관형절을 안은문장은 안긴문장이 관형절이 되어 체언을 수식하는 관형어의 구실을 하는 것을 말한다. '지희는 성격이 좋은 학생이다.'이라고 할 때 '성격이 좋은'이 전체 문장에서 관형어로 쓰이는 경우를 말한다.

부사절을 안은문장은 안긴문장이 부사절이 되어 전체 문장의 부사어 구실을 하는 것을 말한다. '그는 과연 아무 말도 없이 참아낼 수 있을까?'에서 '말도 없이'는 부사절로 안겨 있으며 전체 문장에서 부사어의 역할을 한다.

서술절을 안은문장은 안긴문장이 서술절이 되어 전체 문장의 서술어 구실을 하는 것을 말한다. 이 절은 따로 특별한 표지가 없으며 일반적으로 '주어+주어+서술어'의 형태를 지닌다. 예를 들어 '철수는 머리가 좋다'와 같이 쓰이는 경우가 있다.

인용절을 안은문장은 안긴문장이 인용절이 되어 전체 문장 속에 안겨 있는 것을 말한다. '그는 오늘이 광복절이라고 말했다.(간접 인용절)'와 '그는 "오늘이 광복절이다"라고 말했다.(직접 인용절)'가 있다.

이어진 문장은 둘 이상의 홑문장이 이어져 겹문장이 되는 경우를 말하는데 이어진 문장에는 대등하게 이어진 문장과 종속적으로 이어진 문장이 있다.

대등하게 이어진 문장은 앞절과 뒷절의 위치를 바꾸어도 뜻이 바뀌지 않는, 대등한 문장끼리 이어진 것을 말한다. 예를 들어, '나는 남성이고, 그녀는 여성이다'와 같이 '-고'의 나열 형식을 지닌 경우가 대표적이다.

종속적으로 이어진 문장은 앞절과 뒷절의 위치를 바꾸면 뜻이 달라지거나 모순이 되는 문장을 말한다. 앞절은 뒷절에 대해 조건·이유·결과 등의 뜻을 가진다. '비가 와서 소풍이 취소됐다'과 같이 '-아서/어서'의 연결 어미를 통해 조건과 결과의 의미로 연결되는 경우가 대표적이다.

13 **윗글에 따라 분석했을 때, 다음 중 문장의 구성이 다른 것은?** 16. 경찰직(1차) 변형

① 꽃이 피는 봄이 되었다.
② 내가 산 부채는 매우 한국적이다.
③ 누나가 영희가 시험에 합격했음을 알렸다.
④ 운동을 매일 하는데도 건강이 좋지 않다.

14 **윗글의 설명을 고려할 때, 다음 중 문장의 유형이 나머지 셋과 다른 것은?** 15. 경찰직(1차) 변형

① 그는 큰 차를 샀다.
② 나는 그 책을 읽고 싶다.
③ 토끼는 앞발이 짧다.
④ 나는 기차가 떠났음을 알았다.

15 윗글을 읽고 문장의 종류를 잘못 설명한 것은?

① 비가 소리도 없이 내린다. - 부사절을 안은문장

② 철수는 "내일도 해는 뜬다"라고 말했다. - 인용절을 안은문장

③ 내가 장을 본 마트는 깨끗하다. - 관형절을 안은 문장

④ 그녀는 민호가 좋다고 말했다. - 명사절을 안은 문장

16 다음 글에 따라 <보기>의 ㉠ ~ ㉣의 문장 성분과 구조를 분석한 것으로 적절하지 않은 것은?

17. 기상직 7급 변형

> 주어와 서술어의 관계가 두 번 이상 나타나는 문장을 '겹문장'이라고 한다. 한 문장이 다른 문장을 하나의 성분으로 안을 경우 이를 '안은문장'이라고 하고 이때 안겨있는 문장을 '안긴문장'이라고 한다.
>
> 안긴문장은 문장에서의 기능에 따라서 명사절, 관형절, 부사절, 인용절, 서술절로 나누어진다. 명사절은 '(으)ㅁ, 기', 관형절은 '-던, -(으)ㄴ, 는, -(으)ㄹ', 부사절은 '게, 도록', 인용절은 '고, 라고' 등이 붙어서 만들어지며 서술절은 절 표지가 따로 없이 절 전체가 서술어의 기능을 한다.

> 보기
>
> ㉠ 농부들은 시원한 비가 오기를 기다린다.
> ㉡ 아이가 작은 침대에서 소리도 없이 잔다.
> ㉢ 내가 사과를 산 시장은 값이 싸다.
> ㉣ 내가 만난 친구는 마음이 정말 따뜻하다.

① ㉠은 주어가 생략된 안긴문장이 있다.

② ㉡은 부사어의 기능을 하는 안긴문장이 있다.

③ ㉢은 목적어가 생략된 안긴문장이 있다.

④ ㉣은 절 표지가 없이 안긴문장이 있다.

실전 학습 문제

17 **다음 글에 따라 ㉠ ~ ㉣을 설명한 것으로 적절하지 않은 것은?**

> 겹문장의 명사절은 명사형 어미 '-(으)ㅁ, -기'가 붙어 실현된다. 명사절은 전체 문장에서 주어, 목적어, 부사어, 관형어의 역할을 할 수 있는데 뒤에 있는 조사를 통해 문장 성분을 판단할 수 있다.
>
> 예를 들어, '나는 명수가 축구에 소질이 있음을 알았다'라는 문장에서 '명수가 축구에 소질이 있다'라는 문장이 전체 문장에서 '-음'이라는 명사형 어미를 통해 명사절로 안겨 있다. 그리고 명사절로 안겨 있는 문장은 조사 '을'을 통해 목적어로 쓰임을 확인할 수 있다. 간혹 뒤에 조사가 생략되는 경우도 있으므로 생략된 조사가 무엇인지 잘 파악해야 한다.
>
> 다음의 밑줄 친 명사절이 어떤 문장 성분으로 쓰이는지 알아보자.
>
> ㉠ 색깔이 희기가 눈과 같다.
> ㉡ 친구는 밥을 먹기에 바쁘다.
> ㉢ 영수는 친구가 집에 가기를 원한다.
> ㉣ 그는 봄이 되기 전에 이곳을 떠났다.

① ㉠: 명사절이 조사와 결합하여 주어로 쓰였다.

② ㉡: 명사절이 조사와 결합하여 부사어로 쓰였다.

③ ㉢: 명사절이 조사와 결합하지 않고 부사어로 쓰였다.

④ ㉣: 명사절이 조사와 결합하지 않고 관형어로 쓰였다.

18 **다음 글에서 추론한 내용으로 적절하지 않은 것은?**

> 홑문장은 '바다가 푸르다'와 같이 주어와 서술어의 관계가 한 번만 나타나는 문장을 말한다. 이에 반해 겹문장은 주어와 서술어의 관계가 두 번 이상 나타나는 문장을 말한다. 예를 들어, '사과는 빨갛고, 바나나는 노랗다'의 경우 '주어+서술어, 주어+서술어'의 형태를 지니고 있기 때문에 겹문장에 속한다. 겹문장에는 2가지 종류가 있는데 '이어진 문장'과 '안긴문장, 안은문장'이 있다.
>
> 이 중 안은문장은 '주어+서술어'의 의미를 지닌 문장을 안고 있는 형태인데 안긴문장에는 '명사절, 관형절, 부사절, 인용절, 서술절'이 있다.
>
> 명사절은 '영수는 집에 가기 원한다'의 '영수는 집에 가기'처럼 '-(으)ㅁ', '-기'가 붙은 절이 주어, 목적어, 부사어, 보어 등의 문장성분 역할을 하면서 안겨 있는 형태를 말한다.
>
> 관형절은 '내가 어제 먹은 감자탕은 맛있었다'의 '내가 어제 먹은'처럼 '-(으)ㄴ', '-는', '-(으)ㄹ', '-던' 등이 붙은 절이 문장 안에서 관형어의 역할을 하는 문장을 말한다.
>
> 부사절은 '나는 밤이 깊도록 추위에 떨었다'의 '밤이 깊도록'처럼 '-이', '-게', '-도록', '-(아)서' 등이 붙은 절이 문장 안에서 부사어의 역할을 하는 문장을 말한다.
>
> 서술절은 '지훈이가 눈이 크다'의 '눈이 크다'처럼 문장 안에서 서술어의 역할을 하는 문장을 말한다. 이 절은 다른 절과는 다르게 특별한 표지가 존재하지 않고, 주로 '주어+주어+서술어'의 형태를 지닌다.
>
> 인용절은 '영섭이는 철수에게 날씨가 춥다고 했다'의 '날씨가 춥다고'처럼 다른 사람의 말을 인용할 때 '고', '라고'와 같은 조사를 붙인 경우를 말한다.

① 안은문장은 겹문장이다.

② '그가 일등을 하기는 힘들겠다.'는 서술절이 안긴 문장이다.

③ '토끼는 귀가 길다.'는 겹문장이다.

④ '그녀는 배가 고프다고 말했다.'는 인용절을 안고 있다.

19 다음 글에서 추론한 내용으로 가장 적절한 것은?

> 관형사절을 안은문장은 관형어의 기능을 하는 절을 안고 있는 문장이다. 관형사절은 관형사형 어미 '-(은)ㄴ, -는, -(으)ㄹ, -던' 등에 의해 실현된다. 관형사절은 동격 관형사절과 관계 관형사절로 분류할 수 있는데, 관형사절 속에 생략된 말의 유무에 따라 구별할 수 있으며 동격 관형사절은 생략된 성분이 없다는 특징이 있다.
>
> 예를 들어, '친구가 매우 예쁘다는 소문이 돈다'라는 문장에서 관형사절은 '친구가 매우 예쁘다는'이다. 관형사절에서 생략된 말이 없으므로 이것은 동격 관형사절이다.
>
> 반면 관계 관형사절은 관형사절 속에 생략된 말이 있는 절을 말한다. '내가 만든 쿠키가 맛있다'라는 문장에서 관형사절은 '내가 만든'이고, '쿠키'를 꾸미고 있다. 관형사절을 풀어 보면 '내가 쿠키를 만들었다'라는 문장인데, 관형사절이 수식하는 명사와 동일한 명사가 들어있기 때문에 '쿠키'가 생략되어 '내가 만든'이라는 관계 관형사절이 되었다. 한편, 관계 관형사절 속에서 생략된 성분이 어떤 문장 성분인지도 파악할 수 있다. 위 예문에서는 '쿠키를'이 생략되었으므로 목적어가 생략되었다. 이 외에도 주어나 부사어가 생략될 수도 있다.

① '그녀는 달이 뜨는 장면을 카메라에 담았다.'에는 동격 관형사절이 안겨 있고, 관형사절에서 생략된 문장 성분은 없다.

② '그는 마음을 담은 편지를 나에게 주었다.'에는 동격 관형사절이 안겨 있고, 관형사절에서 생략된 문장 성분은 주어와 부사어이다.

③ '나는 엄마가 요리한 음식에 와인을 곁들였다.'에는 동격 관형사절이 안겨 있고, 관형사절에서 생략된 문장 성분은 없다.

④ '이 지역에는 피자로 유명한 가게가 있다.'에는 관계 관형사절이 안겨 있고, 관형사절에서 생략된 문장 성분은 부사어이다.

20 홑문장을 안은문장으로 바꾸는 과정에 대한 설명으로 적절하지 않은 것은?

	홑문장		안은문장
㉠	주인이 ~을/를 기다린다. 개가 돌아온다.	→	주인이 개가 돌아오기를 기다린다.
㉡	그가 그림을 보았다. 내가 그림을 그렸다.	→	그가 내가 그린 그림을 보았다.
㉢	언니는 ~하다. 마음씨가 곱다.	→	언니는 마음씨가 곱다.

① ㉠, ㉡에서는 홑문장이 안긴문장이 될 때 어미가 바뀌었다.

② ㉠, ㉢에서는 안긴문장이 안은문장의 필수 성분으로 안겼다.

③ ㉡에서는 홑문장이 안긴문장이 될 때 '그린'의 목적어가 생략되었다.

④ ㉢에서는 홑문장이 안긴문장이 될 때 '곱다'의 주어가 바뀌었다.

정답 및 해설 21p

07 높임법

1. 높임 표현의 종류

(1) 주체 높임법: 주어(높임의 대상)

주어 + 조사(께서) + (으)시	예 아버지께서 여기 오시다.
주어 + 조사(께서) + 특수 어휘	예 아버지께서 주무신다.

(2) 객체 높임법: 목적어(높임의 대상), 부사어(높임의 대상)

① 객체 높임 어휘: 께 / 뵈다, 뵙다, 여쭈다, 여쭙다, 드리다, 모시다

목적어(을/를) + 특수 어휘	예 영희가 선생님을 모시고 왔어.
부사어(께) + 특수 어휘	예 • 영희가 답을 선생님께 여쭈었다. • 선생님께서 어머니께 통신문을 발송하셨다. • 선생님, 제가 뵙고 말씀드릴 것이 있습니다.

(3) 상대 높임법: 듣는 이를 높이거나 낮춤

구분		평서법	의문법	명령법	청유법	감탄법
격식체	하십시오체	갑니다, 가십니다	갑니까?, 가십니까?	가십시오	가십시다, 가시지요	-
	하오체	가오	가오?	가오	갑시다	가는구려
	하게체	가네, 감세	가나?	가게	가세	가는구먼
	해라체	간다	가냐?, 가니?	가라	가자	가는구나
비격식체	해요체	가요	가요?	가요	가요	가요
	해체	가, 가지	가?, 가지?	가, 가지	가, 가지	가, 가지

개념 더하기 높임 표현

'있다'의 주체 높임 표현

- 계시다: 직접 높임 예 저기 교장 선생님이 계시다.
- 있으시다: 간접 높임 예 교장 선생님의 말씀이 있으시겠습니다.

간접 높임

높여야 할 주체와 밀접한 연관이 있는 대상(신체 부분, 소유물 등)을 높일 때는 '-(으)시-'를 붙여 간접적으로 주체를 높임

예
- 할아버지는 귀가 밝으시다.
- 선생님의 말씀이 있으시겠습니다.
- 부장님의 따님은 집에 있으신가요?
- 그분은 걱정이 항상 많으시니 각별히 배려해 드려야 합니다.

적절하지 않은 간접 높임법

고객님, 주문하신 커피가 나오셨습니다. (×) → 고객님, 주문하신 커피가 나왔습니다. (○)

07 높임법 해커스공무원 신민숙 쉬운국어 문법 강화 200제

실전 학습 문제

정답 및 해설 24p

[01~04] 다음 글을 읽고 물음에 답하시오.

높임법이란 말하는 이가 듣는 이나 다른 대상을 높이거나 낮추는 정도를 언어적으로 구별하여 표현하는 문법 요소를 말한다. 높임법은 높이는 대상이 누구인가에 따라 크게 세 가지 차원으로 나뉜다. 하나는 행위의 주체(문장의 주어)를 대상으로 하는 높임법이고, 다른 하나는 그 행위가 미치는 쪽(문장의 목적어나 부사어)을 대상으로 하는 높임법이다. 그리고 마지막으로 말을 듣는 상대, 곧 청자를 대상으로 하는 높임법이 있다. 이를 각각 주체 높임법, 객체 높임법, 상대 높임법이라고 한다.

주체 높임법은 주로 서술어에 선어말 어미 '-(으)시-'가 붙어 실현되나, 부수적으로 주격 조사 '이/가' 대신 '께서'가 쓰이기도 하고 주어 명사에 '-님'이 덧붙기도 한다. 객체 높임법에서는 주로 '모시다', '드리다'와 같은 특수 어휘를 쓰고, 조사 '에게' 대신 '께'를 사용한다. 상대 높임법은 종결 표현으로 실현되는데, 의례적인 용법의 격식체에는 높임의 등급에 따라 '하십시오체', '하오체', '하게체', '해라체'가 있고, 정감을 드러내는 비격식체에는 존대에 '해요체'가, 비존대에 '해체'가 있다.

위에서는 세 가지 차원의 높임법을 따로따로 서술하였지만, 실제 대화 상황에서는 이들 중 둘 또는 셋이 문장에 동시에 작용한다. 가령, 형이 동생에게 말하는 "할아버지께서 집에 다녀가셨어."는 두 차원의 높임법이 적용된 문장인데, 여기서 '할아버지'는 주체로서 '-시-'를 적용받고, 동시에 청자인 동생은 '-어'를 적용받고 있다. ㉠ <u>높임법의 존대를 [+]로 비존대를 [-]로 나타낸다면, 이 문장은 [주체+], [상대-]로 표시할 수 있을 것이다.</u> 이렇게 세 종류의 높임법을 각각 등급을 달리하여 조합하면, 많은 수의 높임 표현이 가능하게 됨을 알 수 있다.

01 **윗글의 ㉠을 참고하여 문장에 실현되는 높임법을 분석할 때 다음 중 옳지 <u>않은</u> 것은?** 19. 서울시 7급 변형

① 어머니께서 영희에게 과자를 주셨다.
→ [주체+], [객체-], [상대-]

② 영희가 할머니께 과자를 드렸다.
→ [주체-], [객체+], [상대+]

③ 어머니께서 영희에게 과자를 주셨습니다.
→ [주체+], [객체-], [상대+]

④ 어머니께서 할머니께 과자를 드리셨습니다.
→ [주체+], [객체+], [상대+]

02 **윗글의 ㉠을 참고하여 문장에 실현되는 높임법을 분석할 때 "영호야, 내가 선생님께 꽃을 드렸다."의 문장을 다음 규칙에 따라 옳게 표시한 것은?**

17. 지방직 9급 변형

① [주체-], [객체+], [상대-]

② [주체+], [객체-], [상대+]

③ [주체-], [객체+], [상대+]

④ [주체+], [객체+], [상대-]

03 윗글을 바탕으로 <보기>의 ⓐ ~ ⓓ를 설명한 것으로 적절하지 않은 것은?

> 보기
>
> 어제 아침에 선생님 댁에 놀러 갔습니다. ⓐ 선생님께서는 문 앞까지 나오셔서 우리를 맞아 주셨습니다. ⓑ 선생님과 이야기를 나누다가, 저는 어머니를 모시고 병원에 가야 했기 때문에 친구들보다 먼저 돌아와야 했습니다. ⓒ 선생님은 저를 버스 정류장까지 데려다주셨습니다. ⓓ 아쉬운 마음에 다음 달에 다시 선생님을 한 번 더 뵈러 가기로 했습니다.

① ⓐ: '선생님께서는', '나오셔서', '주셨습니다'라는 표현을 통해 주체인 선생님을 높이고 있다.

② ⓑ: '모시고'라는 표현을 통해 대화의 상대인 선생님을 높이고 있다.

③ ⓒ: '주셨습니다'라는 표현을 통해 주체인 선생님을 높이고 있다.

④ ⓓ: '뵈러'라는 표현을 통해 객체인 선생님을 높이고 있다.

04 윗글을 바탕으로 빈칸에 들어갈 말로 적절한 것은?

> 우리말에서는 문장의 주어(주체)가 화자인 '나'보다 상위자이면 주체 높임을 나타내는 선어말 어미 '-시-'를 사용하고, 청자가 화자인 '나'보다 상위자이면 상대 높임을 나타내는 종결 어미 '-습니다' 등을 사용한다. 높임법의 존대를 [+]로 비존대를 [-]로 나타낸다면 "할아버지께서 집에 다녀가셨어."는 (   )로 표시할 수 있다.

① [주체+], [상대+]

② [주체+], [상대-]

③ [주체+], [객체-], [상대+]

④ [주체-], [객체+], [상대-]

05 다음 중 <보기>의 밑줄 친 부분에 해당하는 예로 적절한 것은?

> 보기
>
> 객체 높임은 문장의 목적어나 부사어가 지시하는 대상, 곧 객체에 대한 높임의 태도를 나타내는 표현이다. 객체 높임은 주로 '뵈다, 여쭈다, 모시다, 드리다' 등 높임의 의미가 있는 특수 어휘에 의해 실현되거나 부사격 조사 '께'를 통해 실현되기도 한다.

① 선생님께서는 댁에 계십니다.

② 민우는 어머니께 그 책을 드렸다.

③ 할아버지께서는 눈이 밝으십니다.

④ 윤우야, 선생님께서 빨리 교무실로 오라고 하셔.

실전 학습 문제

[06~07] 다음 글을 읽고 물음에 답하시오.

> 주체 높임법은 서술어의 주체가 되는 주어를 높이는 것으로 조사 '께서'를 사용하고 서술어에 높임 선어말 어미 '-시-'를 넣는 형태가 일반적이다.
>
> 상대 높임법은 대화의 상대인 청자를 높이는 것으로 상대 높임법은 종결 표현으로 실현되는데, 의례적인 용법의 격식체에는 높임의 등급에 따라 '하십시오체', '하오체', '하게체', '해라체'가 있고, 정감을 드러내는 비격식체에는 존대에 '해요체'가, 비존대에 '해체'가 있다.
>
> 객체 높임법은 '모시다, 드리다, 여쭙다' 등의 특수 어휘를 사용해서 행위의 대상 즉 목적어나 부사어를 높이는 말이다. 부사어의 경우 조사 '에게' 대신 '께'를 사용하여 높인다.

06 **윗글을 참고할 때, <보기>의 ㉠ ~ ㉢에서 높임을 받고 있는 인물은?**

> 보기
>
> ㉠ 어머니께서 시장에 가신다.
> ㉡ 영수는 드디어 할아버지를 뵈었다.
> ㉢ 할아버지께서 지금 도착하셨어요.

	㉠	㉡	㉢
①	화자	주체	주체
②	청자	주체	주체
③	주체	청자	주체, 청자
④	주체	대상	주체, 청자

07 **윗글을 참고할 때, <보기>의 ㉠ ~ ㉢에서 밑줄 친 부분이 높이고 있는 인물은?** 14. 사회복지직 9급 변형

> 보기
>
> ㉠ 선배, 이 책은 저희 교수님이 <u>주신</u> 책입니다.
> ㉡ 누나는 <u>여쭐</u> 것이 있다며 할머니 댁에 <u>갔다.</u>
> ㉢ 할머니, 저는 부모님의 성함을 한자로 적을 수 <u>있어요.</u>

	㉠	㉡	㉢
①	선배	누나	부모님
②	교수님	할머니	할머니
③	선배	할머니	부모님
④	교수님	누나	아버지

08 **다음 중 <보기>의 밑줄 친 부분을 확인할 수 <u>없는</u> 것은?** 14. 기상직 9급 변형

> 보기
>
> 주체 높임법은 주어를 높이는 것으로 조사 '-께서'를 사용하고 서술어에 높임 선어말 어미 '-시-'를 넣는 형태가 일반적이다.
>
> 상대 높임법은 대화의 상대인 청자를 높이는 것으로 '하십시오체, 하오체, 해요체' 등을 이용한다.
>
> <u>객체 높임법</u>은 문장의 목적어나 부사어가 나타내는 대상인 객체를 높이는 것으로 객체 높임 어휘를 사용하여 실현한다.

① 어머니께 이 편지를 전해 드리고 오너라.
② 할머니께서는 잠귀가 매우 밝으신 편입니다.
③ 아버지를 모시고 병원에 좀 다녀오도록 해요.
④ 이번 일요일에는 할아버지를 꼭 뵙고 오도록 해라.

09 밑줄 친 ⓐ ~ ⓓ 중 <보기>의 ㉠에 해당하지 않는 것은?

> 보기
>
> 높임 표현에는 말하는 이가 듣는 이에 대하여 높이거나 낮추어 말하는 상대 높임, 서술의 주체를 높이는 주체 높임, 목적어나 부사어가 나타내는 대상, 즉 서술의 객체를 높이는 ㉠ 객체 높임이 있다.

> 선생님: 지은아 방학은 잘 보냈니?
> 지　은: 네. 저는 방학 동안 할머니 댁에 다녀왔어요.
> 선생님: 기특하다. 할머니를 ⓐ 뵙고 왔구나. 가서 무엇을 했니?
> 지　은: 아버지께서 할머니를 ⓑ 모시고 병원에 가신 사이에 저는 ⓒ 큰아버지께 인사를 드리고 왔어요.
> 선생님: 저런, 할머니께서 ⓓ 편찮으셨나 보다.

① ⓐ　② ⓑ
③ ⓒ　④ ⓓ

10 다음 중 밑줄 친 표현이 <보기>의 높임법에 해당하지 않는 것은?

> 보기
>
> 주체 높임법은 서술어가 나타내는 행위의 주체를 높이는 표현법으로, 높임 선어말 어미 '-(으)시-', 조사, 동사, 명사 등에 의해 실현된다.

① 할머니께서 진지를 드신다.
② 나는 어머니께 과일을 드렸다.
③ 할아버지께서 병원에 다녀오셨다.
④ 선생님께서 부모님께 가정 통신문을 발송하셨다.

11 <보기>의 ㉠과 ㉡에 해당하는 높임법의 예로 가장 적절하지 않은 것은? 17. 경찰 경기북부 여경(1차) 변형

> 보기
>
> 구어에서 높임법은 화자가 높이려는 대상에 따라 주체 높임법, 상대 높임법, 객체 높임법으로 구분된다. ㉠ 주체 높임법은 주어가 나타내는 대상인 주체를 높이는 것이며, 상대 높임법은 대화의 상대인 청자를 높이는 것이고 ㉡ 객체 높임법은 문장의 목적어나 부사어가 나타내는 대상인 객체를 높이는 것이다.

① ㉠에 해당하는 예로, '할아버지께서 산에 가셨다.'를 들 수 있다.
② ㉡에 해당하는 예로, '선생님, 영이가 혼자 갔어요.'를 들 수 있다.
③ ㉠에 해당하는 예로, '할머니는 예쁜 지갑이 있으시다.'를 들 수 있다.
④ ㉡에 해당하는 예로 '영이는 존경하는 선생님을 뵈었다.'를 들 수 있다.

실전 학습 문제

12 다음 글에 따라 <보기>의 문장에 사용된 높임법의 종류가 일치하는 것끼리 묶은 것은? 17. 기상직 9급 변형

> 높임법은 화자가 높이려는 대상에 따라 주체 높임법, 상대 높임법, 객체 높임법으로 구분된다. 주체 높임법은 주어가 나타내는 대상인 주체를 높이는 것으로 조사 '-께서'를 사용하고 서술어에 높임 선어말 어미 '-시-'를 넣는 형태가 일반적이다.
>
> 상대 높임법은 대화의 상대인 청자를 높이는 것으로 '하십시오체, 하오체, 해요체'를 사용하는 것이 일반적인 형태이다.
>
> 객체 높임법은 문장의 목적어나 부사어가 나타내는 대상인 객체를 높이는 것으로 '뵈다, 뵙다, 여쭈다, 여쭙다, 드리다, 모시다'와 같은 객체 높임 어휘가 사용되는 경우가 많다.

> 보기
>
> ㄱ. 얘들아, 우리 빨리 이 과제를 끝내자.
> ㄴ. 어머니께서 선생님께 이 편지를 드리라고 하셨어요.
> ㄷ. 할아버지께서는 우리들을 많이 사랑해 주셔서 자주 뵙고 싶습니다.
> ㄹ. 잘 모르겠으면 아버지께 여쭤보는 게 좋겠어.

① ㄱ, ㄴ　② ㄴ, ㄷ
③ ㄷ, ㄹ　④ ㄱ, ㄴ, ㄷ

[13~14] 다음 글을 읽고 물음에 답하시오.

> 국어의 높임법에는 직접 높임과 간접 높임의 두 가지가 있다. 직접 높임은 주체를 직접적으로 높이는 것으로 서술어에 높임 선어말 어미 '-(으)시-'를 사용하거나 '잡수시다, 주무시다'와 같은 주체 높임 특수 어휘를 이용하여 형성한다. 이에 반해 간접 높임이란 높여야 할 대상의 신체 부분, 자식, 말씀, 성품, 심리, 소유물과 같이 주어와 밀접한 관계를 맺고 있는 대상을 간접적으로 높이는 것을 말한다. 간접 높임은 서술어에 높임 선어말 어미 '-(으)시-'를 이용한다. 하지만 <u>간접 높임을 지나치게 사용할 경우 언어생활의 오류를 범하게 된다.</u>

13 윗글을 고려할 때, 높임법의 쓰임이 적절한 것은? 18. 소방직 9급 변형

① 고객님이 주문하신 커피 나오셨습니다.
② 할아버지께서 네 방으로 오라고 하셨어.
③ 지금부터 사장님의 말씀이 계시겠습니다.
④ 어머니께서 제게 시간을 여쭈어보셨어요.

14 윗글의 밑줄 친 부분에 해당하는 예로 적절한 것은? 14. 방재안전직 9급 변형

① 과장님, 여쭈어볼 게 있어요.
② 나도 그 선생님께 선물을 드렸어.
③ 철수야, 선생님께서 너 지금 교무실로 오시래.
④ 손님, 사용 중에 불편한 점이 계시면 언제든 연락 주십시오.

15 **<보기 1>을 참고하여 <보기 2>의 ㉠ ~ ㉣을 탐구한 것으로 적절하지 않은 것은?**

> 보기 1
>
> 국어의 높임법은 화자가 높이려는 대상이 누구인지에 따라 상대 높임, 주체 높임, 객체 높임으로 나뉜다. 상대 높임은 대화의 상대, 즉 듣는 이를 높이거나 낮추는 것이고, 주체 높임은 서술어의 주체, 즉 문장의 주어를 높이는 것이며, 객체 높임은 서술어의 객체, 즉 문장의 목적어나 부사어를 높이는 것이다.

> 보기 2
>
> 김밥**에서 어머니와 딸이 함께 포장 주문을 하고 있다.
>
> 직원: 어서 오세요. 주문 도와드리겠습니다.
> 딸: ㉠ 라볶이 2인분이랑 만두 1인분 포장해 주세요.
> 직원: 알겠습니다. ㉡ 그런데 손님, 저희 집 라볶이가 굉장히 매운데 괜찮으시겠어요?
> 딸: 많이 매운가요? 저는 괜찮은데 ㉢ 어머니께서 매운 것을 잘 못 드시거든요.
> 직원: 그럼 ㉣ 매운 재료를 적게 넣어서 라볶이를 만들어 드릴게요.

① ㉠은 '-요'를 사용하여 상대인 김밥**집 직원을 높이고 있다.

② ㉡은 '-시-'를 사용하여 주체인 손님을 높이고 있다.

③ ㉢은 '께서'와 '드시다'를 사용하여 객체인 어머니를 높이고 있다.

④ ㉣은 '드리다'를 사용하여 객체인 손님을 높이고 있다.

16 **다음 글을 토대로 <보기>를 분석한 것으로 적절하지 않은 것은?**

종류	실현 방식
상대 높임	• 대화의 상대, 즉 듣는 이를 높이거나 낮춤. • 종결 어미 '-습니다', '-다', '-(으)십시오', '-(아/어)라' 등을 사용
주체 높임	• 서술의 주체, 즉 문장의 주어를 높임 • 선어말 어미 '-(으)시-' 결합 • 주격 조사 '께서' 사용 • 특수 어휘 '계시다', '주무시다' 사용
객체 높임	• 서술의 객체, 즉 문장의 목적어나 부사어를 높임 • 부사격 조사 '께' 사용 • 특수 어휘 '드리다', '뵙다' 등 사용

> 보기
>
> ㉠ 채윤아, 할아버지께 물 좀 갖다 드려라.
> ㉡ 선생님, 어제 부모님께서 할머니를 모시고 여행을 가자고 말씀을 하셨습니다.

① ㉠은 종결 어미 '-어라'를 사용하여 대화 상대인 '채윤'을 낮추고 있다.

② ㉠은 부사격 조사 '께'를 사용하여 서술의 객체인 '할아버지'를 높이고 있다.

③ ㉡은 특수 어휘 '말씀'을 사용하여 서술의 객체인 '할머니'를 높이고 있다.

④ ㉡은 주격 조사 '께서'와 선어말 어미 '-시-'를 사용하여 서술의 주체인 '부모님'을 높이고 있다.

17 <보기>의 [A]~[C]에 들어갈 예를 바르게 짝지은 것은?

> 보기
>
> ㄱ. 나는 할아버지께 선물을 드렸다.
> ㄴ. 할아버지께서 지금 우리 집에 계신다.
> ㄷ. 어머니께서는 할아버지를 모시고 집에 가셨다.
>
> ㄱ~ㄷ은 높임 표현이 사용된 문장들이다. 아래의 순서도에 따라 ㄱ~ㄷ을 분류해 보자.
>
> 주어가 나타나는 대상인 주체를 높이는가?
> → (아니오) [A]
> ↓ (예)
> 문장의 목적어나 부사어가 나타내는 대상인 객체를 높이는가?
> → (아니오) [B]
> ↓ (예)
> [C]

	[A]	[B]	[C]
①	ㄱ	ㄴ	ㄷ
②	ㄱ	ㄷ	ㄴ
③	ㄴ	ㄱ	ㄷ
④	ㄴ	ㄷ	ㄱ

18 다음은 높임 표현에 대한 탐구 학습지이다. (가)에 들어갈 내용으로 적절하지 않은 것은?

> 높임 표현의 종류와 실현 방식에 대해 이해하고 <보기> 문장에 나타난 높임 표현을 설명해 보자.

종류	실현방식
상대 높임	• 대화의 상대, 즉 듣는 이를 높이거나 낮춤. • 종결 어미 '-습니다', '-다', '-(으)십시오', '-(아/어)라' 등을 사용
주체 높임	• 서술의 주체, 즉 문장의 주어를 높임 • 선어말 어미 '-(으)시-' 결합 • 주격 조사 '께서' 사용 • 특수 어휘 '계시다', '주무시다' 사용
객체 높임	• 서술의 객체, 즉 문장의 목적어나 부사어를 높임 • 부사격 조사 '께' 사용 • 특수 어휘 '드리다', '뵙다' 등 사용

> 보기
>
> ㉠ 동섭아, 아버지께 과일 좀 갖다 드려라.
> ㉡ 선생님, 어제 부모님께서 어르신을 모시고 여행을 가자고 말씀을 하셨습니다.
>
> (가)____________

① ㉠은 종결 어미 '-어라'를 사용하여 대화 상대인 '동섭'을 낮추고 있다.

② ㉠은 부사격 조사 '께'를 사용하여 서술의 객체인 '아버지'를 높이고 있다.

③ ㉡은 특수 어휘 '말씀'을 사용하여 서술의 객체인 '어르신'을 높이고 있다.

④ ㉡은 종결 어미 '-습니다'를 사용하여 대화 상대인 '선생님'을 높이고 있다.

[19~20] 다음 글을 읽고 물음에 답하시오.

높임 표현 중에서 주체 높임은 주체 직접 높임과 주체 간접 높임으로 나뉜다. 주체 직접높임은 서술의 주체, 곧 문장의 주어가 지시하는 대상을 높이는 것이다. 현대 국어의 주체 높임은 선어말 어미 '-(으)시-'나 주격 조사 '께서', 특수 어휘 '잡수다', '계시다' 등을 통해 실현된다.

[A] 주체 높임은 일반적으로 주체의 나이가 화자보다 많거나 사회적 지위 등이 화자보다 높을 때 실현된다. 하지만 주체와 청자의 관계, 담화 상황 등을 고려하여 주체가 높임의 대상이라도 높이지 않거나, 주체가 높임의 대상이 아니라도 높이기도 한다. 가령 방송과 같은 공적 담화에서는 객관성을 고려하여 주체를 높이지 않는 경우가 있다. 또한 주체의 신체 일부, 소유물 등 주체와 밀접한 관련이 있는 대상을 높임으로써 주체를 간접적으로 높일 수도 있는데, 이를 간접 높임이라고 한다.

19 **[A]를 바탕으로, <보기>를 이해한 내용으로 적절하지 않은 것은?**

보기

ㄱ. (방송에서) 세종대왕이 한글을 창제했습니다.
ㄴ. (공적 회의에서) 발표할 어린이는 손 드시면 됩니다.
ㄷ. (어린 손자에게) 너희 엄마는 언제 출근하셨니?
ㄹ. (할아버지에게) 아버지가 집에 왔습니다.

① ㄱ에서는 담화의 객관성을 고려해 '세종대왕'을 높이지 않고 있다.
② ㄴ에서는 수업이라는 담화 상황을 고려해 '어린이'를 높이고 있다.
③ ㄷ에서는 주체인 '엄마'와 청자인 '손자'의 관계를 고려해 '엄마'를 높이고 있다.
④ ㄹ에서는 주체인 '아버지'와 청자인 '할아버지'의 관계를 고려해 '아버지'를 높이고 있다.

20 **윗글을 토대로 <보기>의 [가]에 들어갈 문장으로 적절한 것은?**

보기

선생님: 우리말의 높임 표현에는 다음과 같이 세 종류가 있습니다.

- 상대 높임법: 화자가 청자, 즉 상대를 높이거나 낮추는 방법(종결 어미에 의해 실현)
- 주체 높임법: 문장에서 서술의 주체를 높이는 방법(조사, 선어말 어미, 특수 어휘에 의해 실현)
- 객체 높임법: 문장에서 목적어나 부사어가 지시하는 대상, 즉 객체를 높이는 방법(조사, 특수 어휘에 의해 실현)

그런데 실제 언어생활에서 '높임 표현'이 실현되는 양상은 복합적입니다. 예문을 볼까요? '영희야, 선생님께서 찾으셔.'는 상대는 낮추고 주체는 높여서 표현한 것입니다. 그리고 [가] 는 상대를 높이고 객체도 높여서 표현한 것입니다.

① 내일 우리 같이 밥 먹어요.
② 제가 할머니를 모시고 왔습니다.
③ 이 손수건 좀 할아버지께 갖다 드려.
④ 어머니께서 아버지의 바지를 만드셨어.

정답 및 해설 24p

08 한글 맞춤법

1. 한글 맞춤법: 소리에 관한 것

(1) 한글 맞춤법 총칙

살코기(살고기×), 다달이(달달이×)

① 제1항: 표준어를 소리대로 적되, 어법에 맞도록 함을 원칙으로 한다.

꽃이(꼬치×)

② 제2항: 문장의 각 단어는 띄어 씀을 원칙으로 한다.

③ 제3항: 외래어는 '외래어 표기법'에 따라 적는다.

(2) 두음 법칙

① 제10항 ~ 제12항

• 단어 첫머리에 오는 한자어

'녀, 뇨, 뉴, 니' → '여, 요, 유, 이'	예 요소(尿素), 익명(匿名), 연도(年度)
'랴, 려, 례, 료, 류, 리' → '야, 여, 예, 요, 유, 이'	예 양심(良心)
'라, 래, 로, 뢰, 루, 르' → '나, 내, 노, 뇌, 누, 느'	예 낙원(樂園)
단어의 첫머리 이외의 경우: 두음 법칙 적용하지 않음	예 양심(良心) - 개량(改良), 용궁(龍宮) - 쌍룡(雙龍)

• 예외적으로 두음 법칙이 적용되는 경우

접두사처럼 쓰이는 한자가 붙어서 된 말이나 합성어	예 공염불, 남존여비, 신여성, 역이용, 연이율
고유 명사를 붙여 쓰는 경우나 십진법	예 대한교육연합회(대한교련), 신흥이발관, 국제연합(국련), 육천육백육십육 └준말의 경우 두음 법칙 사용 ×

• 예외적으로 두음 법칙이 적용되지 않는 경우

한자어 의존 명사	예 냥(兩), 냥쭝(兩重), 년(年) - 금 한 냥(兩), 은 두 냥쭝(兩重), 십 년(年)
고유어 의존 명사	예 고얀 녀석, 바느질 실 한 님, 엽전 한 닢

• 두음 법칙 사용이 환경에 따라 달라지는 경우

렬, 률	모음이나 'ㄴ' 받침 뒤	열, 율	예 백분율, 실패율, 출석률, 합격률
난, 란	고유어, 외래어 뒤	난	예 어머니난, 가십난, 칼럼난, 독자(讀者)란, 가정(家庭)란, 정답(正答)란
	한자어 뒤	란	
양, 량	고유어, 외래어 뒤	양	예 구름양, 흡입(吸入)량
	한자어 뒤	량	

(3) 'ㄷ' 소리 받침

① 제7항: 'ㄷ' 소리로 나는 받침 중에서 'ㄷ'으로 적을 근거가 없는 것은 'ㅅ'으로 적음

'ㄷ'으로 적을 근거가 없는 것: 'ㅅ'으로 표기	예 덧저고리, 돗자리, 무릇, 웃어른, 엇셈, 핫옷 (핫옷: 안에 솜을 두어 만든 옷)
'ㄷ'으로 적을 근거가 있는 것: 'ㄷ'으로 표기	예 • 벼 낟가리 (낟가리: 낟알이 붙은 곡식을 그대로 쌓은 더미) • 지금 태풍의 진로를 볼 때, 보니 곧장 남쪽으로 갈 것 같습니다. (곧장: 옆길로 빠지지 아니하고 곧바로) • 걷잡을 수 없이 거센 불길 (걷잡을: 한 방향으로 치우쳐 흘러가는 형세 따위를 붙들어 잡다.)

2. 한글 맞춤법: 형태에 관한 것

(1) 체언과 조사

① 제14항: 체언과 조사는 구별하여 적음 예 꽃이, 밭을

(2) 어간과 어미

① 제15항: 용언의 어간과 어미는 구별하여 적음 예 입다, 입고, 입어

② 제18항: 어간이나 어미가 원칙에서 벗어나면 벗어나는 대로 적음

• 용언의 활용

규칙 활용	'ㅡ' 탈락		어간의 끝 'ㅡ' + 모음 어미 예 쓰다, 잠그다, 치르다
	'ㄹ' 탈락		어간의 끝 'ㄹ' + 자음 어미 'ㄴ, ㅂ, ㅅ' 및 '-(으)오, -(으)ㄹ' 예 알다
불규칙 활용	어간이 바뀌는 경우	'ㅅ' 불규칙	예 짓다, 잇다
		'ㅂ' 불규칙	예 돕다
		'ㄷ' 불규칙	예 걷다, 붇다
		'르' 불규칙	예 흐르다
		'우' 불규칙	예 푸다
	어미가 바뀌는 경우	'여' 불규칙	예 공부하다
		'러' 불규칙	예 푸르다
		'오' 불규칙	예 달다 * '너라' 불규칙(2017년 2분기에 없어짐)
	어간과 어미가 바뀌는 경우	'ㅎ' 불규칙	예 파랗다, 퍼렇다

(3) 접미사가 붙어서 된 말

① 제19항, 제21항

어간	모음 접미사	• 어간 + '-이', '-음/-ㅁ': 어간의 원형을 밝혀 적음 예 높이(높- + -이), 믿음(믿- + -음) • 어간 +'-이', '-음/-ㅁ' 외의 모음 접미사: 소리나는 대로 적음 예 마중(맞- + -웅), 무덤(묻- + -엄)
	자음 접미사	• 어간 + 자음 접미사: 어간의 원형을 밝혀 적음 예 굵다랗다, 넓적하다, 늙수그레하다, 뜯적거리다 • 명사 + 자음 접미사: 명사의 원형을 밝혀 적음 예 빛깔, 장사꾼

개념 더하기 한글 맞춤법 제19항, 제21항의 다만

한글 맞춤법 제19항의 다만

어간에 '-이'나 '-음'이 붙어서 명사로 바뀐 것이라도 그 어간의 뜻과 멀어진 것은 원형을 밝히어 적지 아니한다.

예 • 거름(비료): 걸- + -음 • 노름(도박): 놀- + -음 • 목거리(목병): 목 + 걸- + -이

한글 맞춤법 제21항의 다만

다음과 같은 말은 소리대로 적는다.

(1) 겹받침의 끝소리가 드러나지 아니하는 것 예 널따랗다, 널찍하다, 실큼하다, 얄따랗다, 짤따랗다

(2) 어원이 분명하지 아니하거나 본뜻에서 멀어진 것 예 넙치, 올무, 골막하다, 납작하다

(4) 합성어 및 접두사가 붙은 말

① 제27항~제29항, 제31항 (제30항: 사이시옷 관련 조항)

구분	조건	예
원형을 밝혀 적음	합성어, 접두 파생어	꽃잎, 헛웃음
원형을 밝혀 적지 않음	어원은 분명하나 소리만 특이하게 변한 것	할아버지, 할아범
	어원이 분명하지 않은 것	골병, 골탕, 며칠, 부리나케, 오라비, 아재비, 업신여기다
	'이[齒, 虱]'가 합성어나 이에 준하는 말에서 '니' 또는 '리'로 소리 나는 것: '니'로 적음	덧니, 송곳니, 아랫니, 간니, 사랑니, 앞니, 어금니, 윗니, 젖니, 톱니, 틀니, 가랑니, 머릿니
	'ㄹ' 소리가 나지 않는 것	다달이(달-달-이), 따님(딸-님), 마되(말-되), 마소(말-소), 무자위(물-자위), 바느질(바늘-질), 부삽(불-삽), 부손(불-손), 싸전(쌀-전), 여닫이(열-닫이), 우짖다(울-짖다), 화살(활-살)

	'ㄹ' 소리가 'ㄷ' 소리로 나는 것 : 'ㄷ'으로 적음	반짇고리(바느질~), 사흗날(사흘~), 잗주름(잘~), 푿소(풀~), 숟가락(술~), 삼짇날(삼질~), 섣달(설~), 이튿날(이틀~), 섣부르다(설~), 잗다듬다(잘~), 잗다랗다(잘~)
	'ㅂ' 소리가 덧나는 것	멥쌀(메ㅂ쌀), 볍씨(벼ㅂ씨), 입때(이ㅂ때), 입쌀(이ㅂ쌀), 접때(저ㅂ때), 햅쌀(해ㅂ쌀), 좁쌀(조ㅂ쌀), 댑싸리(대ㅂ싸리) ─ 명아줏과의 한해살이 풀
	'ㅎ' 소리가 덧나는 것	머리카락(머리ㅎ가락), 살코기(살ㅎ고기), 안팎(안ㅎ밖), 수캐(수ㅎ개), 암캐(암ㅎ개), 수컷(수ㅎ것), 암컷(암ㅎ것), 수탉(수ㅎ닭), 암탉(암ㅎ닭)

② 제30항

• 사이시옷의 표기

구분	사이시옷 표기 ○ ⟷	사이시옷 표기 ×
1	사잇소리 현상이 일어나는 경우	사잇소리 현상이 일어나지 않는 경우
2	합성 명사(명사+명사)일 때 예 뱃길, 촛불	파생어일 때 예 해님, 나라님
3	앞말에 받침이 없고 뒷말이 아래와 같이 시작될 때 • ㄱ, ㄷ, ㅂ, ㅅ, ㅈ 예 냇가, 맷돌, 나룻배, 조갯살, 잔칫집 • ㄴ, ㅁ 예 훗날, 툇마루 • 모음 'ㅣ' 또는 반모음 'ㅣ'(야, 여, 요, 유 등) 예 훗일	뒷말이 된소리나 거센소리로 시작할 때 • 된소리(ㄲ, ㄸ, ㅃ, ㅉ) 예 뒤꿈치, 뒤뜰, 위쪽 • 거센소리(ㅋ, ㅌ, ㅍ, ㅊ) 예 뒤태, 뒤편, 뒤처리
4	합성어의 두 구성 요소 가운데 하나 이상이 순우리말일 때 예 • 순우리말 + 순우리말: 귓밥, 머릿기름 • 순우리말 + 한자어: 아랫방(-房), 샛강(-江) • 한자어 + 순우리말: 곗날(契-), 예삿일(例事-)	합성어이지만 한자어로만 구성되거나 외래어를 포함하고 있는 경우 예 • 한자어 + 한자어: 전세방(傳貰房) • 외래어 + 순우리말: 핑크빛, 피자집

• 예외적으로 사이시옷을 표기하는 한자어(6개): 곳간(庫間), 툇간(退間), 찻간(車間), 숫자(數字), 횟수(回數), 셋방(貰房)

08 한글 맞춤법

개념 더하기 사이시옷 관련 조항

제30항 사이시옷은 다음과 같은 경우에 받치어 적는다.

1. 순우리말로 된 합성어로서 앞말이 모음으로 끝난 경우

(1) 뒷말의 첫소리가 된소리로 나는 것

나뭇가지 귓밥 나룻배 고랫재(방고래에 모여 쌓인 재)
냇가 머릿기름 모깃불 선짓국
아랫집 쳇바퀴 잇자국 잿더미
혓바늘 핏대 햇볕 우렁잇속(1. 내용이 복잡하여 헤아리기 어려운 일을 비유적으로 이르는 말 2. 품은 생각을 모두 털어놓지 아니하는 의뭉스러운 속마음을 비유적으로 이르는 말)

(2) 뒷말의 첫소리 'ㄴ, ㅁ' 앞에서 'ㄴ' 소리가 덧나는 것

잇몸 아랫니 텃마당(타작할 때에 공동으로 쓰려고 닦아 놓은 마당) 멧나물(산에서 나는 나물)
빗물 냇물 깻묵(기름을 짜고 남은 깨의 찌꺼기)

(3) 뒷말의 첫소리 모음 앞에서 'ㄴㄴ' 소리가 덧나는 것

나뭇잎 뒷일 도리깻열(도리깨의 한 부분) 뒷윷(윷판에서 뒷밭의 네 번째 자리)
베갯잇 욧잇(요의 몸에 닿는 쪽에 시치는 흰 헝겊) 깻잎 두렛일(여러 사람이 두레를 짜서 함께 하는 농사일)
댓잎

2. 순우리말과 한자어로 된 합성어로서 앞말이 모음으로 끝난 경우

(1) 뒷말의 첫소리가 된소리로 나는 것

귓병 머릿방 뱃병 사잣밥(초상난 집에서 죽은 사람의 넋을 부를 때 저승사자에게 대접하는 밥)
샛강 아랫방 자릿세 전셋집
텃세 핏기 횟배(회충으로 인한 배앓이) 횟가루
햇수

(2) 뒷말의 첫소리 'ㄴ, ㅁ' 앞에서 'ㄴ' 소리가 덧나는 것

곗날 제삿날 훗날 양칫물

(3) 뒷말의 첫소리 모음 앞에서 'ㄴㄴ' 소리가 덧나는 것

예삿일 훗일 가욋일(필요 밖의 일) 사삿일(개인의 사사로운 일)

3. 두 음절로 된 다음 한자어

곳간(庫間) 셋방(貰房) 숫자(數字) 찻간(車間)
툇간(退間) 횟수(回數)

(5) 준말

① 제32항~제40항

- 단어의 끝모음이 줄어지고 자음만 남은 것은 앞 음절 받침으로 적음

본말	준말	본말	준말
가지고, 가지지	1)	기러기야	2)
디디고, 디디지	3)	어제그저께	4)
서두르다	5)	어제저녁	6)

개념 더하기 준말

모음 어미와 결합이 불가능한 준말

예 갖다(갖은 ×), 딛다(딛은 ×), 서둘다(서둘은 ×), 서툴다(서툴은 ×)

'짓무르다'의 준말

'무르다'가 '물다'로 줄 수 없기 때문에 '짓무르다'의 준말 '짓물다'도 비표준어로 본다.

- 모음 'ㅗ, ㅜ'로 끝난 어간에 '-아/-어, -았-/-었-'이 어울려 'ㅘ/ㅝ, ㅘㅆ/ㅝㅆ'으로 될 적에는 준 대로 적음

본말	준말	본말	준말
꼬아	7)	꼬았다	8)
보아	9)	보았다	10)

붙임 'ㅚ' 뒤에 '-어, -었-'이 어울려 'ㅙ, ㅙㅆ'으로 될 적에도 준 대로 적음

본말	준말	본말	준말
괴어	11)	괴었다	12)
되어	13)	되었다	14)
뵈어	15)	뵈었다	16)
쐬어	17)	쐬었다	18)

정답
1) 갖고, 갖지 2) 기럭아 3) 딛고, 딛지 4) 엊그저께 5) 서둘다 6) 엊저녁 7) 꽈 8) 꽜다 9) 봐 10) 봤다 11) 괘 12) 괬다 13) 돼 14) 됐다 15) 봬 16) 뵀다 17) 쐐 18) 쐤다

08 한글 맞춤법

개념 바로 체크

'되/돼' 구별하기

01. 나는 공무원이 (되, 되어, 돼, 돼어) 기쁘다.
02. 공무원이 (되면, 돼면) 좋을 것이다.
03. 일이 뜻대로 (되, 되어, 돼, 돼어) 간다.
04. 나도 가게 (됬다, 되었다, 됐다)
05. 사기꾼이 (되면, 돼면) (안 되, 안 돼)
06. 나는 선생님이 (되어, 되서, 되어서, 돼, 돼어서, 돼서) 자랑스럽다.

정답 01 되어, 돼 02 되면 03 되어, 돼 04 되었다, 됐다 05 되면, 안 돼 06 되어, 되어서, 돼, 돼서

• 'ㅣ' 뒤에 '-어'가 와서 'ㅕ'로 줄 적에는 준 대로 적음

본말	준말	본말	준말
가지어	1)	가지었다	2)
견디어	3)	견디었다	4)
다니어	5)	다니었다	6)
막히어	7)	막히었다	8)
내디디어	9)	내디디었다	10)

• 'ㅏ, ㅗ, ㅜ, ㅡ' 뒤에 '-이어'가 어울려 줄 적에는 준 대로 적음

본말	준말	본말	준말
꼬이어	11)	보이어	12)
뜨이어	13)	쏘이어	14)
쓰이어	15)	트이어	16)

개념 더하기 'ㅏ, ㅗ, ㅜ, ㅡ' 뒤에 '-이어'가 어울려 줄 때 주의 사항

중복해서 줄여 쓰지 않는다.

예 • 쓰이어 → 씌여(×) • 트이어 → 틔여(×)

정답

1) 가져 2) 가졌다 3) 견뎌 4) 견뎠다 5) 다녀 6) 다녔다 7) 막혀
8) 막혔다 9) 내디뎌 10) 내디뎠다 11) 꼬여, 꾀어 12) 보여, 뵈어 13) 뜨여, 띄어 14) 쏘여, 쐬어
15) 쓰여, 씌어 16) 트여, 틔어

붙임 1 'ㅐ, ㅔ' 뒤에 '-어, -었-'이 어울려 줄 적에는 준 대로 적음

본말	준말	본말	준말
개어	1)	개었다	2)
베어	3)	베었다	4)

• 어간의 끝음절 '하'의 'ㅏ'가 줄고 'ㅎ'이 다음 음절의 첫소리와 어울려 거센소리로 될 적에는 거센소리로 적음

본말	준말	본말	준말
간편하게	5)	다정하다	6)
연구하도록	7)	흔하다	8)

붙임 1 'ㅎ'이 어간의 끝소리로 굳어진 것은 받침으로 적음

예 그렇다, 아무렇다, 않다, 어떻다, 이렇다, 저렇다

붙임 2 어간의 끝음절 '하'가 아주 줄 적에는 준 대로 적음

본말	준말	본말	준말
넉넉하게	9)	거북하지	10)
생각하건대	11)	익숙하지 않다	12)

붙임 3 다음과 같은 부사는 소리대로 적음

예 결단코, 결코, 기필코, 무심코, 아무튼, 요컨대, 정녕코, 필연코, 하마터면, 하여튼, 한사코

• 어미 '-지' 뒤에 '않-'이 어울려 '-잖-'이 될 적과 '-하지' 뒤에 '않-'이 어울려 '-찮-'이 될 적에는 준 대로 적음

본말	준말	본말	준말
변변하지 않다	13)	평범하지 않다	14)
익숙하지 않다	15)	넉넉하지 않다	16)
적지 않은	17)	-	

정답
1) 개 2) 갰다 3) 베 4) 벴다 5) 간편케 6) 다정타 7) 연구토록
8) 흔타 9) 넉넉게 10) 거북지 11) 생각건대 12) 익숙지 않다 13) 변변찮다 14) 평범찮다
15) 익숙잖다 16) 넉넉잖다 17) 적잖은

(6) 그 밖의 것

① 제51항: 부사의 끝음절이 분명히 '이'로만 나는 것은 '-이'로 적고, '히'로만 나거나 '이'나 '히'로 나는 것은 '-히'로 적음

'이'로 적는 것	겹쳐 쓰인 명사 뒤	예 간간이, 겹겹이, 곳곳이
	'ㅅ' 받침 뒤	예 기웃이, 가붓이, 깨끗이, 나붓이, 느긋이
	'ㅂ' 불규칙 용언의 어간 뒤	예 가까이, 가벼이
	'-하다'가 붙지 않는 용언 어간 뒤	예 같이, 굳이
	부사 뒤	예 곰곰이, 더욱이, 오뚝이, 히죽이
'히'로 적는 것	'-하다'가 붙는 어근 뒤	예 간편히, 고요히, 공평히
	'-하다'가 붙는 어근에 '-히'가 결합하여 된 부사에서 온 말	예 익히(← 익숙히), 특히(← 특별히)

개념 더하기 규칙이 적용되지 않는 어휘

예 깊숙이, 끔찍이, 나직이, 납작이, 삐죽이, 수북이, 축축이, 큼직이

3. 한글 맞춤법: 띄어쓰기

(1) 조사

① 제41항: 조사는 그 앞말에 붙여 씀

예 꽃처럼, 꽃마저, 꽃에서부터, 말하면서까지도, 사과하기는커녕, 옵니다그려, 학교에서만이라도

(2) 의존 명사, 단위를 나타내는 명사 및 열거하는 말 등

① 제42항

- 의존 명사는 띄어 씀

예
- 나도 할 수 있다.
- 아는 것이 힘이다.
- 어떤 분이 선생님을 찾아 오셨습니다.
- 그럴 리가 없다.

- 경우에 따라 구별해서 써야 하는 말

구분		설명	예
대로, 만큼, 뿐	의존 명사	용언의 관형사형 뒤에서 띄어 씀	• 아는 대로 말한다. • 애쓴 만큼 얻는다. • 웃을 뿐이다.
	조사	체언 뒤에 붙여 씀	• 처벌하려면 법대로 해라. • 집을 대궐만큼 크게 짓다. • 가진 것은 이것뿐이다.
만	의존 명사	시간의 경과를 나타낼 때 앞말과 띄어 씀	떠난 지 사흘 만에 돌아왔다.
	조사	한정, 비교를 나타낼 때 체언 뒤에 붙여 씀	하나만 알고 둘은 모른다.
지	의존 명사	시간의 경과를 나타낼 때 앞말과 띄어 씀	그가 떠난 지 보름이 지났다.
	어미	어미의 일부분일 때 붙여 씀 (-ㄴ지, -ㄹ지, -는지, -을지)	• 집이 큰지 작은지 모르겠다. • 어떻게 할지 모르겠다.
밖에	명사 + 조사	'바깥에'의 의미로 쓰일 때 앞말과 띄어 씀	우주 밖에 나가 본 사람이 있을까?
	조사	'오직(only)'의 의미로 쓰일 때 앞말과 붙여 씀	나를 알아주는 사람은 너밖에 없다.

08 한글 맞춤법

② 제43항: 단위를 나타내는 명사는 띄어 씀

- 아라비아 숫자 + 단위성 의존 명사: 띄어쓰기, 붙여쓰기 모두 허용

  예 1446∨년 10∨월 9∨일 (○)　　10∨미터 (○)
  1446년 10월 9일 (○)　　10미터 (○)

- 한글로 쓰인 숫자 + 단위성 의존 명사: 띄어쓰기
- 예외
  - 연월일 예 일천구백팔십팔∨년 오∨월 이십∨일 (○)
    일천구백팔십팔년 오월 이십일 (○)
  - 시분초 예 아홉∨시 오십구∨분 사십∨초 (○)
    아홉시 오십구분 사십초 (○)
  - 순서나 차례를 나타내는 단위 예 육∨층 (○)　삼∨학년 (○)　제삼∨장 (○)　제일∨과 (○)
    육층 (○)　삼학년 (○)　제삼장 (○)　제일과 (○)

③ 제44항

- 수를 적을 적에는 '만(萬)' 단위로 띄어 씀

  예 1,234,567,898 십이억 삼천사백오십육만 칠천팔백구십팔 (12억 3456만 7898)

- 금액을 적을 때는 붙여쓰기를 허용함

  예 일금: 삼십일만오천육백칠십팔원정

④ 제45항: 두 말을 이어주거나 열거할 적에 쓰이는 말들은 띄어 씀

예
- 국장 겸 과장
- 열 내지 스물
- 부산, 광주 등지
- 이사장 및 이사들
- 사과, 배, 귤 등등
- 책상, 걸상 등이 있다.
- 사과, 배 등속
- 청군 대 백군

⑤ 제46항: 단음절로 된 단어가 연이어 나타날 적에는 붙여 쓸 수 있음

예
- 이 말 저 말(○)/이말 저말(○)
- 한 잎 두 잎(○)/한잎 두잎(○)
- 좀 더 큰 것(○)/좀더 큰것(○)

개념 더하기 첩어나 준첩어: 붙여쓰기

예 가끔가끔, 가만가만히, 곤드레만드레

(3) 보조 용언

① 제47항: 띄어쓰기(원칙)/경우에 따라 붙여쓰기(허용)

- 여기서 보조 용언은 '-아/-어' 뒤에 연결되는 보조 용언, 의존 명사에 '-하다'나 '-싶다'가 붙어서 된 보조 용언을 가리킴

원칙	허용
불이 꺼져 간다.	불이 꺼져간다.

- 반드시 띄어쓰기를 해야 하는 경우
  - 본용언에 조사가 붙는 경우
    예 책을 읽어도 보고, 조금 의심스러운 부분이 있어서 물어도 보았다.
  - 앞말이 3음절 이상의 합성어·파생어인 경우
    예 강물에 떠내려가 버렸다. / 그릇을 깨뜨려 버렸다.
- 양, 체, 척, 법, 만, 듯 / 양하다, 체하다, 척하다, 법하다, 만하다, 듯하다
  - 양, 체, 척, 법, 만, 듯: 의존 명사(띄어쓰기) 예 애써 태연한 척을 했다.
  - 양, 체, 척, 만, 법, 듯 + '하다/싶다'

보조 용언(한 단어로 붙여쓰기)	예 • 그는 매사에 아는 척한다. • 먹구름이 낀 것이 폭우가 올 듯하다.
중간에 조사가 들어갈 경우: 띄어쓰기	예 • 잘난 체를 하다. • 하늘을 보니 비가 올 듯도 하다.

개념 더하기 보조 용언 관련 조항 해설

본용언이 합성어나 파생어라도 그 활용형이 2음절인 경우, 붙여 쓴 말이 너무 긴 것은 아니므로 본용언과 보조 용언을 붙여 쓸 수 있다.

예 • 나가 버렸다(○) / 나가버렸다(○)
• 더해 줬다(○) / 더해줬다(○)

(4) 고유 명사 및 전문 용어

① 제48항 ~ 제50항

- 성과 이름, 성과 호
  - 붙여쓰기 예 김양수(金良洙), 서화담(徐花潭)
  - 덧붙는 호칭어나 관직명: 띄어쓰기 예 채영신 씨, 최치원 선생, 충무공 이순신 장군
  - 분명히 구분할 필요가 있는 경우: 띄어쓰기 허용 예 남궁억(○) / 남궁 억(○)
- 성명 이외의 고유 명사: 단어별로 띄어쓰기(원칙)/단위별로 띄어쓰기(허용)

예 • 대한 중학교(○) / 대한중학교(○)
• 한국 대학교 사범 대학(○) / 한국대학교 사범대학(○)

실전 학습 문제

정답 및 해설 27p

[01~02] 다음 글을 읽고 물음에 답하시오.

한글 맞춤법 제1항을 보면, '한글 맞춤법은 표준어를 소리대로 적되, 어법에 맞도록 함을 원칙으로 한다.'라고 나와 있다. 한글 맞춤법의 기본적인 원칙은 표준어를 소리 나는 대로 적는 것이다. 그러나 단어나 문장이 만들어지는 과정에서 소리가 바뀌는 경우에는 사정이 달라진다. 그래서 함께 제시된 것이 '어법에 맞도록' 적는다는 원칙이다. 어법에 맞게 적는다는 것은 형태소들이 만나 소리가 바뀔지라도 형태소의 본 모양을 밝히어 적는 것을 의미한다.

국어의 단어와 문장은 형태소들이 결합하여 만들어진다. 형태소는 체언이나 용언의 어간 등 실질적인 의미를 표시하는 실질 형태소와, 접사나 용언의 어미, 조사처럼 실질 형태소에 결합하여 보조적 의미를 덧붙이거나 문법적 관계를 표시하는 형식 형태소로 나뉜다. 예를 들어 '꽃나무', '덮개'를 보면 실질 형태소(꽃, 나무)끼리 만나 이루어지거나 실질 형태소(덮-)에 형식 형태소(-개)가 붙어 단어가 만들어진다. 또한 '모자를 쓰다'에서는 실질 형태소(모자, 쓰-)에 각각 형식 형태소(를, -다)가 붙어 문장이 만들어진다.

그렇다면 어떠한 경우에 '어법에 맞도록' 적어야 할까? 체언에 조사가 붙거나 용언의 어간에 어미가 붙어 소리가 바뀔 때 형태를 밝히어 적는다. 예를 들어 '꽃이'는 [꼬치]로, '잡아'는 [자바]로 발음되지만 각각 '꽃이', '잡아'와 같이 실질 형태소와 형식 형태소를 구별하여 적어야 한다.

두 개의 용언이 어울려 한 개의 용언이 될 때에 '들어가다'처럼 앞말의 본뜻이 유지되고 있는 것은 그 원형을 밝히어 적는다. 다만, '드러나다'처럼 앞말이 그 본뜻에서 멀어진 것은 원형을 밝히어 적지 않는다.

어근에 접사가 붙어 새로운 말이 만들어질 때에도 소리 나는 대로 적지 않고 형태를 밝히어 적는다. 예를 들어 '삶'은 '살다'의 어간 '살-'에 접미사 '-ㅁ'이 붙어서 파생된 명사로 [삼:]이라 발음되지만 '삶'으로 적는다. 그리고 '많이'는 '많다'의 어간 '많-'에 접미사 '-이'가 붙어서 부사가 된 것으로 [마:니]라고 발음되지만 '많이'로 적는다. 이처럼 ㉠ <u>용언의 어간에 '-이'나 '-음/-ㅁ'이 붙어서 명사로 된 것</u>과 ㉡ <u>용언의 어간에 '-이'나 '-히'가 붙어서 부사로 된 것</u>은 그 어간의 원형을 밝히어 적는다. 다만, ㉢ <u>어간에 '-이'나 '-음'이 붙어서 명사로 바뀐 것이라도 그 어간의 뜻과 멀어진 것은 원형을 밝히어 적지 않는다.</u>

01 윗글을 바탕으로 <보기>를 탐구한 내용으로 적절하지 <u>않은</u> 것은?

보기
- ⓐ <u>먹을</u> 것은 많았지만, 마음 편히 먹고 있을 ⓑ <u>수만은</u> 없었다.
- 집으로 ⓒ <u>돌아오다가</u> 너무 지쳐 ⓓ <u>쓰러질</u> 뻔했다.

① ⓐ는 용언의 어간 '먹-'에 어미 '-을'이 결합했으므로 형태를 밝히어 적었군.
② ⓑ는 실질 형태소 '수'와 형식 형태소 '만', '은'이 결합했으므로 형태를 밝히어 적지 않았군.
③ ⓒ는 앞말의 본뜻이 유지되고 있으므로 형태를 밝히어 적었군.
④ ⓓ는 앞말이 본뜻에서 멀어졌으므로 형태를 밝히어 적지 않았군.

02 밑줄 친 부분이 윗글의 ㉠~㉢에 해당하는 예로 적절하지 <u>않은</u> 것은?

① ㉠ : 나는 물고기에게 <u>먹이</u>를 주었다.
② ㉠ : 그의 희생을 <u>높이</u> 예찬했다.
③ ㉡ : 그 사람의 명성은 <u>익히</u> 들어 알고 있다.
④ ㉢ : 그들은 새로 만든 도로의 <u>너비</u>를 측정했다.

03 <보기>의 '한글 맞춤법 규정'을 바탕으로 <학생의 글>을 평가한 내용으로 적절하지 않은 것은?

> 보기
>
> **제5항** 한 단어 안에서 뚜렷한 까닭 없이 나는 된소리는 다음 음절의 첫소리를 된소리로 적는다.
> 1. 두 모음 사이에서 나는 된소리
>   예 해슥하다(X) → 해쓱하다(O), 으듬(X) → 으뜸(O)
> 2. 'ㄴ, ㄹ, ㅁ, ㅇ' 받침 뒤에서 나는 된소리
>   예 산듯하다(X) → 산뜻하다(O), 담북(X) → 담뿍(O)
> 3. 다만, 'ㄱ, ㅂ' 받침 뒤에서 나는 된소리는, 같은 음절이나 비슷한 음절이 겹쳐 나는 경우가 아니면 된소리로 적지 아니한다.
>   예 국쑤(X) → 국수(O), 갑짜기(X) → 갑자기(O)

> <학생의 글>
>
> ⓐ 아이는 옷을 거꾸로 입었다.
> ⓑ 소녀는 부끄러운지 얼굴을 살짝 붉혔다.
> ⓒ 그는 잘 익은 깍뚜기를 한 입 베어 물었다.
> ⓓ 어머니께서는 가위로 옷감을 싹둑 자르셨다.

① ⓐ의 '거꾸로'는 제5항 - 1의 규정에 따른 올바른 표기입니다.

② ⓑ의 '살짝'은 제5항 - 2의 규정에 따라 '살작'으로 표기해야 합니다.

③ ⓒ의 '깍뚜기'는 제5항 - 3의 규정에 따라 '깍두기'로 고쳐야 합니다.

④ ⓓ의 '싹둑'은 제5항 - 3의 규정에 따른 올바른 표기입니다.

04 <보기>를 바탕으로 된소리 표기에 대해 탐구한 내용으로 적절하지 않은 것은?

> 보기
>
> **제5항** 한 단어 안에서 뚜렷한 까닭 없이 나는 된소리는 다음 음절의 첫소리를 된소리로 적는다.
> 1. 두 모음 사이에서 나는 된소리
> 2. 'ㄴ, ㄹ, ㅁ, ㅇ' 받침 뒤에서 나는 된소리
>   다만, 'ㄱ, ㅂ' 받침 뒤에서 나는 된소리는, 같은 음절이나 비슷한 음절이 겹쳐 나는 경우가 아니면 된소리로 적지 아니한다.
>
> **제13항** 한 단어 안에서 같은 음절이나 비슷한 음절이 겹쳐 나는 부분은 같은 글자로 적는다.
>
> **제53항** 다음과 같은 어미는 예사소리로 적는다.
> -(으)ㄹ거나, -(으)ㄹ걸, -(으)ㄹ게, -(으)ㄹ세, -(으)ㄹ세라, -(으)ㄹ시, -(으)ㄹ수록, -(으)ㄹ지, -(으)ㄹ지언정, -(으)ㄹ지니라, -(으)ㄹ지라도, -(으)ㄹ지어다, -(으)ㄹ진대, -(으)ㄹ진저, -올시다
> 다만, 의문을 나타내는 다음 어미들은 된소리로 적는다.
> -(으)ㄹ까?, -(으)ㄹ꼬?, -(스)ㅂ니까?, -(으)리까?, -(으)ㄹ쏘냐?
>
> **제54항** 다음과 같은 접미사는 된소리로 적는다.
> -꾼, -때기, -깔, -꿈치, -빼기, -쩍다

① '싹뚝'이 아니라 '싹둑'으로 적는 것은 '법석'을 표기할 때 적용된 규정을 따른 것이군.

② '똑딱똑딱', '짭짤하다'라고 적는 이유는 한 단어 안에 비슷한 음절이 겹쳐 나는 경우이기 때문이군.

③ '할게', '할까'는 [할께]와 [할까]로 발음되지만 된소리 표기와 관련해 차이가 있군.

④ '뚝빼기'가 아니라 '뚝배기'로 적는 것은 '곱빼기'를 표기할 때 적용된 규정을 따른 것이군.

실전 학습 문제

05 다음 글을 읽고 추론한 것으로 옳지 않은 것은?

제1항 한글 맞춤법은 표준어를 소리대로 적되, 어법에 맞도록 함을 원칙으로 한다.

제5항 한 단어 안에서 뚜렷한 까닭 없이 나는 된소리는 다음 음절의 첫소리를 된소리로 적는다.

1. 두 모음 사이에서 나는 된소리
   예 해슥하다(X) → 해쓱하다(O), 으듬(X) → 으뜸(O)
2. 'ㄴ, ㄹ, ㅁ, ㅇ' 받침 뒤에서 나는 된소리
   예 산듯하다(X) → 산뜻하다(O), 담북(X) → 담뿍(O)
3. 다만, 'ㄱ, ㅂ' 받침 뒤에서 나는 된소리는, 같은 음절이나 비슷한 음절이 겹쳐 나는 경우가 아니면 된소리로 적지 아니한다.

제6항 'ㄷ, ㅌ' 받침 뒤에 종속적 관계를 가진 '-이(-)'나 '-히-'가 올 적에는 그 'ㄷ, ㅌ'이 'ㅈ, ㅊ'으로 소리 나더라도 'ㄷ, ㅌ'으로 적는다.(ㄱ을 취하고, ㄴ을 버림.)

ㄱ	ㄴ	ㄱ	ㄴ
맏이	마지	핥이다	할치다
해돋이	해도지	걷히다	거치다
굳이	구지	닫히다	다치다
같이	가치	묻히다	무치다
끝이	끄치		

제7항 'ㄷ' 소리로 나는 받침 중에서 'ㄷ'으로 적을 근거가 없는 것은 'ㅅ'으로 적는다.
예 덧저고리, 돗자리, 엇셈, 웃어른, 핫옷

① '돗자리, 웃어른, 얼핏'은 제7항과 관련된 단어겠군.

② '소쩍새, 해쓱하다, 움찔'처럼 한 단어 안에서 뚜렷한 까닭 없이 나는 된소리는 다음 음절의 첫소리를 된소리로 적지만, '싹둑, 갑자기, 깍두기'는 된소리로 적지 않겠군.

③ '해돋이, 같이, 걷히다'처럼 'ㄷ, ㅌ' 받침 뒤에 종속적 관계를 가진 '-이(-)'나 '-히-'가 올 적에는 그 'ㄷ, ㅌ'이 'ㅈ, ㅊ'으로 소리나더라도 'ㄷ, ㅌ'으로 적겠군.

④ 한글 맞춤법은 표준어를 소리대로 적되, 어법에 맞도록 함을 원칙으로 하므로, '꽃을, 꽃이, 꽃밭'으로 적고 글자 그대로 읽겠군.

06 <보기>를 탐구한 내용으로 적절하지 않은 것은?

> 보기
>
> **제12항** 한자음 '라, 래, 로, 뢰, 루, 르'가 단어의 첫머리에 올 적에는, 두음 법칙에 따라 '나, 내, 노, 뇌, 누, 느'로 적는다.
>
> [붙임 1] 단어의 첫머리 이외의 경우에는 본음대로 적는다.
>
> [붙임 2] 접두사처럼 쓰이는 한자가 붙어서 된 단어는 뒷말을 두음 법칙에 따라 적는다.

① '광한루(廣寒樓)'는 제12항에 따라 '광한누'로 적어야 하는군.

② '락원(樂園)'은 제12항에 따라 '낙원'으로 적어야 하는군.

③ '지뢰(地雷)'는 [붙임 1]에 따라 '지뢰'로 적어야 하는군.

④ '상노인(上老人)'은 [붙임 2]에 따라 '상노인'으로 적어야 하는군.

07 다음 글을 따라 올바르게 표기하지 않은 것은?

> 두음법칙은 한자음 '녀, 뇨, 뉴, 니'가 단어 첫머리에 올 적에는 두음 법칙에 따라 '여, 요, 유, 이'로 적고, '랴, 려, 례, 료, 류, 리'가 단어의 첫머리에 올 적에는 '야, 여, 예, 요, 유, 이'로 적으며, '라, 래, 로, 뢰, 루, 르'가 단어의 첫머리에 올 적에는 '나, 내, 노, 뇌, 누, 느'로 적어야 한다. 예를 들어 '歷史'은 한자 '지낼 력(歷)'과 '역사 사(史)'가 결합되었지만, 두음법칙에 의해서 '역사'로 표기한다.
>
> 하지만 두음법칙을 적용하는 것과 두음법칙을 적용하지 않는 2가지 형태를 모두 사용하는 경우도 있다. 烈(렬), 率(률)과 같은 단어는 '열', '렬'과 '율', '률'로 모두 사용되는데 예를 들어, '先烈(선렬), 比率(비률)'과 같은 한자어에서 이들 단어는 각각 [서녈, 비율]로 발음되는 현실을 고려하여 두음법칙을 적용하여 '선열, 비율'로 적는다. 즉, '열', '율', '렬, 률'로 끝나는 한자어는 모음이나 'ㄴ' 받침 뒤에 올 때, 두음법칙에 따라 '열, 율'로 표기하고, 그 외의 경우에는 '렬, 률'로 표기한다.
>
> 또한 고유어나 외래어 뒤에 1음절 한자어가 결합한 경우에 뒤에 오는 한자어는 하나의 단어로 인식되므로, 독립성이 있다고 보아 '스포츠-난, 구름-양'과 같이 두음법칙을 적용한다. 하지만 한자어 뒤에 있는 1음절의 한자어는 모두 '독자-란', '강수량'과 같이 두음법칙을 적용하지 않고 '란' 또는 '량'으로 적는다.

① 합격률(合格率), 학습란(學習欄)

② 명중률(命中率), 투고란(投稿欄)

③ 백분율(百分率), 왕능(王陵)

④ 독자란(讀者欄), 실패율(失敗率)

실전 학습 문제

08 <보기 1>을 바탕으로 <보기 2>의 ㉠ ~ ㉣에 대해 탐구한 내용으로 적절하지 않은 것은?

> 보기 1
>
> **제15항** 용언의 어간과 어미는 구별하여 적는다.
>
> [붙임 1] 두 개의 용언이 어울려 한 개의 용언이 될 적에, 앞말의 본뜻이 유지되고 있는 것은 그 원형을 밝히어 적고, 그 본뜻에서 멀어진 것은 밝히어 적지 아니한다.
>
> **제19항** 어간에 '-이'나 '-음/-ㅁ'이 붙어서 명사로 된 것과 '-이'나 '-히'가 붙어서 부사로 된 것은 그 어간의 원형을 밝히어 적는다.
>
> **제23항** '-하다'나 '-거리다'가 붙는 어근에 '-이'가 붙어서 명사가 된 것은 그 원형을 밝히어 적는다.

> 보기 2
>
> - 모퉁이를 돌자 갯벌이 ㉠ 드러났다.
> - 냉장고에 넣지 않았더니 ㉡ 얼음이 다 녹았다.
> - 산의 ㉢ 노피를 측정해 보다.
> - 영희는 다이어트에 성공해서 ㉣ 홀쭈기가 되었다.

① ㉠은 제15항 [붙임 1]을 적용해 '드러났다'로 표기한 것이 적절하군.

② ㉡은 제19항을 적용해 '얼음'으로 표기한 것이 적절하군.

③ ㉢은 제23항을 적용해 '높이'로 정정해야겠군.

④ ㉣은 제23항을 적용해 '홀쭉이'로 정정해야겠군.

09 다음 중 ㉠ ~ ㉣에 대한 설명으로 적절하지 않은 것은?

> 한글맞춤법 제19항은 어간과 접미사가 결합할 때의 어간의 원형을 밝히는지의 여부를 설명하고 있다.
>
> 먼저 ㉠ 어간에 '-이'나 '-음/-ㅁ'이 붙어서 명사로 된 것과 ㉡ '-이'나 '-히'가 붙어서 부사로 된 것은 그 어간의 원형을 밝히어 적는다. '길이, 다듬이, 땀받이'나 '걸음, 웃음, 졸음' 등의 단어와 같이 명사가 된 형태나 '같이, 많이, 높이'나 '밝히, 익히, 작히'와 같이 부사가 된 형태가 그 예이다.
>
> 다만, ㉢ 어간에 '-이'나 '-음'이 붙어서 명사로 바뀐 것이라도 그 어간의 뜻과 멀어진 것은 원형을 밝히어 적지 아니한다. 예를 들어, 어간 '놀-'에 접미사 '-음'이 결합하여 '돈이나 재물 따위를 걸고 주사위, 골패 등을 써서 서로 내기를 하는 일'의 의미를 지닌 '노름'은 어간 '놀다'의 뜻에서 멀어진 형태이기 때문에 원형을 밝혀 쓰지 않는다.
>
> 또한 ㉣ 어간에 '-이'나 '-음' 이외의 모음으로 시작된 접미사가 붙어서 다른 품사로 바뀐 것은 그 어간의 원형을 밝히어 적지 아니한다. 예를 들어, '묻-'에 '-이'나 '-음' 이외의 모음 접미사 '-엄'이 결합하여 된 '무덤'은 '묻엄'으로 쓰지 않고 '무덤'으로 표기해야 한다.

① '먹-'에 '-이'가 붙은 '먹이'는 ㉠에 해당하겠군.

② '작-'에 '-히'가 붙은 '작히'는 ㉡에 해당하겠군.

③ '살-'에 '-ㅁ'이 붙은 '삶'은 ㉢에 해당하겠군.

④ '막-'에 '-암'이 붙은 '마감'은 ㉣에 해당하겠군.

10 다음 글에서 추론한 내용으로 적절하지 않은 것은?

> 한글맞춤법 제27항에 의하면 둘 이상의 단어가 어울리거나 접두사가 붙어서 이루어진 단어는 각각 원형을 밝히어 적는다. 예를 들어, '꽃'과 '잎'이 결합하는 합성어 '꽃잎'은 각각 단어의 원형을 그대로 밝혀서 표기하고 '헛-'과 '웃음'이 결합하는 접두 파생어 '헛웃음' 역시 각각의 원형을 그대로 밝혀서 적는다.
>
> 하지만 아래와 같은 경우에는 합성어나 접두 파생어로 이루어진 단어라 할지라도 원형을 밝히어 적지 않고 소리 나는 대로 적는 예외적인 표기를 해야 한다.
>
> 한글맞춤법 제27항 [붙임 2]에 따르면 어원이 분명하지 않은 것은 원형을 밝히어 적지 아니한다고 설명하고 있다. 즉, '골탕, 골병, 업신여기다, 며칠'과 같은 단어들은 어원이 분명하지 않기 때문에 모두 원형을 밝혀 적지 않고 소리 나는 대로 표기한 것이다.
>
> 제28항에서는 끝소리가 'ㄹ'인 말과 딴 말이 어울릴 적에 'ㄹ' 소리가 나지 아니하는 것은 원형을 밝히어 적지 않고 소리나는 대로 적는다고 하였다. 예를 들어, '딸'과 '-님'이 결합하는 경우 앞의 끝소리 'ㄹ'이 탈락하여 '따님'으로 표기하는 것을 말한다.
>
> 제29항에서는 끝소리가 'ㄹ'인 말과 딴 말이 어울릴 적에 'ㄹ' 소리가 'ㄷ'소리로 나는 것도 원형을 밝히어 적지 않고 'ㄷ'으로 적는다고 하였다. 따라서 '사흘'과 '날'이 결합하는 경우 단어는 '사흘날'이 아니라 '사흗날'로 표기해야 한다.
>
> 제31항에서는 두 말이 어울릴 적에 'ㅂ' 소리나 'ㅎ' 소리가 덧나는 것은 소리대로 적는다고 하였다. 따라서 '벼'와 '쌀'이 더해져 '볍쌀'로 표기하거나 '머리'와 '가락'이 더해져 '머리카락'이 된다.

① 접두사 '헛-'과 '웃음'은 원형을 그대로 밝혀 '헛웃음'으로 표기한다.

② '업신여기다'는 부사 '없이'와 용언 '여기다'가 결합한 형태로 어원을 분명하기 때문에 '없신여기다'로 표기한다.

③ '울-'과 '짖다'가 결합하는 경우에는 'ㄹ'이 탈락하여 '우짖다'로 적는다.

④ '바느질'과 '고리'가 결합하는 경우에는 제29항에 의해 '반짇고리'가 된다.

실전 학습 문제

11 학생들이 <보기>를 이해한 내용으로 적절한 것은?

> 보기
>
> **제1항** 한글 맞춤법은 ㉠ 표준어를 소리대로 적되, ㉡ 어법에 맞도록 함을 원칙으로 한다.
>
> **제9항** '의'나, 자음을 첫소리로 가지고 있는 음절의 'ㅢ'는 'ㅣ'로 소리 나는 경우가 있더라도 'ㅢ'로 적는다.
>
> **제27항** 둘 이상의 단어가 어울리거나 접두사가 붙어서 이루어진 말은 각각 그 원형을 밝히어 적는다.
>
> [붙임 1] 어원은 분명하나 소리만 특이하게 변한 것은 변한 대로 적는다.
>
> [붙임 2] 어원이 분명하지 아니한 것은 원형을 밝히어 적지 아니한다.
>
> [붙임 3] '이[齒, 虱]'가 합성어나 이에 준하는 말에서 '니' 또는 '리'로 소리 날 때에는 '니'로 적는다.
>
> [붙임 3 해설] '송곳이, 앞이'처럼 적으면 '송곳, 앞'에 주격 조사 '이'가 붙은 형식과 혼동됨으로써 [송고시, 아피]로 읽힐 수 있으며, 새끼 이를 '가랑이'로 적으면 끝이 갈라져 벌어진 부분을 이르는 '가랑이'와 혼동될 수 있다.

① 제27항의 예시로는 '밭일', '헛웃음' 등을 들 수 있겠군.

② 제27항 [붙임 2]의 예시로는 '알아가다', '붙잡다' 등을 들 수 있겠군.

③ '무늬만 호랑이이다'에서 '무늬'가 [무니]로 소리가 나더라도 '무늬'로 적는 것은 ㉠이 적용되었기 때문이군,

④ 제27항 [붙임 3]과 같이 적는 이유는 ㉡의 원칙에 따라 의미 혼동을 줄이고 의사소통의 효율을 늘리기 위해서이군.

12 <보기>는 준말에 관한 한글 맞춤법의 일부이다. 이를 적용한 내용으로 적절하지 않은 것은?

> 보기
>
> **제34항** [붙임 1] 'ㅐ, ㅔ' 뒤에 '-어, -었-'이 어울려 줄 적에는 준 대로 적는다. ········· ㉠
>
> **제35항** 모음 'ㅗ, ㅜ'로 끝난 어간에 '-아/-어, -았-/-었-'이 어울려 'ㅘ/ㅝ, ㅘㅆ/ㅝㅆ'으로 될 적에는 준 대로 적는다. ········· ㉡
>
> **제35항** [붙임 2] 'ㅚ' 뒤에 '-어, -었-'이 어울려 'ㅙ, ㅙㅆ'으로 될 적에도 준 대로 적는다.
>
> **제36항** 'ㅣ' 뒤에 '-어'가 와서 'ㅕ'로 줄 적에는 준 대로 적는다. ········· ㉢
>
> **제37항** 'ㅏ, ㅕ, ㅗ, ㅜ, ㅡ'로 끝난 어간에 '-이-'가 와서 각각 'ㅐ, ㅖ, ㅚ, ㅟ, ㅢ'로 줄 적에는 준 대로 적는다. ········· ㉣

① ㉠을 적용하면 '(날이) 개었다'와 '(나무를) 베어'는 각각 '갰다'와 '베'로 적을 수 있다.

② ㉡을 적용하면 '(다리를) 꼬아'와 '(죽을) 쑤었다'는 각각 '꽈'와 '쒔다'로 적을 수 있다.

③ ㉣을 적용할 때, 어간 '(발로) 차-'에 '-이-'가 붙은 '(발에) 차이-'에 '-었다'가 붙으면 '채었다'로 적을 수 있다.

④ ㉣을 적용한 후 ㉢을 적용할 때, 어간 '(오줌을) 누-'에 '-이-'가 붙은 '(오줌을) 누이-'에 '-어'가 붙으면 '뉘여'로 적을 수 있다.

13 다음 글에서 추론한 내용으로 적절하지 않은 것은?

> 한글맞춤법 제32항에 의하면 어간의 끝음절 '하'의 'ㅏ'가 줄고 'ㅎ'이 다음 음절의 첫소리와 어울려 거센소리로 될 적에는 거센소리로 적는다. '하' 앞말의 받침이 유성음인 'ㄴ, ㄹ, ㅁ, ㅇ'으로 끝나거나, 받침이 없이 모음으로 끝날 경우에는 '하'의 'ㅏ'가 떨어져 나가고 'ㅎ'이 뒷말과 결합하게 된다. 예로 '다정하다'의 경우 '하'의 앞말이 유성음 'ㅇ'으로 끝나기 때문에 '다정+ㅎ+다'가 되며 'ㅎ'과 '다'가 만나 거센소리 '타'로 바뀌면서 '다정타'가 된다. 반면 '넉넉하지'처럼 앞말의 받침이 유성음이 아닌 다른 자음이 왔을 경우에는 '하'가 통째로 사라져 '넉넉지'가 된다.
>
> 또한 한글맞춤법 제39항에 의하면 어미 '-지' 뒤에 '않 -'이 어울려 '-잖-'이 될 적과 '-하지' 뒤에 '않 -'이 어울려 '-찮-'이 될 적에는 준 대로 적는다고 하였다. 예를 들어, '적지 않다'의 경우 '적잖다'로 줄여 사용할 수 있고, '간편하지 않다'의 경우 '간편찮다'로 줄여 사용할 수 있다.

① '넉넉하지 않다'는 '넉넉잖다'로 줄여 사용할 수 있다.

② '흔하다'는 '흔타'라는 준말로 만들 수 있다.

③ '적지 않다'는 '적잖다'로 표기할 수 있다.

④ '생각컨대'는 '생각하건대'의 준말로 올바르다.

14 다음 글을 읽고 밑줄 친 부분이 한글 맞춤법에 맞지 않는 것은?

11. 사회복지직 9급 변형

> **제30항** 사이시옷은 다음과 같은 경우에 받치어 적는다.
>
> 1. 순우리말로 된 합성어로서 앞말이 모음으로 끝난 경우
>   (1) 뒷말의 첫소리가 된소리가 나는 것
>   (2) 뒷말의 첫소리 'ㄴ, ㅁ'앞에서 'ㄴ' 소리가 덧나는 것
>   (3) 뒷말의 첫소리 모음 앞에서 'ㄴㄴ' 소리가 덧나는 것
> 2. 순우리말과 한자어로 된 합성어로서 앞말이 모음으로 끝난 경우
>   (1) 뒷말의 첫소리가 된소리로 나는 것
>   (2) 뒷말의 첫소리 'ㄴ, ㅁ' 앞에서 'ㄴ' 소리가 덧나는 것
>   (3) 뒷말의 첫소리 모음 앞에서 'ㄴㄴ' 소리가 덧나는 것
> 3. 두 음절로 된 다음 한자어
>   곳간, 셋방, 숫자, 찻간, 툇간, 횟수

① 건물의 아랫층에는 사람이 살고 있는 것 같았다.

② 일이 하도 많아 밤샘 작업이 예삿일로 되어 버렸다.

③ 그는 비싼 자릿세를 꼬박꼬박 거둬들인다.

④ 그는 혓바늘이 서고 입맛이 깔깔하였다.

실전 학습 문제

15 **<보기>의 밑줄 친 ⓐ ~ ⓓ에 따라 ㉠ ~ ㉣을 분석했을 때, 차이나는 1가지 조건으로 적절하지 않은 것은?**

> 보기
>
> '한글 맞춤법'에 따르면, 사이시옷을 표기하는 데에는 많은 조건이 필요하다. 사이시옷은 우선 ⓐ 단어 분류상 '합성 명사'이어야 한다. 또한 ⓑ 결합하는 두 말의 어종이 '고유어+고유어·고유어+한자어·한자어+고유어' 중의 하나에 속해야 하며 ⓒ 결합하는 두 말 중 앞말이 모음으로 끝나야 한다.
>
> 위의 조건이 모두 해당할 때, 마지막으로 두 말이 결합하며 ⓓ 발생하는 음운 현상이 다음 중 하나이어야 한다.
>
> • 앞말 끝소리에 'ㄴ' 소리가 덧남.
> • 앞말 끝소리와 뒷말 첫소리에 각각 'ㄴ' 소리가 덧남.
> • 뒷말 첫소리가 된소리로 바뀜.
>
> ㉠~㉣ 각각의 쌍은 위 조건 ⓐ~ⓓ 중 1가지 조건만 차이가 나서 사이시옷 표기 여부가 갈린 예이다.

	사이시옷이 없는 단어	사이시옷이 있는 단어
㉠	도매가격[도매까격]	도맷값[도매깝]
㉡	전세방[전세빵]	아랫방[아래빵]
㉢	버섯국[버섣꾹]	조갯국[조개꾹]
㉣	인사말[인사말]	존댓말[존댄말]

① ㉠: ⓐ

② ㉡: ⓑ

③ ㉢: ⓒ

④ ㉣: ⓓ

16 **다음은 수업의 일부이다. 이를 참고할 때, 띄어쓰기가 바르게 된 문장은?**

> **영희**: 철수야 '만큼'은 앞말과 띄어쓰는 경우도 있고 붙여 쓰는 경우도 있던데 어떻게 해야 해? 좀 가르쳐줄래?
>
> **철수**: 품사에 따라 띄어쓰기가 달라져. '네가 집만큼은 매우 아끼는 것을 알아.'에서처럼 '집'이라는 체언 뒤에 붙어서 한정의 뜻을 나타낼 때의 '만큼'은 조사이기 때문에 앞말과 붙여 써야 해. 그런데 '그녀가 웃을 만큼 재미있는 이야기였다.'에서의 '만큼'은 체언을 수식하는 관형어 '웃을' 뒤에 붙어서 '앞의 내용에 상당한 수량이나 정도임을 나타내는 말'이라는 뜻을 나타내는 의존 명사이기 때문에 앞말과 띄어쓰기를 하지.
>
> **영희**: '만큼'과 같이 띄어쓰기가 달라지는 예가 더 있어?
>
> **철수**: 대표적인 예로 '뿐, 대로'가 있고, 그 단어들도 모두 '만큼'과 마찬가지로 구분하면 돼.

① 아는대로 모두 말하여라.

② 영희는 말 만큼은 누구보다 앞선다.

③ 일이 자기 생각 대로 되었다.

④ 이제 놀 만큼 충분히 놀았다.

17 <보기>를 참고할 때, 붙여 쓸 수 없는 것은?

> 보기
>
> 용언에는 그 쓰임에 따라 본용언과 보조 용언으로 나눌 수 있다. 본용언은 문장의 주어를 서술해 주는 주된 말로 보조 용언의 도움을 받는다. 반면에 보조 용언은 본용언과 함께 사용하며 본용언의 뜻을 보충하는 역할을 하고 단독으로 주어를 서술하지 못한다. 보조 용언은 기본적으로 띄어 쓰는 것이 원칙이지만 다음의 조건을 만족할 때는 붙여 쓸 수도 있다.
>
> (1) '본용언 + -아/-어 + 보조 용언' 구조
> (2) 관형사형 + (양/체/만/척/법/만/듯... + 하다, 듯/성 +싶다)' 구조
>
> 단 위의 조건을 만족하더라도 앞말에 조사가 붙거나 본용언이 합성어 또는 파생어이고, 어간이 3음절 이상이라면 붙여 쓸 수 없다.

① 이번 분란은 어떻게든지 막아내겠다.
② 신발이 강물에 떠내려가버렸다.
③ 영희는 실연의 슬픔을 이겨냈다.
④ 그게 거짓말은 아닌성싶다.

18 <보기>의 (가)를 바탕으로 (나)의 밑줄 친 부분을 평가한 내용으로 적절하지 않은 것은?

> 보기
>
> (가) 한글 맞춤법 규정
> **제2항** 문장의 각 단어는 띄어 씀을 원칙으로 한다.
> **제41항** 조사는 그 앞말에 붙여 쓴다.
> **제42항** 의존 명사는 띄어 쓴다.
> **제43항** 단위를 나타내는 명사는 띄어 쓴다.
> **제47항** 보조 용언은 띄어 씀을 원칙으로 하되, 경우에 따라 붙여 씀도 허용한다.
>
> (나) ㉠ 영희는 연필 한자루를 샀을뿐이다.
> ㉡ 영희를 이해해줄 사람은 너뿐이다.

① ㉠의 '자루'는 제43항에 따라 '한'과 띄어 써야겠군.
② ㉡의 '뿐'은 제42항에 따라 ㉢의 '뿐'과 달리 붙여 써야겠군.
③ ㉡의 '이해해'와 '줄'은 띄어 쓰는 것이 원칙이지만 제47항에 따라 붙여 쓰는 것도 허용되겠군.
④ ㉡의 '이다'는 제2항에 따라 '뿐'과 띄어 써야겠군.

실전 학습 문제

19 다음 글과 <보기>를 바탕으로 추론한 것으로 적절하지 않은 것은?

문장의 의미를 빠르고 정확하게 전달하기 위해서 띄어쓰기를 사용한다. 띄어쓰기에는 여러 조항들이 있다. 먼저 '먹을 만큼 먹어라', '그가 떠난 지가 오래다'의 '만큼'이나 '지'와 같은 의존 명사는 띄어 쓴다. 비록 의미상으로는 그 앞에 반드시 꾸며주는 말이 있어야 쓸 수 있는 의존적인 말이지만, 자립 명사와 같은 명사 기능을 하므로 단어로 취급한다. 또한 '수'를 적을 적에는 '만(萬)' 단위로 띄어 쓴다. 예를 들어, '3456만 7898'을 띄어쓰는 경우 '삼천사백오십육만 칠천팔백구십팔'로 표기해야 한다.

'잎이, 잎도, 집에서, 비는커녕'과 같이 조사는 그 앞말에 붙여 쓴다. 조사는 단어에 속하지만 자립성이 없어 다른 말에 의존해서만 나타나기 때문에 앞말에 붙여 쓴다. 이는 어간과 어미의 형태를 지닌 말에서도 마찬가지이다.

다음으로 단음절로 된 단어가 연이어 나타날 적에는 붙여 쓸 수 있다. 여기서 단음절이란 1음절의 형태를 생각하면 되는데, 예를 들어 '이 말 저 말'의 경우 단음절이 연이어 나오는 형태로 '이말 저말'로 붙여쓰기가 가능하다. 띄어쓰기의 목적은 글을 읽는 이가 의미를 바르고 빠르게 파악하게 하는 것이다. 그런데 한 음절로 된 단어가 여럿이 연속해서 나올 때 단어별로 띄어 쓰면 오히려 의미를 정확하고 빠르게 파악하기 더 어렵다. 그런 점을 고려하여 다음과 같이 붙여 쓸 수 있도록 규정한 것이다.

성과 이름, 성과 호 등은 붙여 쓰고, 이에 덧붙는 호칭어, 관직명 등은 띄어 쓴다. 예를 들어 '김양수(金良洙)', '서화담(徐花潭)'과 같이 성과 이름은 붙여 쓰고 성과 호 역시 붙여 쓴다. 성과 이름, 호를 함께 사용하는 경우에는 '화담 서경덕'과 같이 쓴다. 반면 '채영신 씨', '최치원 선생'과 같이 호칭어와 관직명은 띄어 쓴다. 다만, 성과 이름, 성과 호를 분명히 구분할 필요가 있을 경우, '남궁억/남궁 억', '독고준/독고 준'과 같이 띄어 쓸 수 있다.

보기

- 어제 ㉠ 김 사장과 만났다.
- 올해 우리나라는 자동차를 ㉡ 칠천팔백구십팔 대를 팔았다.
- 구름에 달 ㉢ 가듯이 가는 나그네.
- 나뭇잎이 ㉣ 한 잎 두 잎 떨어지기 시작했다.

① ㉠으로 보아, '최 과장, 충무공 이순신 장군'이라고 써야 할 거야.

② ㉡의 사례로 볼 때, '이억삼천'은 붙여 써야 해.

③ ㉢의 사례로 볼 때, '비 온 후에 죽순이 돋듯이'의 '돋듯이'도 붙여 써야 해.

④ ㉣로 보아 '잔 듯 만 듯'은 '잔듯 만듯'으로도 쓸 수 있겠어.

20 다음 글을 읽고 <보기>에 대해 추론한 내용으로 적절하지 않은 것은?

> 우리말에는 의미 구분을 명확하게 해주기 위해서 띄어쓰기를 사용한다. 띄어쓰기에는 여러 가지 조항들이 있다. 먼저 조사는 '꽃이, 꽃에서부터, 꽃입니다'와 같이 그 앞에 붙여 쓴다. 어간 뒤에 의존 명사나 단위를 나타내는 명사 및 열거하는 말 등은 띄어 쓴다. 예를 들어 '아는 것이 힘이다'의 '것'은 앞에 있는 관형어 '아는'에 의존하는 의존 명사로 앞말과 띄어쓰기를 해야 한다. 단위 역시 띄어 쓰는 것이 원칙인데 '집 한 채, 신 두 켤레, 북어 한 쾌' 등의 표기가 그러하다. 다만 순서를 나타내는 경우나 아라비아 숫자와 어울리어 쓰이는 경우에는 붙여 쓸 수 있다. 예를 들어, '제삼 장'의 '장'은 순서를 나타내는 단위이기 때문에 '제삼장'으로도 쓰이며, '7 미터'의 '미터'는 아라비아 숫자와 어울려 쓰이는 경우이기 때문에 '7미터'로 붙여쓰기를 할 수 있다. 또한 '국장 겸 과장, 열 내지 스물, 청군 대 백군'과 같이 두 말을 이어주거나 열거할 적에 쓰이는 말들은 띄어 쓴다.

보기

ⓐ	읽을 것이 많다.	올 만큼 왔다.
ⓑ	과장 및 부장	고양이, 강아지 따위
ⓒ	육 층 / 삼 등	육층 / 삼등
ⓓ	별처럼	울고

① ⓐ를 보니, 의존 명사는 의존 명사를 수식하는 말과 띄어 쓰는군.

② ⓑ를 보니, 두 말을 이어 주거나 열거할 때 쓰이는 말은 띄어 쓰는군.

③ ⓒ를 보니, 순서를 나타내는 말은 단위와 띄어 쓰는 것과 붙여 쓰는 것의 표기가 모두 가능하군.

④ ⓓ를 보니, 용언의 어미는 어간에 붙여서 쓰는 것을 알 수 있군.

정답 및 해설 27p

09 음운 변동

1. 교체(XAY → XBY)

(1) 음절의 끝소리 규칙

① 홀로 쓰이거나 자음으로 시작하는 뒷말이 결합할 때

홑받침	'ㄱ, ㄴ, ㄷ, ㄹ, ㅁ, ㅂ, ㅇ'의 7자음만이 음절의 끝소리(받침이 되는 소리)로 발음됨 예 박[박] 밭[받] 부엌[부억] 말[말] 솥[솓] 법[법] 방[방] 꽃[꼳] 숲[숩] 히읗[히읃]
겹받침	자음(음운) 2개 • 겹받침 'ㄳ, ㄵ, ㄼ, ㄽ, ㄾ, ㅄ' → [ㄱ, ㄴ, ㄹ, ㅂ] 예 • 넓다[널따]: 자음군 단순화(탈락), 된소리되기(교체) • 삯[삭]: 자음군 단순화(탈락) • 단, '밟다[밥ː 따], 넓둥글다[넙뚱글다], 넓적하다[넙쩌카다], 넓죽하다[넙쭈카다]'의 겹받침 'ㄼ'은 예외적으로 [ㅂ]으로 발음함 • 겹받침 'ㄺ, ㄻ, ㄿ' → [ㄱ, ㅁ, ㅂ] • 단, 'ㄺ'으로 끝나는 어간에 'ㄱ'으로 시작하는 어미가 결합하면 겹받침 'ㄺ'은 [ㄹ]로 발음함 예 맑고[말꼬]
쌍받침	• 'ㄲ' 예 밖[박](교체) • 'ㅆ' 예 있다[읻따](교체)

② 모음으로 시작하는 뒷말이 결합할 때

홑받침	형식 형태소(뜻이 없는 형태소) : 그대로 연음	예 같은[가튼], 낮이[나지], 부엌이[부어키], 꽃아[꼬자], 꽃을[꼬츨], 무릎에[무르페]
	실질 형태소(뜻이 있는 형태소) : 대표음으로 바꾼 후 연음	예 밭 아래[바다래], 늪 앞[느밥], 맛없다[마덥따], 헛웃음[허두슴], 꽃 위[꼬뒤], 무릎 아래[무르바래] '음'은 뜻이 없으므로 'ㅅ'은 그대로 연음
겹받침	형식 형태소: 뒤엣것만 연음	예 값을[갑쓸](이 경우, 'ㅅ'은 된소리로 발음함), 닭을[달글], 앉아[안자]
	실질 형태소: 대표음으로 바꾼 후 연음	예 값어치[가버치], 닭 아래[다가래], 닭 앞에[다가페]
쌍받침	형식 형태소 - 그대로 연음	예 깎아[까까], 밖에[바께], 있어[이써]

개념 더하기 받침의 발음

'홑받침, 겹받침, 쌍받침 + 모음으로 시작하는 형태소'의 발음

- 홑받침
  - 의미×: 옷이[오시](연음)
  - 의미○: 옷 위[옫위 → 오뒤](교체, 연음)
- 쌍받침 - 의미×: 밖이[바끼](연음)
- 겹받침
  - 의미×: 닭을[달글](연음)
  - 의미○: 닭 아래[닥아래 → 다가래](탈락, 연음)

겹받침 'ㄳ, ㄽ, ㅄ'의 발음

겹받침 'ㄳ, ㄽ, ㅄ' + 모음으로 시작하는 형식 형태소(뜻이 없는 말)

→ 'ㅅ'은 [ㅆ]으로 발음

→ 'ㅅ'이 [ㅆ]이 되었으므로 '교체'

예 삯이[삭씨], 외곬으로[외골쓰로 / 웨골쓰로], 값을[갑쓸]

개념 더하기 '한글 자음의 명칭 + 모음으로 시작하는 형식 형태소'의 발음

기역이[기여기]	니은이[니으니]	디귿이[디그시]	리을이[리으리]	미음이[미으미]
비읍이[비으비]	시옷이[시오시]	이응이[이응이]	지읒이[지으시]	치읓이[치으시]
키읔이[키으기]	티읕이[티으시]	피읖이[피으비]	히읗이[히으시]	

- 홑받침 뒤에 '모음으로 시작하는 형식형태소'가 오는 경우, 홑받침을 연음하여 발음하는 것이 원칙 예 부엌이[부어키], 무릎이[무르피]
- '디귿이, 이응이, 지읒이, 치읓이, 키읔이, 티읕이, 피읖이, 히읗이'는 예외적으로 연음하지 않고 다르게 발음함

(2) 자음 동화

① 비음화: 비음이 아닌 자음이 비음을 만나 비음으로 발음되는 현상

- [ㄱ, ㄷ, ㅂ] + [ㄴ, ㅁ] → [ㅇ, ㄴ, ㅁ] + [ㄴ, ㅁ]

  예 • 국물[궁물], 닫는[단는], 돕는[돔:는]

  • 꽃내음[꼳내음(교체-음절의 끝소리 규칙) → 꼰내음(교체-비음화)]

- [ㅁ, ㅇ] + [ㄹ] → [ㅁ, ㅇ] + [ㄴ]

  예 담력[담:녁], 종로[종노], 강릉[강능]

- [ㄱ, ㄷ, ㅂ] + [ㄹ] → [ㅇ, ㄴ, ㅁ] + [ㄴ]

  예 독립[동닙], 섭리[섬니], 왕십리[왕심니]

② 유음화: 'ㄴ'이 'ㄹ'의 앞이나 뒤에서 'ㄹ'로 변하는 현상

- [ㄴ] + [ㄹ] → [ㄹ] + [ㄹ]

  예 광한루[광:할루], 손난로[손날로]

- [ㄹ] + [ㄴ] → [ㄹ] + [ㄹ]

  예 칼날[칼랄], 찰나[찰라]

- <예외> 상견례[상견녜], 의견란[의:견난], 이원론[이:원논], 공권력[공꿘녁], 동원령[동:원녕], 결단력[결딴녁], 임진란[임:진난], 입원료[이붠뇨], 횡단로[횡단노/휑단노]
- <더 알아두기> 생산량[생산냥], 구근류[구근뉴], 추진력[추진녁], 신문로[신문노]

(3) 구개음화 — 교체

구개음이 아닌 자음 'ㄷ, ㅌ'이 모음 'ㅣ'나 반모음 'ㅣ'로 시작하는 형식 형태소를 만나 구개음 [ㅈ], [ㅊ]으로 바뀌는 현상

예 미닫이[미:다지], 여닫이[여:다지], 굳이[구지], 붙여[부쳐 → 부처], 쇠붙이[쇠부치/쉐부치]

└ [져, 쪄, 쳐] → [저, 쩌, 처]

(4) 된소리되기(경음화 현상) — 음절의 끝소리 규칙 이후에 적용

① 앞말의 받침 'ㄱ, ㄷ, ㅂ(ㅅ, ㅈ)' + 뒷말의 첫소리 'ㄱ, ㄷ, ㅂ, ㅅ, ㅈ'

└ 이는 '어간 + 어미', 단일어, 합성어, 파생어 등 모든 단어에서 발음되는 현상임

예 국밥[국빱], 역도[역또], 있지[읻찌], 입고[입꼬], 깎지[깍찌], 깎고[깍꼬]

② 용언 어간의 끝소리 'ㄴ(ㄵ), ㅁ(ㄻ)' + 뒷말의 첫소리 'ㄱ, ㄷ, ㅅ, ㅈ'

예 삼다[삼:따], 안고[안:꼬]

③ 용언 어간의 받침 'ㄺ, ㄼ, ㄾ' + 뒷말의 첫소리 'ㄱ, ㄷ, ㅅ, ㅈ'

예 맑고[말꼬], 넓다[널따], 핥다[할따]

④ 어간 + 관형사형 전성 어미 '-(으)ㄹ' + 'ㄱ, ㄷ, ㅂ, ㅅ, ㅈ'

- 된소리로 발음

  예 할 것을[할꺼슬], 할 바를[할빠를]

- <예외> 끊어서 말할 때에는 된소리로 발음하지 않음

  예 할 바를[할 바를], 볼 수가[볼 수가]

⑤ 한자어에서 'ㄹ' 받침 뒤 'ㄷ, ㅅ, ㅈ'

- 된소리로 발음

  ┌ 구성 물질(物質)[물찔] / 해녀들의 물질[물질]

  예 갈등(葛藤)[갈뜽], 발동(發動)[발똥], 물질(物質)[물찔], 발전(發展)[발쩐], 몰상식(沒常識)[몰쌍식]

(5) 모음 동화('ㅣ' 모음 역행 동화)

① 앞 음절의 후설 모음 'ㅏ, ㅓ, ㅗ, ㅜ, ㅡ'가 뒤 음절의 전설 모음 'ㅣ'의 영향으로 전설 모음 [ㅐ, ㅔ, ㅚ, ㅟ, ㅣ]로 변하여 발음되는 현상

예 어미[에미], 아비[애비], 고기[괴기], 먹이다[메기다], 뜯기다[띧끼다]

② <예외> 'ㅣ' 모음 역행 동화에 의해 표기가 바뀐 단어

구분	예	구분	예
1	냄비	7	멋쟁이
2	서울내기	8	골목쟁이 (골목에서 좀 더 깊숙이 들어간 좁은 곳)
3	신출내기	9	발목쟁이 ('발'을 속되게 이르는 말)
4	풋내기	10	(불을) 댕기다
5	소금쟁이	11	동댕이치다
6	담쟁이덩굴	-	-

└ 당기다 1. 좋아하는 마음이 일어나 저절로 끌리다. (땡기다 ×)
2. 물건 따위를 힘을 주어 자기 쪽이나 일정한 방향으로 가까이 오게 하다. (↔밀다)

개념 더하기 '-장이'와 '-쟁이'의 구별

- -장이: '그것과 관련된 기술을 가진 사람'의 뜻을 더하는 접미사로, 수공업적인 기술자에 결합함
  예 대장장이, 미장이, 석수장이
- -쟁이: '그것이 나타내는 속성을 많이 가진 사람'의 뜻을 더하는 접미사로, 수공업적인 기술자 외에 결합함
  예 욕심쟁이, 멋쟁이, 소금쟁이

2. 축약(XABY → XCY)

(1) 자음 축약: 'ㄱ, ㄷ, ㅂ, ㅈ'과 'ㅎ'이 만나 'ㅋ, ㅌ, ㅍ, ㅊ'이 되는 현상으로, 발음에만 나타나는 현상

① 'ㄱ, ㄷ, ㅂ, ㅈ' + 'ㅎ' → 'ㅋ, ㅌ, ㅍ, ㅊ'
예 축하[추카], 막혀[마켜], 입히다[이피다], 맞힌[마친], 젖히다[저치다]

② 'ㅎ' + 'ㄱ, ㄷ, ㅂ, ㅈ' → 'ㅋ, ㅌ, ㅍ, ㅊ' 예 놓고[노코], 많다[만:타]

(2) 모음 축약: 두 모음이 줄어들어 한 음절이 되는 현상(실제 표기에 반영됨)

① ㅗ + ㅏ → ㅘ 예 보 + 아라 → 봐라, 오 + 아서 → 와서, 오 + 아라 → 와라

② ㅜ + ㅓ → ㅝ 예 주 + 어라 → 줘라

3. 탈락(XAY → XØY)

(1) 자음 탈락: 음절의 끝 자음이 없어지는 음운 현상

① 'ㄹ' 탈락: '어간 + 어미'의 형태일 때, 용언 어간의 끝소리인 'ㄹ'이 어미의 첫소리 'ㄴ, ㄹ, ㅂ, ㅅ' 및 '-(으)오' 앞에서 탈락하는 현상
-ㄹ수록, -ㄹ지언정, -ㄹ뿐더러, -ㄹ망정, -ㄹ까

예 • 놀다: 노니, 논, 놉시다, 노시다, 노오
• 울다: 우니, 운, 웁시다, 우시다, 우오

② 'ㅎ' 탈락: 용언 어간 끝소리 'ㅎ'이 모음으로 시작하는 어미나 접미사와 결합할 때 탈락하는 현상(발음상의 탈락)
예 넣 + 어 → [너어], 놓 + 을 → [노을], 쌓 + 이 + 다 → [싸이다], 싫 + 어도 → [시러도]

개념 더하기 받침 'ㅎ(ㄶ, ㅀ)'의 발음(표준 발음법 제12항)

구분	예	음운 변동
'ㅎ'+'ㄱ, ㄷ, ㅂ, ㅈ' → [ㅋ, ㅌ, ㅍ, ㅊ]	놓고[노코]	축약
'ㅎ'+모음 → [Ø+모음]	놓아[노아]	탈락
'ㅎ'+'ㅅ' → [Ø+ㅆ]	놓소[노쏘]	탈락+교체
'ㅎ'+'ㄴ' → [ㄴ+ㄴ]	놓는[논는]	교체
'ㄶ'+'ㄴ' → [ㄴ+ㄴ]	끊는[끈는]	탈락
'ㅀ'+'ㄴ' → [ㄹ+ㄹ]	끓는[끌는 → 끌른]	탈락+교체

<붙임 1> 받침 'ㄱ(ㄺ), ㄷ, ㅂ(ㄼ), ㅈ(ㄵ)'+'ㅎ' → [ㅋ, ㅌ, ㅍ, ㅊ] 예 만형[마텽], 먹히다[머키다]

<붙임 2> [ㄷ]으로 발음되는 'ㅅ, ㅈ, ㅊ, ㅌ'+'ㅎ' → [ㅌ] 예 꽃 한 송이[꼳한송이 → 꼬탄송이], 옷 한 벌[온한벌 → 오탄벌]

(2) 모음 탈락: 두 모음이 연속될 경우, 하나의 모음이 탈락하는 음운 현상(표기상의 탈락)

① 'ㅡ' 탈락: 'ㅡ'로 끝나는 어간에 '아/어'로 시작하는 어미가 결합할 때 어간의 'ㅡ'가 탈락하는 현상 ('-아/어', '-아서/어서', '-아라/어라')

예
- 끄- + -어 → 꺼, 끄- + -어서 → 꺼서, 끄- + -어라 → 꺼라
- 잠그- + -아 → 잠가, 잠그- + -아서 → 잠가서, 잠그- + -아라 → 잠가라 (모음 조화 파괴)
- 담그- + -아 → 담가, 담그- + -아서 → 담가서, 담그- + -아라 → 담가라

② 동음 탈락: 동일한 모음이 연속될 때, 그 중 하나가 탈락하는 현상

예
- 가- + -아 → 가, 가- + -아서 → 가서, 가- + -아라 → 가라(동일한 모음 'ㅏ'가 탈락)
- 서- + -어 → 서, 서- + -어서 → 서서, 서- + -어라 → 서라(동일한 모음 'ㅓ'가 탈락)

개념 더하기 음운 변동의 종류

- 교체: 음절의 끝소리 규칙, 자음 동화, 구개음화, 모음 동화, 된소리되기
- 축약: 자음 축약, 모음 축약
- 탈락: 'ㄹ' 탈락, 'ㅎ' 탈락, 'ㅡ' 탈락, 동음 탈락, 자음군 단순화(겹받침)
- 첨가: 사잇소리 현상

4. 첨가(XØY → XAY)

(1) **사잇소리 현상**: 명사 + 명사의 합성어에서 일어나는 것이 원칙

① 'ㄴ' 첨가

- 자음 + 모음 'ㅣ', 반모음 'ㅣ'(ㅑ, ㅕ, ㅛ, ㅠ 등) ─ 파생어, 합성어, 두 단어 사이에서도 일어남

예 집 + 일 → 집일[짐닐], 콩 + 엿 → 콩엿[콩], 늑막 + 염 → 늑막염[능망념]

개념 더하기 표준 발음법 제29항

합성어 및 파생어에서, 앞 단어나 접두사의 끝이 자음이고 뒤 단어나 접미사의 첫음절이 '이, 야, 여, 요, 유'인 경우에는, 'ㄴ' 음을 첨가하여 [니, 냐, 녀, 뇨, 뉴]로 발음한다.

실전 학습 문제

정답 및 해설 31p

01 <보기>는 표준 발음에 대한 규정의 일부이다. 이를 바탕으로 할 때 발음이 적절하지 않은 것은?

> 보기
>
> **제8항** 받침소리로는 'ㄱ, ㄴ, ㄷ, ㄹ, ㅁ, ㅂ, ㅇ'의 7개 자음만 발음한다.
> 예 꽃[꼳] 솥[솓] 앞[압]
>
> **제9항** 받침 'ㄲ, ㅋ', 'ㅅ, ㅆ, ㅈ, ㅊ, ㅌ', 'ㅍ'은 어말 또는 자음 앞에서 각각 대표음 [ㄱ, ㄷ, ㅂ]으로 발음한다.
> 예 닦다[닥따] 키읔[키윽] 옷[옫] 뱉다[밷:따]
>
> **제10항** 겹받침 'ㄳ', 'ㄵ', 'ㄼ, ㄽ, ㄾ', 'ㅄ'은 어말 또는 자음 앞에서 각각 [ㄱ, ㄴ, ㄹ, ㅂ]으로 발음한다.
> 예 여덟[여덜] 넓다[널따] 핥다[할따] 값[갑]
> 다만, '밟-'은 자음 앞에서 [밥]으로 발음하고, '넓-'은 다음과 같은 경우에 [넙]으로 발음한다.
> 넓-죽하다 [넙쭈카다] 넓-적하다 [넙쩌카다]
> 넓-둥글다 [넙뚱글다]
>
> **제11항** 겹받침 'ㄺ, ㄻ, ㄿ'은 어말 또는 자음 앞에서 각각 [ㄱ, ㅁ, ㅂ]으로 발음한다.
> 다만, 용언의 어간 말음 'ㄺ'은 'ㄱ' 앞에서 [ㄹ]로 발음한다.
> 예 읽다[익따] 묽고[물꼬]
>
> **제13항** 홑받침이나 쌍받침이 모음으로 시작된 조사나 어미, 접미사와 결합되는 경우에는, 제 음가대로 뒤 음절 첫소리로 옮겨 발음한다.
> 예 옷이[오시] 무릎이[무르피] 꽃을[꼬츨]
>
> **제14항** 겹받침이 모음으로 시작된 조사나 어미, 접미사와 결합되는 경우에는, 뒤엣것만을 뒤 음절 첫소리로 옮겨 발음한다.(이 경우, 'ㅅ'은 된소리로 발음함.)
> 예 닭을[달글] 넋이[넉씨] 앉아[안자] 젊어[절머] 값을[갑쓸] 외곬으로[외골쓰로]
>
> **제15항** 받침 뒤에 모음 'ㅏ, ㅓ, ㅗ, ㅜ, ㅟ' 들로 시작되는 실질 형태소가 연결되는 경우에는, 대표음으로 바꾸어서 뒤 음절 첫소리로 옮겨 발음한다.
> 예 밭 아래[바다래] 늪 앞[느밥]
>
> [붙임] 겹받침의 경우에는, 그중 하나만을 옮겨 발음한다.
> 예 값어치[가버치] 닭 앞에[다가페]

① 이제야 동녘에서[동녀게서] 해가 떠오른다.

② 조용히 앉아 있는 닭 아래[다가래]에는 알들이 있었다.

③ 비가 그치고 난 후 날씨가 맑게[말께] 개었다.

④ 그녀는 하얀 눈을 밟고[밥꼬] 앞으로 나아갔다.

02 다음은 표준 발음법 조항의 일부이다. 밑줄 친 ㉠에 해당하는 것은?

> **제10항** ㉠ 겹받침 'ㄳ', 'ㄵ', 'ㄼ, ㄽ, ㄾ', 'ㅄ'은 어말 또는 자음 앞에서 각각 [ㄱ, ㄴ, ㄹ, ㅂ]으로 발음한다.
> 다만, '밟-'은 자음 앞에서 [밥]으로 발음하고, '넓-'은 다음과 같은 경우에 [넙]으로 발음한다.
> 넓-죽하다[넙쭈카다], 넓-적하다[넙쩌카다], 넓-둥글다[넙뚱글다]
>
> **제14항** 겹받침이 모음으로 시작된 조사나 어미, 접미사와 결합되는 경우에는, 뒤엣것만을 뒤 음절 첫소리로 옮겨 발음한다.(이 경우, 'ㅅ'은 된소리로 발음함.)

① 사과가 여덟 개 있다.

② 넋을 놓고 앉아 있었다.

③ 동생이 발을 밟고 지나갔다.

④ 좋은 물건을 사느라고 비싼 값을 치렀다.

03 <보기 1>의 ㉠~㉢에 해당하는 예를 <보기 2>에서 찾아 바르게 연결한 것은?

> 보기 1
>
> **제5항** 'ㅑ, ㅒ, ㅕ, ㅖ, ㅘ, ㅙ, ㅛ, ㅝ, ㅞ, ㅠ, ㅢ'는 이중 모음으로 발음한다.
>
> 다만 1. 용언의 활용에 나타나는 '져, 쪄, 쳐'는 [저, 쩌, 처]로 발음한다.
>
> 다만 2. '예, 례' 이외의 'ㅖ'는 [ㅔ]로도 발음한다.
>
> 다만 3. ㉠ 자음을 첫 소리로 가지고 있는 음절의 'ㅢ'는 [ㅣ]로 발음한다.
>
> 다만 4. ㉡ 단어의 첫 음절 이외의 '의'는 [ㅣ]로, ㉢ 조사 '의'는 [ㅔ]로 발음함도 허용한다.

> 보기 2
>
> 몽테스키외, 루소 등이 주창한 자유사상은 미국 독립 혁명에 큰 영향을 주었다. 1776년 7월 4일에 채택된 미국의 독립 선언문은 개인이 ⓐ 희망하는 대로 ⓑ 의사를 결정할 수 있는 권리를 역설하였고, 모든 권력은 국민의 ⓒ 동의에서 나와야하며, 정부는 ⓓ 국민의 안전과 행복을 우선적으로 도모해야 한다고 선언하였다.

	㉠	㉡	㉢
①	ⓐ	ⓑ	ⓒ
②	ⓐ	ⓒ	ⓓ
③	ⓑ	ⓓ	ⓐ
④	ⓒ	ⓑ	ⓓ

04 <보기>를 참고하여 발음한 것으로 적절한 것은?

> 보기
>
> • 받침소리는 'ㄱ, ㄴ, ㄷ, ㄹ, ㅁ, ㅂ, ㅇ'으로 발음된다.
>
> • 겹받침에 관한 발음 규정은 다음과 같다.
>
> - 겹받침 'ㄳ', 'ㄵ', 'ㄼ, ㄽ, ㄾ', 'ㅄ'의 경우 [ㄱ, ㄴ, ㄹ, ㅂ]으로 발음한다. 다만 '밟다'만은 예외적으로 [밥: 따]로 발음한다.
> - 겹받침 'ㄺ', 'ㄻ', 'ㄿ'의 경우 [ㄱ, ㅁ, ㅂ]으로 발음한다. 다만 용언의 어간 말음 'ㄺ'은 'ㄱ' 앞에서 [ㄹ]로발음한다.

① '넓고'는 [널꼬]로 발음해야겠군.

② '닮고'는 [담:꼬]로 발음해야겠군.

③ '묽고'는 [묵꼬]로 발음해야겠군.

④ '읊고'는 [읊:꼬]로 발음해야겠군.

05 표준 발음법을 참고하여 단어의 올바른 발음을 탐구한 내용으로 적절하지 <u>않은</u> 것은?

> [표준 발음법]
>
> **제13항** 홑받침이나 쌍받침이 모음으로 시작된 조사나 어미, 접미사와 결합되는 경우에는, 제 음가대로 뒤 음절 첫소리로 옮겨 발음한다.
>
> **제14항** 겹받침이 모음으로 시작된 조사나 어미, 접미사와 결합되는 경우에는, 뒤엣것만을 뒤 음절 첫소리로 옮겨 발음한다.

① '깎아'는 [까가]로 발음해야 한다.

② '여덟을'은 [여덜블]로 발음해야 한다.

③ '덮이다'는 [더피다]로 발음해야 한다.

④ '부엌이'는 [부어키]로 발음해야 한다.

실전 학습 문제

06 <보기>의 음운 현상에 대해 이해한 내용으로 적절하지 않은 것은?

보기

자음 동화란 자음과 자음이 만날 때 어느 한쪽이 다른 쪽을 닮아서 그와 같은 소리나 비슷한 소리로 바뀌는 현상, 또는 서로 동화되어 두 소리가 같거나 비슷한 소리로 바뀌는 현상을 말한다.

(가) 받침 'ㄱ, ㄷ, ㅂ'은 'ㄴ, ㅁ' 앞에서 [ㅇ, ㄴ, ㅁ]으로 발음 한다.

(나) 받침 'ㅁ, ㅇ'의 앞이나 뒤에서 'ㄹ'은 [ㄴ]으로 발음한다.

(다) 받침 'ㄱ, ㄷ, ㅂ'은 'ㄹ'과 결합할 때 [ㅇ, ㄴ, ㅁ]+ [ㄴ]으로 발음한다.

(라) 'ㄴ'은 'ㄹ'의 앞이나 뒤에서 [ㄹ]로 발음한다.
[붙임] 첫소리 'ㄴ'이 'ㅀ', 'ㄾ' 뒤에 연결되는 경우에도 이에 준한다. 다만, 다음과 같은 단어들은 'ㄹ'을 [ㄴ]으로 발음한다.

상견례[상견녜], 의견란[의:견난], 이원론[이:원논], 공권력[공꿘녁], 동원령[동:원녕], 결단력[결딴녁], 임진란[임:진난], 입원료[이붠뇨], 횡단로[횡단노]

① (가)를 바탕으로 하면 '손을 잡는 엄마'에서 '잡는'은 [잠는]으로 읽어야 한다.

② '종로'가 [종노]로 발음하는 것은 (나)의 적용을 받은 결과이다.

③ 자연의 섭리에서 '섭리'를 '섬니'로 발음하는 것은 (다)에 의한 결과이다.

④ (라)의 [붙임]을 고려하여, '감기를 앓는 동생'에서 '앓는'은 [알는]으로 발음해야 한다.

07 다음 글에 따라 <보기>의 ㉠ ~ ㉣을 활용하여 현대의 '구개음화'를 탐구한 것으로 적절하지 않은 것은?

제17항

받침 'ㄷ, ㅌ(ㄾ)'이 조사나 접미사의 모음 'ㅣ' 혹은 반치음 'ㅣ'와 결합되는 경우에는, [ㅈ, ㅊ]으로 바꾸어서 뒤 음절 첫소리로 옮겨 발음한다. 받침 'ㄾ'이 뒤에 조사나 접미사의 모음 'ㅣ' 혹은 반치음 'ㅣ'와 결합되는 경우에도 이에 준한다.

예 굳이[구지], 미닫이[미:다지], 밭이[바치], 벼훑이[벼훌치]

[붙임] 'ㄷ' 뒤에 접미사 '히'가 결합되어 '티'를 이루는 것은 [치]로 발음한다.

예 굳히다[구치다], 닫히다[다치다]

보기

㉠ 맏이[마지], 같이[가치]
㉡ 밭이[바치], 밭을[바틀]
㉢ 밑이[미치], 끝인사[끄딘사]
㉣ 해돋이[해도지], 견디다[견디다]

① ㉠을 보니, 'ㄷ'이나 'ㅌ' 뒤에 실질 형태소가 오는 경우 구개음화가 일어나는군.

② ㉡을 보니, 'ㅌ'이 특정한 모음과 만날 때 구개음화가 일어나는군.

③ ㉢을 보니, 'ㅌ' 뒤에 실질 형태소가 올 때는 구개음화가 일어나지 않는군.

④ ㉣을 보니, 하나의 형태소 내부에서는 구개음화가 일어나지 않는군.

08 <보기>를 참고하여 이해한 내용으로 적절하지 않은 것은?

> 보기
>
> 동화 현상은 한 음운이 인접하는 다른 음운의 성질을 닮아가는 현상이다. 동화에는 'ㄴ, ㅁ'의 앞에서 'ㄱ, ㄷ, ㅂ'이 'ㅇ, ㄴ, ㅁ'으로 변하는 비음화, 'ㄹ'의 앞뒤에서 'ㄴ'이 'ㄹ'로 변하는 유음화, 끝소리가 'ㄷ, ㅌ'인 형태소가 모음 'ㅣ'로 시작되는 형식 형태소와 만났을 때 'ㄷ, ㅌ'이 'ㅈ, ㅊ'으로 변하는 구개음화가 있다.

① '먹는다'는 [멍는다]로 발음해야 한다.
② '밭이'는 [바치]로 발음해야 한다.
③ '난리'는 [난니]로 발음해야 한다.
④ '땀받이'는 [땀바지]로 발음해야 한다.

09 <보기>는 표준 발음법 규정의 일부이다. 이 규정을 활용하여 해결할 수 있는 질문이 아닌 것은?

> 보기
>
> **제23항** 받침 'ㄱ(ㄲ, ㅋ, ㄳ, ㄺ), ㄷ(ㅅ, ㅆ, ㅈ, ㅊ, ㅌ), ㅂ(ㅍ, ㄼ, ㄿ, ㅄ)' 뒤에 연결되는 'ㄱ, ㄷ, ㅂ, ㅅ, ㅈ'은 된소리로 발음한다
> 예 국밥[국빱], 옷고름[옫꼬름], 옆집[엽찝]
>
> **제24항** 어간 받침 'ㄴ(ㄵ), ㅁ(ㄻ)' 뒤에 결합되는 어미의 첫소리 'ㄱ, ㄷ, ㅅ, ㅈ'은 된소리로 발음한다.
> 예 앉고[안꼬], 더듬지[더듬찌]
> 다만, 피동, 사동의 접미사 '-기-'는 된소리로 발음하지 않는다.
> 예 안기다[안기다], 감기다[감기다]
>
> **제25항** 어간 받침 'ㄼ, ㄾ' 뒤에 결합되는 어미의 첫소리 'ㄱ, ㄷ, ㅅ, ㅈ'은 된소리로 발음한다.
> 예 넓게[널께], 핥다[할따], 훑소[훌쏘], 떫지[떨:찌]
>
> **제27항** 관형사형 '-(으)ㄹ' 뒤에 연결되는 'ㄱ, ㄷ, ㅂ, ㅅ, ㅈ'은 된소리로 발음한다.
> 예 할 것을[할꺼슬], 할 바를[할빠를], 할 수는[할쑤는]
> 다만, 끊어서 말할 적에는 예사소리로 발음한다.
> [붙임] '-(으)ㄹ'로 시작되는 어미의 경우에도 이에 준한다.
> 예 할걸[할껄], 할수록[할쑤록]

① '덮개'는 [덥개]인가요, [덥깨]인가요?
② '갈등'은 [갈등]이 아니라 왜 [갈뜽]인가요?
③ '머금다'는 [머금다]가 아니라 [머금따]가 맞나요?
④ '남기다'는 [남끼다]가 아니라 왜 [남기다]인가요?

실전 학습 문제

10 **<보기>를 바탕으로 표준 발음법에 대해 탐구한 내용으로 적절하지 않은 것은?**

보기
제23항 받침 'ㄱ(ㄲ, ㅋ, ㄳ, ㄺ), ㄷ(ㅅ, ㅆ, ㅈ, ㅊ, ㅌ), ㅂ(ㅍ, ㄼ, ㄿ, ㅄ)' 뒤에 연결되는 'ㄱ, ㄷ, ㅂ, ㅅ, ㅈ'은 된소리로 발음한다. **제24항** 어간 받침 'ㄴ(ㄵ), ㅁ(ㄻ)' 뒤에 결합되는 어미의 첫소리 'ㄱ, ㄷ, ㅅ, ㅈ'은 된소리로 발음한다. 다만, 피동, 사동 접미사 '-기-'는 된소리로 발음하지 않는다. **제25항** 어간 받침 'ㄼ, ㄾ' 뒤에 결합되는 어미의 첫소리 'ㄱ, ㄷ, ㅅ, ㅈ'은 된소리로 발음한다.

① '따뜻한 국밥'에서 '국밥'은 제23항을 적용하여 [국빱]으로 발음해야겠군.

② '의자에 앉도록'에서 '앉도록'은 제24항을 적용하여 [안또록]으로 발음해야겠군.

③ '아이에게 신발을 신기다'에서 '신기다'는 제24항을 적용하여 [신기다]로 발음해야겠군.

④ '여덟과 아홉'에서 '여덟과'는 제25항을 적용하여 [여덜꽈]로 발음해야겠군.

11 **다음은 음운 변동에 대한 자료이다. 이에 대해 탐구한 내용으로 적절하지 않은 것은?**

• 받침 'ㄱ, ㄷ, ㅂ' 뒤의 'ㄱ, ㄷ, ㅂ, ㅅ, ㅈ'은 된소리로 발음한다. 예 국밥[국빱], 뻗다[뻗따] ······ ㉠ • 어간 받침 'ㄴ, ㅁ' 뒤의 어미의 첫소리 'ㄱ, ㄷ, ㅅ, ㅈ'은 된소리로 발음한다. 예 넘고[넘꼬] ······ ㉡ • 관형사형 '-ㄹ' 뒤의 'ㄱ, ㄷ, ㅂ, ㅅ, ㅈ'은 된소리로 발음한다. 예 할 수는[할쑤는], 만날 사람[만날싸람] ······ ㉢

① '국수'가 [국쑤]로 발음되는 것은 ㉠에 해당하는 것이겠군.

② '손짓'이 [손찓]으로 발음되는 것은 ㉡에 해당하는 것이겠군.

③ '껴안다[껴안따]'를 ㉡의 예로 추가할 수 있겠군.

④ '기쁜 소식[기쁜소식]'으로 보아 ㉢과 달리 관형사형 '-ㄴ' 뒤에서는 된소리되기가 일어나지 않는군.

12 **다음은 표준 발음법 수업의 일부이다. ㉠의 사례와 같은 것은?**

> **선생님:** '내복약'은 [내:봉냑]으로 발음됩니다. 이렇게 발음되는 이유는 'ㄴ' 첨가 현상과 비음화 현상이 일어났기 때문입니다. 'ㄴ' 첨가 현상은 단어와 단어가 결합할 때, 뒤 단어의 첫소리가 '이, 야, 여, 요, 유'인 경우에는, 'ㄴ' 음을 첨가하여 [니, 냐, 녀, 뇨, 뉴]로 발음하는 현상입니다. 비음화 현상은 'ㄱ, ㄷ(ㅅ, ㅊ), ㅂ'이 'ㄴ, ㅁ' 앞에서 [ㅇ, ㄴ, ㅁ]으로 발음되는 현상이고요. 그래서 ㉠ 내복약은 [내:복약→내:복냑→내:봉냑]으로 발음하게 되는 겁니다.

① 꽃-망울[꼰망울]

② 눈-요기[눈뇨기]

③ 영업-용[영엄뇽]

④ 휘발-유[휘발류]

13 **<보기 1>의 두 조항이 모두 적용된 사례를 <보기 2>에서 찾아 바르게 묶은 것은?**

> **보기 1**
>
> **제18항** 받침 'ㄱ(ㄲ, ㅋ, ㄳ, ㄺ), ㄷ(ㅅ, ㅆ, ㅈ, ㅊ, ㅌ, ㅎ), ㅂ(ㅍ, ㄼ, ㄿ, ㅄ)'은 'ㄴ, ㅁ' 앞에서 [ㅇ, ㄴ, ㅁ]으로 발음한다.
>
> **제29항** 합성어 및 파생어에서, 앞 단어나 접두사의 끝이 자음이고 뒤 단어나 접미사의 첫음절이 '이, 야, 여, 요, 유'인 경우에는, 'ㄴ' 음을 첨가하여 [니, 냐, 녀, 뇨, 뉴]로 발음한다.

> **보기 2**
>
> ㉠ 어느새 진달래 꽃잎[꼰닙]도 져 버렸구나.
>
> ㉡ 아기가 색연필[생년필]로 낙서를 마구 해 댔다.
>
> ㉢ 엄마는 고구마를 식용유[시공뉴]에 튀기고 계셨다.
>
> ㉣ 그녀는 아무 말 없이 직행열차[지캥녈차]를 타고 떠났다.

① ㉠, ㉡　　② ㉠, ㉢

③ ㉡, ㉢　　④ ㉡, ㉣

실전 학습 문제

14 <보기>는 표준 발음법의 일부이다. 각 항에 해당하는 사례를 바르게 짝지은 것은?

> 보기
>
> **제19항** 받침 'ㅁ, ㅇ' 뒤에 연결되는 'ㄹ'은 [ㄴ]으로 발음한다.
>
> **제29항** 합성어 및 파생어에서, 앞 단어나 접두사의 끝이 자음이고 뒤 단어나 접미사의 첫음절이 '이, 야, 여, 요, 유'인 경우에는, 'ㄴ' 음을 첨가하여 [니, 냐, 녀, 뇨, 뉴]로 발음한다.

	제19항	제29항
①	심리[심니]	두통약[두통냑]
②	콩엿[콩녇]	한여름[한녀름]
③	국물[궁물]	부엌일[부엉닐]
④	종로[종노]	물난리[물랄리]

15 밑줄 친 부분 중 다음 글에서 설명하고 있지 않은 것은?

16. 기상직 7급 변형

> 음운의 탈락은 자음 탈락과 모음 탈락이 있다. 먼저 자음 탈락에는 두 가지가 있는데, 'ㄹ' 탈락은 어간이 'ㄹ'로 끝나고 뒤에 어미 'ㄴ, ㄹ, ㅂ, ㅅ, -(으)오'가 오는 경우 'ㄹ'이 탈락하는 현상이다. 예를 들어 '놀다'는 '노니, 놀수록, 놉니다...'와 같이 쓰이는 경우를 말한다. 'ㄹ' 탈락의 경우에는 실제 표기에 반영된다.
>
> 또한 용언 어간 끝소리 'ㅎ'이 모음으로 시작하는 어미나 접미사와 결합할 때 'ㅎ'이 탈락하는 현상이 발생한다. 예를 들어 '넣+어 → [너어]'가 되는데 'ㅎ' 탈락은 실제 표기에 반영되지 않는다.
>
> 동사나 형용사 어간의 말음 'ㅡ'는 모음으로 시작하는 어미 '-아/어' 앞에서 탈락하는데 이를 어간 말 'ㅡ' 탈락 현상이라 한다. 예를 들어, '쓰+어→써'가 되는 경우가 그러하다. 'ㅡ' 탈락은 'ㄹ' 탈락과 마찬가지로 실제 표기에 반영된다.
>
> 마지막으로 동음 탈락 현상이 있는데 동일한 모음이 연속될 때, 그중 하나가 탈락하는 현상이다. 예를 들어, '가-' + '-아' → '가'가 되거나 '서-' + '-어' → '서'가 되는 경우에 그러하다.

① 너는 왜 우니?

② 그는 키가 커서 부럽다.

③ 나는 빵을 반으로 나눴다.

④ 그녀는 길에서 그를 만났다.

16 다음 글을 고려할 때 표준 발음으로 옳지 않은 것은?

제12항 받침 'ㅎ'의 발음은 다음과 같다.

1. 'ㅎ(ㄶ, ㅀ)' 뒤에 'ㄱ, ㄷ, ㅈ'이 결합되는 경우에는, 뒤 음절 첫소리와 합쳐서 [ㅋ, ㅌ, ㅊ]으로 발음한다.

   예 놓고[노코] 좋던[조:턴] 쌓지[싸치]

   [붙임 1] 받침 'ㄱ(ㄺ), ㄷ, ㅂ(ㄼ), ㅈ(ㄵ)'이 뒤 음절 첫소리 'ㅎ'과 결합되는 경우에도, 역시 두 음을 합쳐서 [ㅋ, ㅌ, ㅍ, ㅊ]으로 발음한다.

   예 각하[가카] 먹히다[머키다] 맏형[마텽] 밝히다[발키다] 넓히다[널피다]

   [붙임 2] 규정에 따라 'ㄷ'으로 발음되는 'ㅅ, ㅈ, ㅊ, ㅌ'의 경우에도 이에 준한다.

   예 옷 한 벌[오탄벌] 꽃 한 송이[꼬탄송이]

2. ㅎ(ㄶ, ㅀ)' 뒤에 'ㅅ'이 결합되는 경우에는, 'ㅅ'을 [ㅆ]으로 발음한다.

   예 쌓소[싸:쏘] 많소[만:쏘] 싫소[실쏘]

3. 'ㅎ' 뒤에 'ㄴ'이 결합되는 경우에는, [ㄴ]으로 발음한다.

   예 놓는[논는] 쌓네[싼네]

   [붙임] 'ㄶ, ㅀ' 뒤에 'ㄴ'이 결합되는 경우에는, 'ㅎ'을 발음하지 않는다.

   예 않네[안네] 않는[안는] 뚫네[뚤네→뚤레] 뚫는[뚤는→뚤른]

   * '뚫네[뚤네→뚤레], 뚫는[뚤는→뚤른]'와 같은 형태는 이후 20항 유음화를 적용한다.

4. 'ㅎ(ㄶ, ㅀ)' 뒤에 모음으로 시작된 어미나 접미사가 결합되는 경우에는, 'ㅎ'을 발음하지 않는다.

   예 낳은[나은] 놓아[노아] 쌓이다[싸이다]

① 들판이 모두 하얗소[하얀쏘].

② 문을 닿는[단는] 순간 소리를 쳤다.

③ 김치가 싫어도[시러도] 꼭 먹어야해.

④ 그 사람 말이 옳네[올레].

17 밑줄 친 단어 중 <보기>에서 설명하는 음운 현상이 일어나지 않는 것은?

보기

음운의 축약 현상은 두 음운이 만나 하나의 음운으로 바뀌는 현상을 말한다. 음운 축약에는 자음 축약과 모음 축약이 있는데 그중 자음 축약은 'ㄱ, ㄷ, ㅂ, ㅈ'과 'ㅎ'이 만나 'ㅋ, ㅌ, ㅍ, ㅊ'이 되는 현상으로, 발음에만 나타나는 현상이다. 예를 들어 '축하[추카], 막혀[마켜], 입히다[이피다], 맞힌[마친], 젖히다[저치다]'가 있다.

모음 축약 현상은 'ㅗ'와 'ㅏ'가 만나서 'ㅘ'가 되거나 'ㅜ'와 'ㅓ'가 만나서 'ㅝ'가 되는 현상 등을 말한다. 예를 들어, '보다'의 어간 '보-'와 명령형 종결어미 '-아라'가 만나서 '봐라'로 축약되는 경우를 말하는데 모음 축약 현상은 자음 축약과는 다르게 실제 표기에 반영된다. 'ㅎ' 받침 이후 'ㄱ, ㄷ, ㅂ, ㅈ'가 오는 경우도 마찬가지이다.

① 우리 집 소가 오늘 아침 쌔기를 낳다.

② 코 끝에 고름이 잡혔으니 얼마나 아프겠나.

③ 과일을 먹은 꼬마는 입 주위를 혀로 핥다.

④ 나는 너의 입학을 진심으로 축하한다.

실전 학습 문제

18 **다음 글을 읽고 이해한 내용으로 적절하지 않은 것은?**

> 'ㅎ'을 포함하고 있는 음운 변동의 양상은 음운 환경에 따라 상이하다. 거센소리되기는 예사소리 'ㄱ, ㄷ, ㅂ, ㅈ'과 'ㅎ'이 만나서 각각 거센소리 'ㅋ, ㅌ, ㅍ, ㅊ'으로 바뀌는 현상으로, 음운 변동의 유형 중 두 개의 음운이 합쳐져 하나의 음운으로 바뀌는 축약에 해당한다. 거센소리되기는 'ㅎ'과 예사소리의 배열 순서에 따라 두 가지로 구분할 수 있다.
>
> 첫째, 'ㅎ'이 예사소리보다 앞에 놓인 거센소리되기이다. 표준 발음법 제12항에서는 'ㅎ(ㄶ, ㅀ)' 뒤에 'ㄱ, ㄷ, ㅈ'이 결합되는 경우에는, 'ㅎ'과 뒤 음절 첫소리가 합쳐져 'ㅋ, ㅌ, ㅊ'으로 발음한다고 규정하고 있다. 실제의 예를 보면 '놓고[노코]', '않던[안턴]', '닳지[달치]' 등과 같이 주로 용언 어간 뒤에 어미가 결합할 때 일어난다.
>
> 둘째, 'ㅎ'이 예사소리보다 뒤에 놓인 거센소리되기이다. 'ㅎ'이 예사소리보다 앞에 놓인 경우에는 항상 거센소리되기가 우선적으로 적용되는 것과 달리, 'ㅎ'이 예사소리보다 뒤에 놓일 때는 교체나 탈락과 같은 다른 음운 변동보다 거센소리되기가 먼저 적용되기도 하고 나중에 적용되기도 한다. '꽂히다[꼬치다]', '밟히다[발피다]'처럼 어근에 'ㅎ'으로 시작하는 접미사가 결합하는 경우에는 예사소리와 'ㅎ'이 곧바로 합쳐져 거센소리로 바뀐다. 이에 대하여 표준 발음법 제12항에서는 받침 'ㄱ(ㄺ), ㄷ, ㅂ(ㄼ), ㅈ(ㄵ)'이 뒤 음절 첫소리 'ㅎ'과 결합되는 경우에는 두 음을 합쳐서 각각 'ㅋ, ㅌ, ㅍ, ㅊ'으로 발음한다고 규정하고 있다. 그러나 '빚하고[비타고]'처럼 체언에 조사가 결합하거나, '닭 한 마리[다칸마리]'처럼 둘 이상의 단어를 이어서 한 마디로 발음하는 경우에는 다른 음운 변동이 먼저 일어난 후에 거센소리되기가 적용된다. '빚하고[비타고]'는 받침 'ㅈ'이 'ㄷ'으로 교체되고 'ㄷ'과 'ㅎ'이 합쳐져 거센소리로 바뀐 것이고, '닭 한 마리[다칸마리]'는 겹받침 'ㄺ'에서 'ㄹ'이 탈락하고 'ㄱ'과 'ㅎ'이 합쳐져 거센소리로 바뀐 것이라고 할 수 있다.
>
> 'ㅎ'을 포함하고 있는 말이라도 모두 거센소리되기가 적용되는 것은 아니다. '낳은[나은]', '않아[아나]', '쌓이다[싸이다]' 등과 같이 용언 어간 말의 'ㅎ' 뒤에 모음으로 시작하는 어미나 접미사가 결합하는 경우에는 'ㅎ'이 탈락한다. 원래 이런 환경에서는 어간 말의 자음이 뒤 음절의 첫소리로 연음되어야 하지만 'ㅎ'은 연음되지 않고 탈락하는 것이다. 이러한 'ㅎ' 탈락은 예외 없이 일어난다.

① '쌓던[싼떤]'은 교체 이후 거센소리되기가 일어난 것이다.

② '잃고[일코]'는 어간 말 'ㅎ'이 어미의 첫소리 'ㄱ'과 합쳐져 발음된 것이다.

③ '끓이다[끄리다]'는 'ㅎ'이 탈락하고 'ㄹ'이 뒤 음절 첫소리로 옮겨져 발음된 것이다.

④ '하찮은[하차는]'에서 일어난 음운 변동은 탈락이다.

19 **<보기>를 바탕으로 음운 변동 사례에 대해 이해한 내용으로 적절한 것은?**

> 보기
>
> 교체, 탈락, 축약, 첨가의 음운 변동이 일어나는 경우 음운 개수의 변화가 나타나기도 한다.
>
> 먼저 '집일[짐닐]'은 첨가 및 교체가 일어나 음운의 개수가 늘었다. 그런데 '닭만[당만]'은 탈락 및 교체가 일어나 음운의 개수가 줄었고, '뜻하다[뜨타다]'는 교체 및 축약이 일어나 음운의 개수가 줄었다. 한편 '맡는[만는]'은 교체가 두 번 일어나 음운의 개수가 변하지 않았다.

① '흙하고[흐카고]'는 탈락 및 축약이 일어나 음운의 개수가 두 개 줄었군.

② '저녁연기[저녕년기]'는 첨가 및 교체가 일어나 음운의 개수가 두 개 늘었군.

③ '부엌문[부엉문]'과 '볶는[봉는]'은 교체가 한 번 일어나 음운의 개수가 변하지 않았군.

④ '얹지[언찌]'와 '묽고[물꼬]'는 교체 및 축약이 일어나 음운의 개수가 각각 한 개 줄었군.

20 **다음 글을 바탕으로 음운 변동 사례에 대해 이해한 것으로 적절하지 않은 것은?**

> 음운의 변동은 어떤 음운이 다른 음운으로 바뀌는 교체, 어떤 음운이 없어지는 탈락, 새로운 음운이 생기는 첨가, 두 음운이 하나의 음운으로 합쳐지는 축약으로 구분된다
>
> 음운 교체는 음절의 끝소리 규칙, 비음화, 유음화, 된소리되기, 구개음화가 있다. 교체 현상은 말 그대로 표기에 적힌 음운이 어떤 조건에 해당하면 다른 음운으로 발음되는 현상을 말한다. 예를 들어, 곡물의 경우 앞 받침이 'ㄱ'이고 뒤에 'ㅁ'으로 시작되는 말이 오며 앞에 있는 'ㄱ'이 'ㅇ'으로 바뀐다.
>
> 다음으로 탈락 현상에는 자음군 단순화, 'ㅎ' 탈락, 'ㄹ' 탈락, 'ㅡ' 탈락, 동일 모음 탈락이 있는데, 이 역시 조건에 따라 어떤 음운이 탈락하는 현상을 말한다. 대표적으로는 'ㄹ' 탈락 현상이 있는데 이는 어간이 'ㄹ'로 끝나고 뒤에 어미 'ㄴ, ㄹ, ㅂ, ㅅ, -(으)오'가 오는 경우 'ㄹ'이 탈락하는 현상을 말한다. 예를 들어 '살다'의 '살-' 뒤에 어미 '는'이 오는 경우 '사는'으로 표기하는 것을 말한다.
>
> 이 밖에도 첨가와 축약이 있는데, 첨가는 두 단어가 결합하면서 표기에는 없는 음운이 끼어드는 경우를 말하며, 축약은 'ㄱ, ㄷ, ㅂ, ㅈ' 뒤에 'ㅎ'이 오는 경우 [ㅋ, ㅌ, ㅍ, ㅊ]로 발음되는 것과 같이 두 음운이 축약되어 하나의 음운이 되는 경우를 말한다.

① '밥물[밤물]'이 발음될 때에는 'ㅂ'이 'ㅁ'의 영향을 받아 'ㅁ'으로 교체되는 현상이 일어난다.

② '좋아[조아]'가 발음될 때에는 모음으로 시작되는 어미와 만나 'ㅎ'이 탈락하는 현상이 일어난다.

③ '색연필[생년필]'이 발음될 때에는 첨가되는 'ㄴ'으로 인해 'ㄱ'이 'ㅇ'으로 교체되는 현상이 일어난다.

④ '옷 한 벌[오탄벌]'이 발음될 때에는 'ㅅ'이 탈락한 후 첨가되는 'ㄷ'이 'ㅎ'과 만나 'ㅌ'으로 축약되는 현상이 일어난다.

정답 및 해설 31p

10 그 외

1. 음운과 음절

(1) 음운: 말의 뜻을 구별해 주는 기능을 가진 소리의 가장 작은 단위

예 • 말[말]/발[발]/살[살]
• 발[발]/벌[벌]/볼[볼]/불[불]

개념 더하기 음향과 음성

• 음향: 자연에 존재하는 소리
• 음성: 인간의 발음 기관을 통해 만들어진 소리

① 분절 음운

• 자음(19개): ㄱ ㄴ ㄷ ㄹ ㅁ ㅂ ㅅ ㅇ ㅈ ㅊ ㅋ ㅌ ㅍ ㅎ ㄲ ㄸ ㅃ ㅆ ㅉ

• 모음(21개)

- 단모음(10개): ㅏ ㅐ ㅓ ㅔ ㅗ ㅚ ㅜ ㅟ ㅡ ㅣ
- 이중 모음(11개): ㅑ ㅒ ㅕ ㅖ ㅘ ㅙ ㅛ ㅝ ㅞ ㅠ

② 비분절 음운: 소리의 길이, 높이, 세기, 억양

예 눈[眼]/눈:[雪], 말[馬]/말:[言], 밤[夜]/밤:[栗], 성인(成人)/성:인(聖人)

개념 더하기 알아 두어야 할 소리의 장단음

1	상견례[상견녜]	6	결단력[결딴녁]
2	의견란[의견난]	7	임진란[임진난]
3	이원론[이원논]	8	입원료[이붠뇨]
4	공권력[공꿘녁]	9	횡단로[횡단노/휑단노]
5	동원령[동원녕]	-	-

(2) 음절: 한 번에 소리 낼 수 있는 소리의 덩어리(최소 발음 단위) **예** [날씨가말가서조타](날씨가 맑아서 좋다.)

① 구조

모음	자음+모음	모음+자음	자음+모음+자음
[아], [어]	[나], [너]	[압], [억]	[강], [산]

② 특징: 우리말을 발음 나는 대로 적었을 때 한 글자가 하나의 음절임

예	발음	음운 수	음절 수	예	발음	음운 수	음절 수
잡히다	[자피다]	1)	2)	**국화**	[구콰]	3)	4)
이야기	[이야기]	5)	6)	**밝은**	[발근]	7)	8)
좋고	[조코]	9)	10)	**값**	[갑]	11)	12)

정답						
1) 6	2) 3	3) 4	4) 2	5) 4	6) 3	7) 6
8) 2	9) 4	10) 2	11) 3	12) 1		

2. 자음과 모음

(1) 자음(19개): 목청을 통과한 공기의 흐름이 막히거나 구강 통로가 좁아져 목이나 입안에서 장애를 받고 나오는 소리

① 조음 방법에 따른 분류

파열음	공기의 흐름을 일단 막았다가, 터뜨리면서 내는 소리	예 ㅂ, ㄷ, ㄱ
파찰음	파열음과 마찰음의 두 가지 성질을 모두 가지는 소리	예 ㅈ, ㅉ, ㅊ
마찰음	공기를 틈 사이로 내보내 마찰을 일으키면서 내는 소리	예 ㅅ, ㅎ
비음	코로 공기를 내보내면서 내는 소리	예 ㅁ, ㄴ, ㅇ
유음	공기를 그 양옆으로 흘려 내보내면서 내는 소리	예 ㄹ

② 조음 위치에 따른 분류

입술소리(순음)	두 입술 사이	예 ㅂ, ㅃ, ㅍ, ㅁ
혀끝소리(설단음, 치조음)	혀끝과 윗니의 뒷부분 / 윗잇몸	예 ㄷ, ㄸ, ㅌ, ㅅ, ㅆ, ㄴ, ㄹ
센입천장소리(경구개음)	혓바닥과 센입천장 사이	예 ㅈ, ㅉ, ㅊ
여린입천장소리(연구개음)	혀의 뒷부분과 여린입천장 사이	예 ㄱ, ㄲ, ㅋ, ㅇ
목청소리(후음)	목청 사이에서 나는 소리	예 ㅎ

③ 국어의 자음 체계

조음 방법 \ 조음 위치			입술소리(순음)	혀끝소리(설단음, 치조음)	센입천장소리(경구개음)	여린입천장소리(연구개음)	목청소리(후음)
안울림소리	파열음	예사소리	ㅂ	ㄷ		ㄱ	
		된소리	ㅃ	ㄸ		ㄲ	
		거센소리	ㅍ	ㅌ		ㅋ	
	파찰음	예사소리			ㅈ		
		된소리			ㅉ		
		거센소리			ㅊ		
	마찰음	예사소리		ㅅ			ㅎ
		된소리		ㅆ			
울림소리	비음		ㅁ	ㄴ		ㅇ	
	유음			ㄹ			

(2) 모음(21개): 허파에서 나오는 공기가 장애를 받지 않고 순조롭게 나오는 소리

① 단모음(10개)

혀의 앞뒤	앞(전설 모음)		뒤(후설 모음)	
입술 모양 / 혀의 높이	평순모음	원순모음	평순모음	원순모음
고모음	ㅣ	ㅟ	ㅡ	ㅜ
중모음	ㅔ	ㅚ	ㅓ	ㅗ
저모음	ㅐ		ㅏ	

② 이중 모음(11개): 발음할 때 입술이나 혀가 움직이는 모음으로, 반모음과 단모음이 결합하여 이루어짐

- ㅑ, ㅒ, ㅕ, ㅖ, ㅘ, ㅙ, ㅛ, ㅝ, ㅞ, ㅠ, ㅢ

③ 반모음: 음성의 성질을 보면 모음과 비슷하지만 반드시 다른 모음에 붙어야 발음될 수 있는, 홀로 쓰이지 못하는 모음

- [j]계: ㅑ, ㅕ, ㅛ, ㅠ, ㅒ, ㅖ, ㅢ
- [w]계: ㅘ, ㅝ, ㅙ, ㅞ

개념 더하기 자모의 사전 등재 순서

- 자음: ㄱ, ㄲ, ㄴ, ㄷ, ㄸ, ㄹ, ㅁ, ㅂ, ㅃ, ㅅ, ㅆ, ㅇ, ㅈ, ㅉ, ㅊ, ㅋ, ㅌ, ㅍ, ㅎ
- 모음: ㅏ, ㅐ, ㅑ, ㅒ, ㅓ, ㅔ, ㅕ, ㅖ, ㅗ, ㅘ, ㅙ, ㅚ, ㅛ, ㅜ, ㅝ, ㅞ, ㅟ, ㅠ, ㅡ, ㅢ, ㅣ

3. 올바른 언어생활

(1) 문장 성분 간의 호응

① 주어와 서술어의 호응★★★

이 강의를 듣는 여러분에게 가장 당부하고 싶은 것은 만약 여러분이 스스로를 자책하고 있다면 그런 생각은 버리시길 바랍니다.

→ 이 강의를 듣는 여러분에게 가장 당부하고 싶은 것은 만약 여러분이 스스로를 자책하고 있다면 그런 생각은 버리시라는 것입니다.

철수의 장점은 사람들을 배려하고 도와주고 어떤 일이든 최선을 다한다.

→ 철수의 장점은 사람들을 배려하고 도와주고 어떤 일이든 최선을 다한다는 점이다.

결국 해결책은 새로운 일자리를 만들어 내는 데 달려 있다.

→ 결국 해결책은 새로운 일자리를 만들어 내는 것이다.

현재의 입시 제도는 앞으로 개선이 불가능할 전망입니다.

→ 현재의 입시 제도는 앞으로 개선이 불가능할 것으로 전망됩니다.
→ 현재의 입시 제도는 앞으로 개선이 불가능할 것으로 전문가들은 전망합니다.

지금 문제는 인력이 매우 부족하다.

→ 지금 문제는 인력이 매우 부족하다는 것이다.

이번주는 눈과 바람이 많이 불었다.

→ 이번주는 눈이 내리고 바람이 많이 불었다.

내가 그 문제를 틀린 이유는 어제 공부를 못했다.

→ 내가 그 문제를 틀린 이유는 어제 공부를 못했기 때문이다.

저는 이번 대회에 우승을 하여 매우 기쁜 것 같습니다.

→ 저는 이번 대회에 우승을 하여 매우 기쁩니다.

장관들의 의견은 비정규직 문제에 관심을 갖자는 데 뜻을 모았다.

→ 장관들은 비정규직 문제에 관심을 갖자는 데 뜻을 모았다.

② 목적어와 서술어의 호응★★★

자기의 장점과 단점을 보완하는 사람이 성공할 수 있다.

→ 자기의 장점을 살리고 단점을 보완하는 사람이 성공할 수 있다.

지구 온난화 현상의 문제점과 대안을 마련한다.

→ 지구 온난화 현상의 문제점을 파악하고 대안을 마련한다.

꽃에 물과 햇빛을 잘 쬐어 주지 않아 전부 시들어 버렸다.

→ 꽃에 물을 잘 주지 않고 햇빛을 잘 쬐어 주지 않아 전부 시들어 버렸다.

정치가는 민심의 동향과 국정 운영에 최선을 다해야 한다.

→ 정치가는 민심의 동향을 파악하고, 국정 운영에 최선을 다해야 한다.

새 기계는 유해 물질과 연료 효율을 높여주었다.

→ 새 기계는 유해 물질을 줄이고 연료 효율을 높여주었다.

우리 민족은 옛날부터 기쁠 때 함께 춤과 노래했다.

→ 우리 민족은 옛날부터 기쁠 때 함께 춤추고 노래했다.

③ 부사어와 서술어의 호응

열심히 운동한 영주가 날씬해진 것은 결코 쉬운 일이었다.

→ 열심히 운동한 영주가 날씬해진 것은 결코 쉬운 일이 아니었다.

그는 내키지 않는 일은 반드시 하지 않는다.

→ 그는 내키지 않는 일은 절대로 하지 않는다.

10 그 외

죄를 지었으면 마땅히 벌을 받는다.

→ 죄를 지었으면 마땅히 벌을 받아야 한다.

리더라면 모름지기 추진력이 있다.

→ 리더라면 모름지기 추진력이 있어야 한다.

그는 그다지 친절하다.

→ 그는 그다지 친절하지는 않다.

그 아기는 좀처럼 운다.

→ 그 아기는 좀처럼 울지 않는다.

설마 그가 도둑질을 했다.

→ 설마 그가 도둑질을 했을까?

그 남자에게 그 일은 여간 즐거운 일이다.

→ 그 남자에게 그 일은 여간 즐거운 일이 아니다.

저는 고기를 별로 좋아해요.

→ 저는 고기를 별로 좋아하지 않아요.

상처를 만진 후에는 반드시 손을 씻는다.

→ 상처를 만진 후에는 반드시 손을 씻어야 한다.

그 일이 설령 실패했지만 실패도 성공의 과정이므로 절대 실망할 필요가 없다.

→ 그 일이 설령 실패했다 하더라도 실패도 성공의 과정이므로 절대 실망할 필요가 없다.

(2) 문장 성분의 생략

① 주어가 생략된 경우

지역 주민들이 문화재의 훼손을 걱정하고 있을 때, 오히려 지역 사회 발전을 위해 아파트를 건립해야 한다고 강하게 주장했다.

→ 지역 주민들이 문화재의 훼손을 걱정하고 있을 때, 오히려 지자체는 지역 사회 발전을 위해 아파트를 건립해야 한다고 강하게 주장했다.

본격적인 치료가 언제 시작되고, 언제 퇴원할지 모른다.

→ 본격적인 치료가 언제 시작되고, 그 환자가 언제 퇴원할지 모른다.

② 목적어가 생략된 경우

우리는 작년부터 하루도 거르지 않고 열심히 하고 있다.

→ 우리는 작년부터 하루도 거르지 않고 운동을 열심히 하고 있다.

길에서 놀거나 다닐 때 항상 차 조심을 해야 한다.

→ 길에서 놀거나 길을 다닐 때 항상 차 조심을 해야 한다.

난간에 기대거나 넘지 마시오.

→ 난간에 기대거나 난간을 넘지 마시오.

③ 부사어가 생략된 경우

아버지께서는 승진하셨다고 용돈을 듬뿍 주셨다.

→ 아버지께서는 승진하셨다고 우리들에게 용돈을 듬뿍 주셨다.

인간은 환경을 지배하기도 하고, 때로는 순응하면서 산다.

→ 인간은 환경을 지배하기도 하고, 때로는 환경에 순응하면서 산다.

(3) 불필요한 문장 성분의 사용

① 단어의 반복 사용

정의란, 악인을 벌하는 것이 정의이다.

→ 정의란, 악인을 벌하는 것이다.
→ 악인을 벌하는 것이 정의이다.

② 의미의 중복★★★

그녀는 자신이 잘못한 행동을 스스로 자각했다.

➔ 그녀는 자신이 잘못한 행동을 자각(自覺)했다.
➔ 그녀는 자신이 잘못한 행동을 스스로 깨달았다.

그 사고는 미리 예견된 것이었다.

➔ 그 사고는 예견(豫見)된 것이었다.
➔ 그 사고는 미리 짐작된 것이었다.

휴가 기간 동안 수영을 실컷 했다.

➔ 휴가 동안 수영을 실컷 했다.
➔ 휴가 기간에 수영을 실컷 했다.

감염병의 예방 및 확산 방지를 위해 공기를 자주 환기해야 한다.

➔ 감염병의 예방 및 확산 방지를 위해 자주 환기해야 한다.
➔ 감염병의 예방 및 확산 방지를 위해 공기를 자주 바꿔 주어야 한다.

모두 자리에 착석하시기 바랍니다.

➔ 모두 착석(着席)하시기 바랍니다.
➔ 모두 자리에 앉아 주시기 바랍니다.

우리 식당은 먹고 남은 잔반을 재활용하지 않습니다.

➔ 우리 식당은 잔반(殘飯)을 재활용하지 않습니다.
➔ 우리 식당은 먹고 남은 음식을 재활용하지 않습니다.

국민들의 불만이 밖으로 표출되어 시위가 일어났다.

➔ 국민들의 불만이 표출(表出)되어 시위가 일어났다.
➔ 국민들의 불만이 밖으로 나타나 시위가 일어났다.

청소년들이 남은 여가를 선용하도록 지도해야 합니다.

➔ 청소년들이 여가(餘暇)를 선용하도록 지도해야 합니다.
➔ 청소년들이 남은 시간을 선용하도록 지도해야 합니다.

우리 사회에서 부정부패는 완전히 근절해야 합니다.

➔ 우리 사회에서 부정부패는 근절(根絶)해야 합니다.
➔ 우리 사회에서 부정부패는 완전히 뿌리 뽑아야 합니다.

실험용 촉매는 쓰이는 용도별로 분류하여 보관해야 한다.

➔ 실험용 촉매는 용도(用途)별로 분류하여 보관해야 한다.
➔ 실험용 촉매는 쓰이는 종류별로 분류하여 보관해야 한다.

나는 할머니가 오래오래 장수하기를 바랐다.

➔ 나는 할머니가 오래오래 사시기를 바랐다.
➔ 나는 할머니가 장수하기를 바랐다.

수영이는 배운 내용을 집에 가서 다시 복습하기로 했다.

➔ 수영이는 배운 내용을 집에 가서 다시 공부하기로 했다.
➔ 수영이는 배운 내용을 집에 가서 복습하기로 했다.

가끔씩 사람 없는 무인도에서 혼자 살고 싶다는 생각이 든다.

➔ 가끔씩 무인도에서 혼자 살고 싶다는 생각이 든다.
➔ 가끔씩 사람 없는 곳에서 혼자 살고 싶다는 생각이 든다.

그 문제는 다시 재고해 볼 여지가 없습니다.

➔ 그 문제는 다시 생각해 볼 여지가 없습니다.
➔ 그 문제는 재고해 볼 여지가 없습니다.

그 안건은 한 사람의 반대도 없이 만장일치로 통과되었다.

➔ 그 안건은 한 사람의 반대도 없이 통과되었다.
➔ 그 안건은 만장일치로 통과되었다.

개인적인 사견 말고 객관적인 사실을 말해 주십시오.

➔ 사견 말고 객관적인 사실을 말해 주십시오.
➔ 개인적인 의견 말고 객관적인 사실을 말해 주십시오.

③ 문장의 중의성

정수가 흰 바지를 입고 있다.

→ 정수가 흰 바지를 입고 있는 중이다.
→ 정수가 흰 바지를 입은 채로 있다.

김 선생님이 간호사와 입원 환자를 둘러보았다.

→ 김 선생님이 간호사와 함께 입원 환자를 둘러보았다.
→ 김 선생님이 간호사를 둘러보고, 입원 환자도 둘러보았다.

영수가 넥타이를 매고 있는 친구를 조용히 바라본다.

→ 영수가 넥타이를 매고 있는 중인 친구를 조용히 바라본다.
→ 영수가 넥타이를 매고 온 친구를 조용히 바라본다.

아름다운 그녀의 반지가 반짝이고 있다.

→ 아름다운 그녀의, 반지가 반짝이고 있다.
→ 그녀의 아름다운 반지가 반짝이고 있다.
→ 아름다운, 그녀의 반지가 반짝이고 있다.

세호와 민아는 결혼을 했다.

→ 세호는 민아와 결혼을 했다.
→ 세호와 민아는 각각 다른 사람과 결혼했다.

그는 배와 수박 두 개를 샀다.

→ 그는 배 하나와 수박 하나를 샀다.
→ 그는 배 하나와 수박 두 개를 샀다.
→ 그는 배 두 개와 수박 두 개를 샀다.

(4) 잘못된 조사의 사용

주민들은 정부 당국에게 건의 사항을 전달했다.

→ 주민들은 정부 당국에 건의 사항을 전달했다.

여러분 가정에 행운이 가득하기를 기원하는 것으로 치사에 갈음합니다.

→ 여러분 가정에 행운이 가득하기를 기원하는 것으로 치사를 갈음합니다.
- 치사(致謝): 고맙고 감사하다는 뜻을 표시함

귀하의 건승과 가정에 평안을 기원합니다.

→ 귀하의 건승과 가정의 평안을 기원합니다.

전항의 규정에 위반한 행위는 취소할 수 있다.

→ 전항의 규정을 위반한 행위는 취소할 수 있다.

그는 "사람들이 매우 흥분했다."고 말했다.

→ 그는 "사람들이 매우 흥분했다."라고 말했다.

소크라테스는 너 자신을 알라라고 말했다.

→ 소크라테스는 너 자신을 알라고 말했다.

약은 약사에게 상의하십시오.

→ 약은 약사와 상의하십시오.

이로서 당의 외부가 완전히 재조직되었다.

→ 이로써 당의 외부가 완전히 재조직되었다.

(5) 이중 피동 표현

창문이 고장났는지 닫혀지지 않는다.

→ 창문이 고장났는지 닫히지 않는다.

내 이름이 크게 불러졌다.

→ 내 이름이 크게 불렸다.

그의 말이 정말 믿겨지지 않았다.

→ 그의 말이 정말 믿기지 않았다.

(6) 잘못된 높임 표현

고객님, 주문하신 커피 나오셨습니다.

→ 고객님, 주문하신 커피 나왔습니다.

교장 선생님의 훈화 말씀이 계시겠습니다.

→ 교장 선생님의 훈화 말씀이 있으시겠습니다/있겠습니다.

저희 나라 국민은 트로트에 관심이 많습니다.

→ 우리나라 국민은 트로트에 관심이 많습니다.

할아버지께서 세뱃돈을 주었어요.

→ 할아버지께서 세뱃돈을 주셨어요.

내 친정 어머니께서는 등산을 좋아하십니다.

→ 제 친정 어머니께서는 등산을 좋아하십니다.

(7) 잘못된 단어의 사용

교수님은 제자의 애환을 친절하게 들어주시고 위로해 주셨다.

→ 교수님은 제자의 슬픔을 친절하게 들어주시고 위로해 주셨다.

그녀와 만날 생각에 마음이 설레인다.

→ 그녀와 만날 생각에 마음이 설렌다.

나이가 크고 작음은 큰 의미가 없다.

→ 나이가 많고 적음은 큰 의미가 없다.

부장님께서는 골치 아픈 일을 자칭해서 떠맡았다.

→ 부장님께서는 골치 아픈 일을 자청해서 떠맡았다.

그는 승진을 빌미로 더욱 노력할 것이라고 다짐했다.

→ 그는 승진을 계기로 더욱 노력할 것이라고 다짐했다.

양 교수님은 정년을 맞이하여 훈장이 추서되셨다.

→ 양 교수님은 정년을 맞이하여 훈장이 서훈되셨다.

쓰레기를 무단으로 투기하는 행위는 법에 접촉되오니 삼가주시기 바랍니다.

→ 쓰레기를 무단으로 투기하는 행위는 법에 저촉되오니 삼가주시기 바랍니다.

고기를 먹은 후 옷에 냄새가 배였어.

→ 고기를 먹은 후 옷에 냄새가 배었어/뱄어.

창의적 사고는 기존의 사고방식을 돌파하는 데서 출발한다.

→ 창의적 사고는 기존의 사고방식을 탈피하는 데서 출발한다.

밝고 명랑한 사회 분위기 조장에 다 함께 동참하자.

→ 밝고 명랑한 사회 분위기 조성에 다 함께 동참하자.

그동안 저희들을 가르쳐 주신 선생님들 수고하셨습니다.
→ 그동안 저희들을 가르쳐 주신 선생님들께 감사드립니다.

우리 시청이 지양하는 '누구나 행복한 OO시'를 실현하기 위한 추진 방안을 논의합니다.
→ 우리 시청이 지향(志向)하는 '누구나 행복한 OO시'를 실현하기 위한 추진 방안을 논의합니다.

영희는 철수와 싸운 뒤로 일체 대화를 하지 않는다.
→ 영희는 철수와 싸운 뒤로 일절 대화를 하지 않는다.

4. 부정 표현

(1) 부정 표현의 종류

① 의지 부정문

- 짧은 '안' 부정문: 부정 부사 '안' 예 영희는 밥을 안 먹는다.
- 긴 '안' 부정문: '-지 않다' 예 영희는 밥을 먹지 않는다.

② 능력 부정문

- 짧은 '못' 부정문: 부정 부사 '못' 예 영희는 밥을 못 먹는다.
- 긴 '못' 부정문: '-지 못하다' 예 영희는 밥을 먹지 못한다.

③ '말다' 부정문

- 명령문, 청유문에 쓰이는 부정문

예 • 안 열어라(×), 못 열어라(×) → 열지 말아라/마라(○)
• 안 열자(×), 못 열자(×) → 열지 말자

개념 더하기 '말다'의 활용

말-	-아라	말아라, 마라 └ 말- + -아라 → 말아라 → 마아라 → 마라
	-아	말아, 마
	-아요	말아요, 마요

5. 시간 표현

(1) 시제의 종류

① 과거: 사건시가 발화시보다 앞선 시제

② 현재: 사건시와 발화시가 일치하는 시제

③ 미래: 사건시가 발화시보다 나중인 시제

개념 더하기 '단절'의 과거 시제 선어말 어미

- 종류: '-았었-/-었었-/-였었-'
- 의미: 현재와 비교하여 다르거나 단절되어 있는 과거의 사건을 나타내는 어미

예 • 차범근은 젊은 시절 축구 선수였었다.
• 그녀는 어린 시절 예뻤었는데….

(2) 시간 표현을 실현하는 요소

구분		과거	현재	미래
선어말 어미		-았-, -었-, -였-/ -더- / -았었-, -었었-, -였었-	-ㄴ-, -는-	-겠-, -(으)리-
관형사형 전성 어미	동사	-(으)ㄴ, -던	-는	-(으)ㄹ
	형용사, 서술격 조사	-던	-(으)ㄴ	
시간 부사		어제	지금, 오늘	내일

개념 더하기 절대 시제와 상대 시제

- 절대 시제
  - 발화시를 기준으로 결정되는 시제
  - 문장의 종결형에 주로 표시됨
- 상대 시제
  - 사건시를 기준으로 결정되는 시제
  - 관형사형이나 연결형에 주로 표시됨

예 어제 공원은 산책하는 사람들로 붐볐다.
• 절대 시제: 과거
• 상대 시제: (과거에 있어서의) 현재

6. 피동과 사동

(1) 피동문과 사동문의 형성

① 피동(당함): -이-, -히-, -리-, -기-, -어지다, -되다, -게 되다 ↔ 능동

② 사동(시킴): -이-, -히-, -리-, -기-, -우-, -구-, -추-, -게 하다, -게 시키다 ↔ 주동

③ 피동문과 사동문

피동문 예	사동문 예
• 시계를 만들게 되었다. • 신발의 끈이 풀어지다. • 영희가 차에 치이다. • 철수는 임금이 깎였다.	• 삼촌이 조카에게 옷을 입게 했다. • 아이가 아버지를 깨웠다. • 누나가 실내 온도를 낮추었다. • 영수가 아이에게 책을 읽히다. • 혜수는 아이에게 밥을 먹였다.

개념 더하기 명사 + 접미사 '되다'

• 명사 + 되다(○)	• 명사 + 되어지다(×)
예 저 나무는 건물을 짓는 데 사용되었다.	예 저 나무는 건물을 짓는 데 사용되어졌다.

(2) 능동과 피동

① 능동: 주어가 동작을 제 힘으로 하는 것 예 고양이가 쥐를 물었다.

② 피동: 주어가 다른 주체에 의해서 동작을 당하게 되는 것 예 쥐가 고양이에게 물렸다.

• 이중 피동은 사용하지 않음

예 • 창문이 열려졌다. (×) • 잊혀진 사람인가요? (×)
• 그의 넥타이가 풀려졌다. (×) • 쥐가 고양이에게 잡혀지다. (×)

(3) 주동과 사동

① 주동: 주어가 동작을 직접 하는 것 예 아이가 밥을 먹는다.

② 사동: 주어가 다른 대상에게 동작을 하도록 시키는 것 예 어머니가 아이에게 밥을 먹인다.

• 이중 사동
- 원칙적으로 이중 사동은 사용하지 않음 예 친구의 눈을 감기고(○) 꿀밤을 때렸다.
감기우고(×)

7. 의미 변화의 양상

(1) 의미 확대 · 축소 · 이동

구분	개념	예
의미 확대 (의미의 일반화)	어떤 단어의 의미 범주가 넓어지는 것	• 손[手]: 손 → 손 + 노동력 • 겨레: 종친(宗親) → 민족, 동포 • 세수(洗手): 손을 씻다 → 손과 얼굴을 씻다 • 다리: 생물의 다리 → 생물 + 무생물의 다리 • 선생: 교육자 → 교육자 + 존경받을 만한 사람 • 지갑(紙匣): 종이로 만든 것 → 종이, 가죽, 비닐로 만든 것 • 영감(令監): 정3품과 종2품의 벼슬아치 → 중년이 지난 남자
의미 축소 (의미의 특수화)	어떤 단어의 의미 범주가 축소되는 것	• 얼굴: 형체 → 안면 • 놈: 사람 전체 → 남자의 낮춤말 • 뫼(메): 밥, 진지 → 제사 때의 밥 • 계집: 일반적인 여성 → 여성의 낮춤말 • 미인(美人): 남자와 여자에게 다 씀 → 예쁜 여인에게만 씀 • 짐승['즁싱(衆生)'에서 온 말]: 생물 전체 → 사람을 제외한 동물
의미 이동 (의미의 전성)	어떤 단어의 의미 자체가 달라지는 것	• 어엿브다: 불쌍하다 → 예쁘다 • 어리다: 어리석다 → 나이가 적다 • 인정(人情): 뇌물 → 사람 사이의 정 • 두꺼비집: 두꺼비의 집 → 전기 개폐기 • 방송(放送): 죄인을 풀어 주다 → 전파를 내보내다 • 씩씩하다: 장엄하다, 엄숙하다 → 굳세고 위엄스럽다

실전 학습 문제

정답 및 해설 34p

01 다음 글에 대한 이해로 적절하지 않은 것은?

음운의 동화는 인접한 두 음운 중 어느 한쪽 또는 양쪽이 서로 비슷하거나 같은 소리로 바뀌는 현상이다. 국어의 대표적인 동화에는 비음화, 유음화, 구개음화가 있다.

비음화는 비음이 아닌 'ㅂ, ㄷ, ㄱ'이 비음 'ㅁ, ㄴ' 앞에서 비음 'ㅁ, ㄴ, ㅇ'으로 바뀌어 소리 나는 현상이다. 예를 들어 '국민'이 [궁민]으로 발음되는 것은 비음화에 해당한다. 유음화는 비음 'ㄴ'이 유음 'ㄹ'의 앞이나 뒤에서 유음 'ㄹ'로 발음되는 현상이다. 유음화의 예로는 '칼날[칼랄]'이 있다. 아래의 자음 체계표를 보면, 비음화와 유음화는 그 결과로 인접한 두 음운의 조음 방식이 같아진다는 것을 알 수 있다.

조음 위치 / 조음 방식	입술소리	잇몸소리	센입천장소리	여린입천장소리
파열음	ㅂ, ㅍ	ㄷ, ㅌ		ㄱ, ㅋ
파찰음			ㅈ, ㅊ	
비음	ㅁ	ㄴ		ㅇ
유음		ㄹ		

구개음화는 끝소리 'ㄷ, ㅌ'이 모음 'ㅣ'로 시작되는 조사나 접미사 앞에서 구개음 'ㅈ, ㅊ'으로 발음되는 현상이다. 가령 '해돋이'가 [해도지]로 발음되는 것이 이에 해당한다. 이는 동화 결과로 조음 위치와 조음 방식이 모두 바뀌는 현상이다.

① 음운의 동화는 인접한 두 음운이 비슷하거나 같은 소리로 바뀌는 현상이다.

② 구개음화와 달리 비음화와 유음화가 일어나는 인접한 두 음운은 모두 자음이다.

③ 구개음화는 자음으로 시작되는 조사나 접미사 앞에서는 일어나지 않는다.

④ 구개음화는 동화의 결과로 자음과 모음의 소리가 모두 바뀌는 현상이다.

02 <보기>는 국어의 자음을 분류한 표이다. 이를 바탕으로 할 때, 조음 위치와 조음 방법이 모두 바뀌는 음운 변동이 일어난 것은?

보기

조음 위치 / 조음 방법			입술소리	혀끝소리	센입천장소리	여린입천장소리	목청소리
안울림소리	파열음	예사소리	ㅂ	ㄷ		ㄱ	
		된소리	ㅃ	ㄸ		ㄲ	
		거센소리	ㅍ	ㅌ		ㅋ	
	파찰음	예사소리			ㅈ		
		된소리			ㅉ		
		거센소리			ㅊ		
	마찰음	예사소리		ㅅ			ㅎ
		된소리		ㅆ			
울림소리	비음		ㅁ	ㄴ		ㅇ	
	유음			ㄹ			

① 국물[궁물]

② 홈런[홈넌]

③ 가을걷이[가을거지]

④ 칼날[칼랄]

03 **<보기 1>을 참고할 때, <보기 2>의 ㉠에 들어갈 내용으로 알맞은 것은?**

보기 1

조음 방법 \ 조음 위치			입술소리	혀끝소리	센입천장소리	여린입천장소리	목청소리
안울림소리	파열음	예사소리	ㅂ	ㄷ		ㄱ	
		된소리	ㅃ	ㄸ		ㄲ	
		거센소리	ㅍ	ㅌ		ㅋ	
	파찰음	예사소리			ㅈ		
		된소리			ㅉ		
		거센소리			ㅊ		
	마찰음	예사소리		ㅅ			ㅎ
		된소리		ㅆ			
울림소리	비음		ㅁ	ㄴ		ㅇ	
	유음			ㄹ			

보기 2

학 생: '식물'이 [싱물]로 발음되는데, 두 자음이 만나서 발음될 때 조음 위치나 방식 중 무엇이 바뀐 것인가요?

선생님: 아래의 자음 분류표를 보면서 그 답을 찾아봅시다.

조음 방법 \ 조음 위치	양순음	치조음	연구개음
파열음	ㅂ	ㄷ	ㄱ
비음	ㅁ	ㄴ	ㅇ

이 표는 국어 자음을 조음 위치와 조음 방식에 따라 분류한 자음 체계의 일부입니다. '식'의 'ㄱ'이 '물'의 'ㅁ' 앞에서 [ㅇ]으로 발음되지요. 이와 비슷한 예들로는 '입는[임는]', '뜯는[뜬는]'이 있는데, 이 과정에서 무엇이 달라졌나요?

학 생: 세 경우 모두 두 자음이 만나서 발음될 때, [㉠]이/가 변했네요.

① 앞 자음의 조음 방식

② 뒤 자음의 조음 방식

③ 뒤 자음의 조음 위치

④ 앞 자음의 조음 위치

실전 학습 문제

04 <보기>를 바탕으로 국어의 '음절'에 대해 설명한 내용으로 적절하지 않은 것은?

> 보기
>
> 발음 가능한 최소 단어인 음절은 다음 네 가지로 나눌 수 있다.
>
> ㄱ. '중성'으로 이루어진 음절
> 예 아, 어, 와, 워
>
> ㄴ. '초성+중성'으로 이루어진 음절
> 예 끼, 노, 하, 소
>
> ㄷ. '중성+종성'으로 이루어진 음절
> 예 알, 일, 앞
>
> ㄹ. '초성+중성+종성'으로 이루어진 음절
> 예 각, 늘, 곡, 쌀

① 초성에는 최대 두 개의 자음이 온다.

② 중성에 올 수 있는 음운은 모음이다.

③ 초성 또는 종성이 없는 음절도 있다.

④ 모든 음절에는 중성이 있어야 한다.

05 다음 글의 (가)와 (나)에 들어갈 말로 적절한 것은?

> 한 번에 소리낼 수 있는 소리의 덩어리 즉 최소 발음 단위를 음절이라고 한다. '하늘이 무척 맑다'라는 문장이 있을 때, 우리는 이것을 [하느리무척막따]라고 발음한다. 이때 '하, 느, 리, 무, 척, 막, 따'가 각각 하나의 음절이다. 음절은 표기가 아니라 소리를 기준으로 하므로 음운 변동 등의 발음 원칙을 고려해야 한다.
>
> 음절의 유형은 크게 네 가지로 나눌 수 있다, 첫째, '자음과 모음(초성, 중성)'으로 이루어진 음절로 '가, 고, 기'와 같은 형태가 있다. 둘째, '모음(중성)'으로만 이루어진 음절이 있는데 '아, 이, 워'와 같은 형태로 쓰인다. 세 번째는 '악, 온'처럼 '자음과 모음(중성, 종성)'으로 이루어진 것이고, 마지막으로 '글, 놀, 각'처럼 '초성과 중성과 종성(자음, 모음, 자음)'으로 이루어진 음절도 있다.
>
> '식용'이라는 단어의 음절 유형을 분석하면, 첫째 음절은 [(가)]에 해당하고, 둘째 음절은 [(나)]에 해당한다.

① (가): '자음+모음'으로 이루어진 음절
(나): '자음+모음'으로 이루어진 음절

② (가): '자음+모음'으로 이루어진 음절
(나): '자음+모음+자음'으로 이루어진 음절

③ (가): '자음+모음+자음'으로 이루어진 음절
(나): '자음+모음'으로 이루어진 음절

④ (가): '자음+모음+자음'으로 이루어진 음절
(나): '자음+모음+자음'으로 이루어진 음절

06 다음 글을 통해 추론한 것으로 적절한 것은?

부정문은 부사 '아니(안), 못'을 쓰거나, 용언 '아니다, 아니하다(않다), 못하다, 말다'를 사용하여 일반적인 문장을 부정하는 문장이다. 또한 '말다' 부정문은 명령문 및 청유문에서 부정의 용언 구성 '-지 말다'로 실현된다. 형용사는 대부분 명령문이나 청유문의 서술어로 쓰일 수 없기 때문에 '말다' 부정문은 서술어가 형용사인 경우에는 성립하지 않는다. 부사 '아니(안), 못'을 사용하여 만들어진 부정문은 짧은 부정문이라고 하고 용언 '아니다, 아니하다(않다), 못하다, 말다'를 사용하여 만들어진 부정문을 긴 부정문이라고 한다.

두 부사 '아니(안)'와 '못'은 부정적 표현에서 사용된다는 점은 동일하지만, 부정이 자신의 의지로 인한 것인지 능력의 부족에 의한 것인지에 대해서는 차이가 있다. 예를 들어, '영희는 사과를 안 먹는다.'와 '영희는 사과를 못 먹는다.'의 차이가 바로 그것이다. '안'을 사용하는 경우에는 주어가 '의지'를 지니고 있음을 표현해주고, '못'을 사용하는 경우에는 주어가 어떤 행위를 하는 것에 '능력'이 없음을 나타낸다.

일반적으로 사람들은 능력의 유무를 나타내는 '못'에 더 호의적인 반응을 보인다. '돈을 안 갚는다'보다 '못 갚는다'를 볼 때 듣는 이의 입장에서는 '못 했다' 쪽에 훨씬 더 동감을 나타낸다. 그만큼 솔직하고 겸손하다는 인상을 줄 뿐만 아니라 하고 싶어도 못 했으니 추후에도 시행할 수도 있다는 기대감을 주기 때문이다.

① '빙하수가 매우 깨끗하다'는 '말다'를 사용하여 부정문을 만들 수 있다.

② '그녀는 학교에 가지 못했다.'라는 문장은 부정어 '못'을 사용함으로써 '짧은 의지 부정문'을 표현하고 있다.

③ '그녀는 재정 문제로 유학을 안 갔다.'에서 부정어 '안'을 사용함으로써 청자에게 기대감을 주는 표현을 사용하고 있다.

④ '유학을 안 갔다.'와 '유학을 못 갔다.' 중에서 솔직하고 겸손한 인상을 주는 문장은 '유학을 못 갔다.'이다.

실전 학습 문제

07 다음 글을 바탕으로 <보기>를 이해한 내용으로 적절하지 않은 것은?

> 어떤 것을 부정하는 문장을 '부정문'이라고 한다. 부정문은 의미에 따라 '안' 부정문과 '못' 부정문으로, 길이에 따라 '짧은 부정문'과 '긴 부정문'으로 나누기도 한다. 한편 명령문과 청유문의 부정에는 '말다' 부정문이 쓰이고, '말다' 부정문은 '긴 부정문'만 가능하다.
>
> '안' 부정문은 부정 부사 '안(아니)'으로 실현되는 짧은 부정문과 부정의 용언 구성 '-지 않다(아니하다)'로 실현되는 긴 부정문이 있고, 객관적인 사실을 부정하는 '단순 부정'과 동작 주체의 의도를 부정하는 '의도 부정'이 있다. '안' 부정문의 서술어가 동사이고 주어가 의지를 가질 수 있는 동작 주체인 경우에 '단순 부정'과 '의도 부정'의 해석이 모두 가능하다. 하지만 서술어가 형용사이거나 주어가 의지를 가질 수 없는 경우에는 대개 '단순 부정'으로 해석한다.
>
> '못' 부정문은 부정 부사 '못'으로 실현되는 짧은 부정문과 부정의 용언 구성 '-지 못하다'로 실현되는 긴 부정문이 있다. 일반적으로 '못' 부정문은 동작 주체의 능력 부족을 드러내는 부정문이므로, 동작 주체의 능력으로는 어쩔 수 없는 심리적 상태를 나타내는 서술어는 '못' 부정문에 쓰이기 어렵다. 한편 '못' 부정문은 일반적으로 서술어가 형용사인 경우에는 성립할 수 없지만, '긴 부정문'에 한하여 '화자의 기대하는 기준에 이르지 못함'의 뜻을 나타내는 경우에는 쓰이기도 한다. 나아가 '못' 부정문은 화자의 능력을 부정하는 의미에서 발전하여 완곡한 거절, 또는 강한 거부와 같은 화자의 심리적 태도를 반영하기도 한다.
>
> '말다' 부정문은 명령문 및 청유문에서 부정의 용언 구성 '-지 말다'로 실현된다. 형용사는 대부분 명령문이나 청유문의 서술어로 쓰일 수 없기 때문에 '말다' 부정문은 서술어가 형용사인 경우에는 성립하지 않는다. 하지만 문장의 서술어가 형용사라도 기원이나 희망을 나타낼 때는 '말다' 부정문이 쓰이기도 한다.

보기

태희: 새로 배정받은 ㉠ 락커가 그리 넓지 못해 고민이야. 우리가 쓰던 ㉡ 물품이 전부 안 들어가겠는데?
상훈: 그 정도는 아닐 거야. 일단 물품을 옮겨 보자. 내일 어때?
태희: 미안하지만 ㉢ 나는 내일 못 와. 이번 휴일에는 집에서 좀 쉬고 싶어.
영택: 나는 괜찮으니까 내가 도울게. 그나저나 ㉣ 내일은 제발 덥지만 마라.

① ㉠의 '못' 부정문은 형용사인 서술어에 '긴 부정문' 형태로 실현되어 화자가 기대하는 기준에 이르지 못한다는 의미를 나타내고 있군.
② ㉡의 '안' 부정문은 주어가 의지를 가질 수 있는 동작 주체인 경우이기 때문에 '단순 부정'과 '의도 부정'으로 모두 해석이 가능하겠군.
③ ㉢의 '못' 부정문은 완곡한 거절이라는 화자의 심리적 태도를 나타내고 있군.
④ ㉣의 '말다' 부정문은 형용사인 서술어에 '긴 부정문' 형태로 실현되어 화자의 기원이나 희망의 의미를 나타내고 있군.

08 다음 글에서 추론한 내용으로 적절하지 않은 것은?

> 피동과 사동은 동사를 통해 동작의 주체와 대상을 명확히 구분하는 중요한 원리를 가진다. 피동은 주어가 동작의 대상이 되는 경우를 나타내며, 사동은 남으로 하여금 어떤 동작을 하도록 하게 하는 것을 의미한다.
>
> 예를 들어, '나무가 바람에 흔들린다.'에서 '흔들린다'는 피동으로, 나무가 동작의 주체가 아니라 동작의 대상이 된다. 반면에 '그는 그녀를 울렸다'에서 '울렸다'는 다른 대상이 '그녀'를 울게 만들었다는 점에서 사동 표현이 된다.
>
> 이러한 피동사와 사동사의 활용 과정에서 둘의 형태가 동일한 경우가 발생한다. 예를 들어, '보다'는 사동사와 피동사가 모두 '보이다'로 그 형태가 같다. 사동사와 피동사는 '이 , 히 , 리 , 기'의 동일한 접미사를 공유하기 때문에 형태로 구별하는 것이 아닌 문장에서의 의미를 통해 구별해야 한다. 구체적으로 피동과 사동의 의미를 고려하여 문장에서의 쓰임을 판단하면 구별할 수 있다.

① 피동사와 사동사는 용언의 어근에 접미사가 붙어 실현될 수 있다.

② '그는 바로 화가 풀어졌다.'는 피동문이다.

③ '산이 화산재에 파묻혔다.'는 사동문이다.

④ '뜨거운 열기가 눈을 녹인다.'는 사동문이다.

09 다음 글을 바탕으로 <보기>를 이해할 때, 적절하지 않은 것은?

> 능동문을 피동문으로 바꿀 때에는 능동문의 주어와 목적어를 각각 피동문의 부사어와 주어로 바꾸고, 능동문의 서술어에 알맞은 피동 접사나 '-아/어지다'를 붙여 피동문의 서술어로 만들면 된다.
>
> 예를 들어, '고양이가 쥐를 물다.'에서 '쥐가 고양이에게 물리다.'로 표현할 수 있다. 이때 '-리-'는 피동 접미사로 피동문의 주어 '쥐'가 다른 대상에 의해 '당함'의 의미를 부여한다. 피동문을 만드는 접미사로는 '-리-' 이외에도 '-이-, -히-, -기-'가 있다.
>
> 피동문을 쓸 때에는 피동 접사와 '-아/어지다'를 결합하여 사용하는 지나친 피동 표현이 되지 않도록 유의해야 한다.

> 보기
>
> ㄱ. 마을이 폭풍에 휩쓸리다.
>
> ㄴ. 도둑이 경찰에게 잡히다.

① ㄱ의 '휩쓸리다'는 '휩쓸다'의 어근에 피동 접사가 붙은 경우이다.

② ㄱ을 능동문으로 바꾸기 위해서는 '폭풍에'를 목적어로 만들어야 한다.

③ ㄴ을 능동문으로 바꾸면 행위의 주체가 '경찰'이 된다.

④ ㄴ의 '잡히다'를 '잡혀지다'로 바꾸면 지나친 피동 표현이 된다.

실전 학습 문제

10 다음 글을 이해한 내용으로 적절하지 않은 것은?

> 주어가 스스로 동작이나 행위를 하는 것을 능동이라 하고, 주어가 다른 대상에 의해 동작이나 행위를 당하게 되는 것을 피동이라 한다. 능동문이 피동문으로 바뀔 때 능동문의 주어는 피동문의 부사어가 되고, 능동문의 목적어는 피동문의 주어가 된다.
>
> 피동은 크게 피동사 피동과 '아/어지다' 피동으로 나뉜다. 피동사 피동은 파생어인 피동사에 의한다고 하여 파생적 피동이라고 부르기도 하는데, 피동사는 능동사 어간을 어근으로 하여 피동 접미사 '이, 히, 리, 기'가 붙어 만들어진다. 이때 '(건반을) 누르다'가 '눌리다'로 바뀌는 것처럼 동사의 불규칙 활용 형태로 나타나는 경우도 있다.
>
> 그러나 모든 능동사가 피동사로 파생될 수 있는 것은 아니다. '던지다, 지키다'와 같이 어간이 'ㅣ' 모음으로 끝나는 동사의 경우에는 피동 접미사가 결합하기 어렵고, '만나다'나 '싸우다'와 같이 대칭되는 대상이 필요한 동사, '알다'나 '배우다'와 같이 주체의 지각과 관련된 동사 등은 피동사로 파생되지 않는다.
>
> '아/어지다' 피동은 동사의 어간에 보조적 연결 어미 '아/어'와 보조 동사 '지다'가 결합한 '아/어지다'가 붙어서 이루어지는데, 이를 통사적 피동이라고도 부른다. 동사에 '아/어지다'가 결합되면 피동의 의미를 나타내지만, 형용사에 '아/어지다'가 결합되면 동사화되어 상태의 변화를 나타낼 뿐 피동의 의미를 나타내지 않는다.

① '(물건이) 실리다.'는 피동사 파생이 동사의 불규칙 활용 형태로 나타난 것이다.

② '(소리가) 작아지다.'는 용언의 어간에 '아지다'가 결합하여 피동의 의미를 나타낸다.

③ '(줄이) 꼬이다.'는 동사 어간 '꼬'에 피동 접미사 '이'가 결합하여 피동사로 파생되었다.

④ '경찰이 도둑을 잡다.'가 피동문으로 바뀔 때에는 능동문의 목적어가 피동문의 주어로 바뀐다.

11 <보기>를 참고하여 사동문에 대해 탐구한 내용으로 적절하지 않은 것은?

> 보기
>
> 선생님: 주어가 직접 동작을 하는 문장은 '주동문'이라고 하고, 주어가 남에게 어떤 동작을 하도록 시키는 문장은 '사동문'이라고 해요. 주동문을 사동문으로 바꾸려면 동사나 형용사의 어근에 사동 접사 '-이-, -히-, -리-, -기-, -우-, -구-, -추-'를 붙이거나, '-게 하다', '-시키다'를 활용하면 됩니다. 다음 예문을 보면서 주동문을 사동문으로 바꿀 때 나타나는 특징에 대해서 생각해 볼까요?
>
> [주동문을 사동문으로 바꾼 예]
> ㄱ. 개가 밥을 먹다. → (철수가) 개에게 밥을 먹이다.
> ㄴ. 그가 집에 가다. → (영희가) 그를 집에 가게 하다.
> ㄷ. 동생이 학교에 입학하다. → (어머니께서) 동생을 학교에 입학시키다.

① ㄱ ~ ㄷ 모두 주동문을 사동문으로 바꾸려면 새로운 주어가 필요하군.

② ㄱ ~ ㄷ에서 주동문의 주어는 사동문에서 목적어나 부사어가 되는군.

③ ㄴ의 주동문을 사동문으로 바꾸면 집에 가는 주체가 달라지는군.

④ ㄴ의 주동문은 사동 접사를 붙여서 사동문으로 바꿀 수는 없겠군.

[12~13] 다음 글을 읽고 물음에 답하시오.

언어의 기호성은 언어가 그것의 음성, 문자 기호를 가지고 있다는 특징을 말한다. 문자는 언어의 중요한 기호 중 하나로, 각 글자와 단어는 특정한 의미를 나타내기 때문에 언어는 상징적이며 기호적인 언어로써의 역할을 수행한다. 이러한 기호들은 사회 구성원과 약속되어 결정된 표현을 전달할 수 있는 도구로서 사용된다. 예를 들어 '봄'이 글자 기호 'ㅂ+ㅗ+ㅁ'으로 구성되는 것은 언어의 기호성에 해당한다.

언어의 자의성은 언어에 있어서 그 의미와 소리 간의 관계가 필연적이지 않다는 것이다. 즉 우리나라에서 '엄마'라고 하는 단어를 영어에서는 'mother'이라고 하는 것은 언어의 의미와 소리 간의 관계가 필연적이지 않기 때문에 나타날 수 있는 특징이다. 따라서 하나의 단어에 둘 이상의 음성 형태를 가진 언어가 사용되기도 하고 특정 음성 형태에 둘 이상의 의미가 대응될 수도 있다.

언어의 사회성은 언어는 그 언어를 사용하는 사람들 사이의 약속이므로, 어느 한 개인이 마음대로 바꾸어 쓸 수 없다는 것이다. 한 번 만들어진 단어는 사회 구성원들의 약속으로 이루어진 것으로 그 약속을 반드시 지키는 것이 원칙이다.

언어의 역사성은 시간의 흐름에 따라 단어의 소리나 의미가 변화하거나 , 문법 요소가 변화하게 되는 특성을 의미한다. 즉, 언어는 생성되거나 소멸되며 의미가 확대, 축소, 이동될 수 있다.

12 윗글에서 추론한 내용으로 적절하지 <u>않은</u> 것은?

① 하나의 음성이 여러 가지의 음운으로 나뉘어지는 것은 언어의 기호성에 해당한다.

② 영어에서의 'house'를 우리나라에서는 '집'이라고 할 수 있는 것은 언어의 자의성에 의한 것이다.

③ '어리다'가 '어리석다'의 뜻에서 '나이가 적다'로 변하게 된 것은 언어의 역사성에 해당한다.

④ 철수가 자전거를 '돌돌이'로 부르고, 냇물을 '졸졸이'로 부르기로 한 것은 언어의 사회성에 의한 것이다.

13 윗글의 내용을 <보기>에 적용하는 심화 학습을 하고자 한다. <보기>에 적용하기에 적절하지 <u>않은</u> 내용은?

보기

(상황: 한국어 교사인 영희와 한국어 수강생인 미국인 존의 대화)
존: (나무를 가리키며) 'tree'를 한국어로 뭐라고 하나요?
영희: 'tree'는 한국어로 '나무'라고 합니다. '나무'를 이용해서 다양한 표현을 해 볼까요?
존 : '나무가 크다', '나무가 많다', '나무가 있다'…

① 언어 기호는 뜻과 소리로 이루어져 있다.

② 인간의 언어는 의미와 소리 사이에 필연적인 관계가 없다.

③ 인간의 언어는 과거의 사실도 현재의 시간에 표현할 수 있다.

④ 대화를 통해 언어의 자의성을 설명할 수 있다.

실전 학습 문제

14 다음 중 밑줄 친 ㉠의 예로 적절한 것은?

> 언어는 개방적이고 무한한 체계이기 때문에 우리는 언어를 통해서 반드시 보았거나 들은 것, 존재하는 것만을 이야기하는데 그치지 않고 '용, 봉황새, 손오공, 유토피아……'같이 현실에 존재하지 않은 상상의 산물이나, 나아가서는 '희망, 불행, 평화, 위기……'라든가, '의문, 제시, 제한, 효과, 실효성……' 등과 같은 관념적이고 추상적인 개념까지를 거의 무한에 가깝게 표현할 수가 있다.
>
> 우리는 언어를 사용하여 사상이나 추상의 세계같이 실제로는 존재하지 않은 세계에 대해서까지 사고할 수 있지만, 사실 언어는 가장 간단한 것조차도 그것이 가리키는 세계를 있는 그대로 반영하는 것이 아니다. 언어는 연속적으로 이루어져 있는 세계를 불연속적인 것으로 끊어서 표현한다. 언어의 이러한 특성을 ㉠ <u>분절성(分節性)</u>이라고 한다.

① 백두산을 한국인은 '백두산'으로, 중국인은 '장백산'으로 부른다.

② 제비, 까치, 올빼미, 독수리 등의 공통점을 추출하여 '새'라고 한다.

③ 흐르는 강물을 위치에 따라 '상류, 중류, 하류'로 구분하여 표현한다.

④ '어리다'는 과거에 '어리석다'의 뜻으로 쓰였지만, 오늘날에는 '나이가 적다'의 뜻으로 쓰인다.

15 <보기>에서 설명하고 있는 의미 변화 유형에 해당하는 예로 적절하지 <u>않은</u> 것은?

> 보기
>
> 언어는 끊임없이 생성, 변화, 소멸하는 과정 속에서 의미도 당연히 변한다. 의미가 변화하는 유형은 의미 확대, 의미 축소, 의미 이동까지 세 가지로 나눌 수 있다. 먼저 의미 확대는 특정 단어가 다양한 문맥에 쓰이면서 사용되는 범위가 넓어진 것이다. 예를 들어, '손'은 신체의 일부분인 '손'을 의미했으나, '노동력'의 의미가 추가되었으므로 의미 확대라고 볼 수 있다. 다음으로 의미 축소는 어떤 단어의 사용 영역이 좁아지게 된 것이다. 가령, '놈'은 원래 사람을 의미하는 말이었으나 오늘날에는 남자를 비하하는 말로 사용되므로 의미 축소의 예이다. 마지막으로 의미 이동은 특정 의미와는 전혀 관련 없는 다른 의미로 바뀌게 된 것을 뜻한다. '어여쁘다'는 원래 '불쌍하다'라는 의미였으나 오늘날에는 '예쁘다'의 의미로 바뀌었다.

① '세수'는 '손을 씻다'에서 오늘날 '손과 얼굴을 씻다'의 의미로 사용하므로 의미 이동이 일어난 사례이다.

② '아침'은 '날이 밝을 때부터 오전의 중간 쯤'의 의미로만 쓰였으나 오늘날은 '오전에 먹는 밥'이라는 의미로도 쓰이는 의미 확대의 단어이다.

③ '다리'는 유정 명사에만 쓰이는 말이었으나, 오늘날은 무정 명사에도 쓰일 수 있으므로 의미 확대가 일어난 사례이다.

④ '어리다'는 '어리석다'를 의미하는 말이었으나, 오늘날은 '나이가 적다'를 의미하는 말로 사용하므로 의미 이동이 일어난 사례이다.

[16~17] 다음 글을 읽고 물음에 답하시오.

언어학자인 소쉬르는 '시간은 모든 것을 변화시킨다. 언어라고 해서 이 보편 법칙을 벗어날 리가 없다.'라고 했다. 이처럼 시간의 흐름에 따라 언어가 변화하기도 하는데 이를 언어의 특성 중 역사성이라고 한다. 이러한 언어의 역사성을 의미와 형태 측면에서 살펴보자.

단어의 의미 변화 양상에는 의미의 확대, 축소, 이동이 있다. 의미 확대는 단어 본래의 의미보다 그 뜻의 사용 범위가 넓어지는 것이고, 반대로 의미 축소는 본래의 의미보다 그 뜻의 사용 범위가 좁아지는 것이다. 그리고 단어의 의미가 조금씩 달라져서 본래의 의미와 거리가 먼 다른 의미로 바뀌기도 하는데, 이를 ㉠ 의미 이동이라고 한다.

단어의 형태 변화는 ㉡ 음운의 변화로 인한 것과 유추로 인한 것 등이 있다. 중세 국어의 음운 중 'ㆍ', 'ㅿ', 'ㅸ' 등이 시간이 지나면서 다른 음운으로 바뀌거나 소실되었는데, 이에 따라 단어의 형태도 바뀌게 되었다. 'ㆍ'는 첫째 음절에서는 'ㅏ'로, 둘째 음절 이하에서는 'ㅡ'로 주로 바뀌었으며 'ㅿ'은 대부분 소실되었고 'ㅸ'은 주로 반모음 'ㅗ/ㅜ'로 바뀌었다. 한편 유추란 어떤 단어가 의미적 혹은 형태적으로 비슷한 다른 단어를 본떠 변화하는 것을 말한다. 과거에 '오다'의 명령형은 '오다'에만 결합하는 명령형 어미 '-너라'가 결합한 '오너라'였으나, 사람들이 일반적인 명령형 어미인 '-아라'가 쓰일 것이라고 유추하여 사용한 결과 현재에는 '-아라'가 결합한 '와라'도 쓰인다.

[A] 이와 같은 역사성뿐만 아니라 언어의 특성에는 언어의 내용인 '의미'와 그것을 나타내는 형식인 '말소리' 사이의 관계가 필연적이지 않다는 자의성, 말소리와 의미는 사회의 인정을 통해 관습적으로 결합되어 있어 그 결합은 개인이 함부로 바꿀 수 없는 약속이라는 사회성, 언어를 통해 연속적인 대상이나 개념을 분절적으로 인식하게 된다는 분절성 등이 있다.

16 **윗글의 [A]를 바탕으로 추론한 내용으로 적절하지 않은 것은?**

① 경계가 뚜렷하지 않은 '무지개'의 색을 일곱 가지 색으로 구분하는 것은 언어를 통해 대상을 분절적으로 인식하는 것이겠군.

② '차다'라는 말소리가 '(발로) 차다', '(날씨가) 차다', '(명찰을) 차다' 등 다양한 의미에 대응하는 것은 연속적인 개념을 언어로 나누어 인식하고 있는 것이겠군.

③ 동일한 의미의 대상을 한국어로는 '개', 영어로는 'dog'라고 말하는 것은 의미와 말소리의 관계가 필연적이지 않기 때문이겠군.

④ '바다'의 의미를 '나무'라는 말소리로 표현하면 의사소통이 제대로 안 되는 것은 언어가 개인이 함부로 바꿀 수 없는 사회적 약속이기 때문이겠군.

17 **<보기>는 언어의 역사성과 관련하여 학생이 수집한 자료이다. ⓐ~ⓓ 중 윗글의 ㉠과 ㉡에 모두 해당하는 것은?**

보기

- '어리다'는 '나이가 적다.'라는 의미인데 예전에는 '어리석다'라는 의미를 나타냈고, 예전에도 '어리다'의 형태로 쓰였다. .... ⓐ
- '서울'은 '나라의 수도'와 '한반도의 중심부에 있는 도시'를 의미하는데 과거에는 '나라의 수도'만을 의미했고, '셔ᄫᅳᆯ'의 형태로 쓰였다. .... ⓑ
- '싸다'는 '비용이 보통보다 낮다.'라는 뜻의 단어인데 예전에는 '그 정도의 값어치가 있다.'라는 의미를 나타냈고, 'ᄡᆞ다'의 형태로 쓰였다. ... ⓒ
- '마음'은 '사람이 본래부터 지닌 성격이나 품성'을 뜻하는 단어인데 예전에는 이와 함께 '심장'을 의미하기도 했고, 'ᄆᆞᅀᆞᆷ'의 형태로 쓰였다. ...... ⓓ

① ⓐ　　② ⓑ
③ ⓒ　　④ ⓓ

실전 학습 문제

18 다음 글을 통해 추론한 내용으로 적절하지 않은 것은?

다의어란 두 가지 이상의 의미를 가진 단어를 말한다. 다의어에서 기본이 되는 핵심 의미를 중심 의미라고 하고, 중심 의미에서 확장된 의미를 주변 의미라고 한다. 중심 의미는 일반적으로 주변 의미보다 언어 습득의 시기가 빠르며 사용 빈도가 높다. 그러면 다의어의 특징에 대해 좀 더 알아보자.

첫째, 주변 의미로 사용되었을 때는 문법적 제약이 나타나기도 한다. 예를 들면 '한 살을 먹다'는 가능하지만 '한 살이 먹히다'나 '한 살을 먹이다'는 어법에 맞지 않는다. 또한 '손'이 '노동력'의 의미로 쓰일 때는 '부족하다, 남다' 등 몇 개의 용언과만 함께 쓰여 중심 의미로 쓰일 때보다 결합하는 용언의 수가 적다.

둘째, 주변 의미는 기존의 의미가 확장되어 생긴 것으로서, 새로 생긴 의미는 기존의 의미보다 추상성이 강화되는 경향이 있다. '손'의 중심 의미가 확장되어 '손이 부족하다', '손에 넣다'처럼 각각 '노동력', '권한이나 범위'로 쓰이는 것이 그 예이다.

셋째, 다의어의 의미들은 서로 관련성을 갖는다.

> 줄[명사]
> ① 새끼 따위와 같이 무엇을 묶거나 동이는 데에 쓸 수 있는 가늘고 긴 물건.
> 예 줄로 묶었다.
> ② 길이로 죽 벌이거나 늘여 있는 것.
> 예 아이들이 줄을 섰다.
> ③ 사회생화에서의 관계나 인연.
> 예 내 친구는 그쪽 사람들과 줄이 닿는다.

예를 들어 '줄'의 중심 의미는 위의 ①인데 길게 연결되어 있는 모양이 유사하여 ②의 의미를 갖게 되었다. 또한 연결이라는 속성이나 기능이 유사하여 ③의 뜻도 지니게 되었다. 이때 ②와 ③은 '줄'의 주변 의미이다.

① 대부분의 아이들이 '별'의 의미 중 '군인의 계급장'이라는 의미보다 '천체의 일부'라는 의미를 먼저 배우겠군.

② '결론에 이르다.'와 '포기하기에는 아직 이르다.'에서 '이르다'의 의미들은 서로 관련성이 없으니, 이 두 의미는 중심 의미와 주변 의미의 관계로 볼 수 없겠군.

③ '팽이를 돌리다.'는 어법에 맞는데 '침이 생기다.'라는 의미의 '돌다'는 '군침을 돌리다.'로 쓰이지 않으니, '군침이 돌다.'의 '돌다'는 주변 의미로 사용된 것이겠군.

④ 사람의 감각 기관을 뜻하는 '눈'의 의미가 '눈이 나빠져서 안경의 도수를 올렸다.'에서의 '눈'의 의미로 확장되었으니, '눈'의 확장된 의미는 기존 의미보다 더 구체적이겠군.

19 다음 글을 바탕으로 할 때, ㉠ ~ ㉣을 분석한 내용으로 적절하지 않은 것은?

> 두 단어가 소리는 같으나 의미가 다른 말을 동음이의어라 한다. 예를 들어, '하루 종일 비가 내렸다'의 비는 '대기 중에 수증기가 식어 떨어지는 물방울'을 뜻하는 단어이지만 '비로 마당을 쓸었다'의 '비'는 '먼지나 쓰레기를 쓸어내는 도구'로 두 단어는 말소리는 같으나 의미가 전혀 다른 말이다. 또한 이러한 동음이의어는 단어 간의 관계도 아무런 연관성이 없기 때문에 사전에 서로 다른 표제어로 표기된다.
>
> 이에 반해, 한 단어가 관련성이 있는 여러 의미를 가질 경우 이 단어를 다의어라고 한다. 예를 들어, '(태도가) 냉정하다'와 '(날씨가) 냉정하다'는 다의어이다. 한편 둘 이상의 의미를 가지는 다의어는 중심적 의미와 주변적 의미로 나눌 수 있는데 '(경치를) 보다'와 '(상황을) 보다'와 같이 한 단어가 중심적 의미에서 다른 의미로 확장되어 쓰이는 경우를 통해 알 수 있다. 사동 접미사나 피동 접미사가 사용되어 단어의 의미가 달라진 경우에도 한 단어에서 확장된 형태로 보기 때문에 여기에 속한다. 다의어는 중심적 의미에서 주변 의미들이 파생되었다고 보기 때문에 사전에서 하나의 표제어로 처리된다.

㉠	(칼이) 잘 들다.	(회의에) 들다.
㉡	(커피를) 마시다.	(공기를) 마시다.
㉢	(책을) 보다.	(시험을) 보다.
㉣	(길이) 막히다.	(싸움을) 막다.

① ㉠: '(칼이) 잘 들다.'와 '(회의에) 들다.'는 소리는 같으나 의미가 다르므로 사전에서 각각 다른 표제어로 표기되겠군.

② ㉡: '(커피를) 마시다.'와 '(공기를) 마시다.'는 서로 관련성이 있는 여러 의미를 가지므로 사전에 '마시다'라는 하나의 표제어로 등재되었겠군.

③ ㉢: '(책을) 보다.'와 '(시험을) 보다.'는 모두 중심적 의미에서 주변적 의미로 파생된 것이므로 다의어겠군.

④ ㉣: '(길이) 막히다.'와 '(싸움을) 막다.'는 '막다'의 활용형으로 동음이의어에 속하겠군.

20 다음 글의 ㉠과 ㉡을 통해 추론한 내용으로 적절하지 않은 것은?

> 단어의 의미 관계에는 반의 관계, 동의 관계, 상하 관계와 부분 관계 등이 있다. 반의 관계는 '살다-죽다'와 같이 둘 이상의 단어가 의미상 서로 짝을 이루어 대립하는 관계를 말한다. 유의 관계는 '길-도로'와 같이 두 개 이상의 단어가 소리는 다르지만 서로 유사한 의미를 지닌 경우를 말한다. ㉠ 상하 관계는 '진달래'와 '꽃'의 관계처럼 한 단어의 의미가 다른 단어의 의미를 포함하는 관계이다. 이때 다른 단어의 의미를 포함하는 단어인 '꽃'을 상의어라고 하고 다른 단어의 의미에 포함되는 단어인 '진달래'를 하의어라고 한다. 상의어는 의미의 범위가 넓고, 하의어는 의미의 범위가 좁다는 특징이 있다. 마지막으로 ㉡ 부분 관계는 한 단어의 지시 대상이 다른 단어의 지시 대상의 부분이 되는 관계이다. 예를 들어, '얼굴'과 '코'는 부분 관계로 '얼굴'은 전체어, '코'는 부분어라고 한다.
>
> 상하 관계와 부분 관계의 구분이 어려운데, 상하 관계는 한 단어가 다른 단어의 종류에 속하는 것으로 보면 되고, 부분 관계는 한 단어가 다른 단어의 'PART'인지 보면 된다. 예를 들어, 진달래꽃은 꽃의 종류이기 때문에 상하 관계가 되는 것이고, '코'는 '얼굴'의 종류가 아니라 'PART'에 속하기 때문에 부분 관계가 된다.

① '구기 종목'과 '축구'의 관계는 상하 관계이고, '축구'가 '구기 종목'보다 의미의 범위가 넓다.

② '감자'와 '뿌리 열매'의 관계는 상하 관계이고, '뿌리 열매'는 '감자'보다 의미의 범위가 넓다.

③ '건반'과 '피아노'의 관계는 부분 관계이고, '피아노'가 전체어, '건반'이 부분어이다.

④ '한복'와 '저고리'의 관계는 부분 관계이고, '한복'이 전체어, '저고리'가 부분어이다.

정답 및 해설 34p

Memo

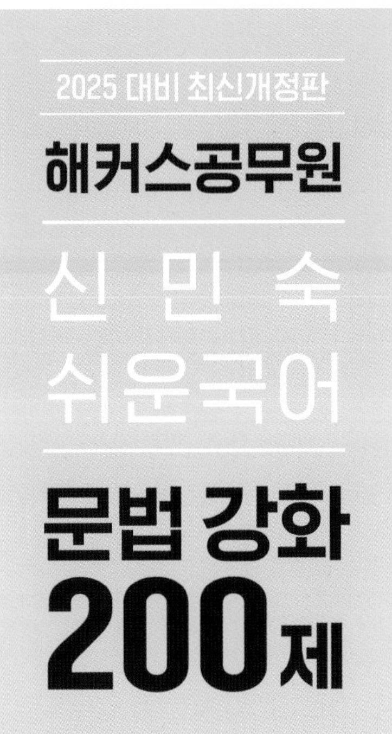

개정 2판 2쇄 발행 2025년 1월 20일
개정 2판 1쇄 발행 2024년 9월 12일

지은이	신민숙
펴낸곳	해커스패스
펴낸이	해커스공무원 출판팀
주소	서울특별시 강남구 강남대로 428 해커스공무원
고객센터	1588-4055
교재 관련 문의	gosi@hackerspass.com 해커스공무원 사이트(gosi.Hackers.com) 교재 Q&A 게시판 카카오톡 플러스 친구 [해커스공무원 노량진캠퍼스]
학원 강의 및 동영상강의	gosi.Hackers.com
ISBN	979-11-7244-315-3 (13710)
Serial Number	02-02-01

이 책의 내용 중 일부는 국립국어원이 제공하는 '표준국어대사전'을 참고하였습니다.

2025 대비 최신개정판

해커스공무원

신민숙 쉬운국어

문법 강화 200제

정답 및 해설

해커스공무원

2025 대비 최신개정판

해커스공무원

신 민 숙 쉬운국어

문법 강화 200제

정답 및 해설

01 품사

실전 학습 문제

p. 22

01	02	03	04	05
③	①	①	③	④
06	07	08	09	10
④	①	③	④	②
11	12	13	14	15
④	②	④	②	④
16	17	18	19	20
②	②	①	③	②
21	22	23		
①	①	④		

01

정답 ③

정답 해설

③ '© 라면'은 '라면'이라는 종류의 사물에 두루 쓰이는 말로 다른 특정한 것들과 구별되지 않으므로 '보통 명사'이다.

오답 분석

① 'ⓐ 철수'는 다른 사람들과 구별하기 위해 붙여진 이름이므로 고유 명사이다.

② 'ⓑ 편의점'은 '24시간 문을 여는 잡화점'이라는 종류에 두루 쓰이는 말이므로 보통 명사이다.

④ 'ⓓ 새우깡'은 다른 과자들과 구별하기 위해 붙여진 이름이므로 고유 명사이다.

02

정답 ①

정답 해설

① '여섯'은 뒤에 조사 '이다'와 결합하여 있으므로 수사이고, ②~④의 밑줄 친 부분인 '셋째, 다섯, 한두'는 각각 체언 '줄, 시간, 마디'를 수식하는 관형사이므로, 품사가 다른 것은 ①이다.

03

정답 ①

정답 해설

① '없다'는 형용사이고, '크다, 있다, 밝다'는 모두 동사이므로, 품사가 다른 것은 '없다'이다.

오답 분석

② 크다: '동식물의 몸의 길이가 자라다.'의 의미를 지닌 동사이다.

③ 있다: '얼마의 시간이 경과하다.'의 의미를 지닌 동사이다.

④ 밝다: '밤이 지나고 환해지며 새날이 오다.'의 의미를 지닌 동사이다.

04

정답 ③

정답 해설

③ '있다'는 '어떤 사람이 직장에 계속 다니다.'의 의미를 지닌 동사이고, '밝다, 크다, 없다'는 형용사이므로 품사가 다른 것은 '있다'이다.

오답 분석

① 밝다: '예측되는 상황이 긍정적이고 좋다.'의 의미를 지닌 형용사이다.

② 크다: '사람의 됨됨이가 뛰어나고 훌륭하다.'의 의미를 지닌 형용사이다.

④ 없다: '어떤 것이 존재하지 않는 상태이다.'의 의미를 지닌 형용사이다.

05

정답 ④

정답 해설

④ '열'과 '한'은 뒤에 오는 단위성 의존 명사 '길'을 수식하는 수 관형사이고, ①~③의 밑줄 친 부분은 모두 수사이므로, 품사가 다른 것은 ④이다.

06

정답 ④

정답 해설

④ 4문단을 통해 '와/과, 하고, (이)랑'이 부사격 조사와 접속 조사로 쓰이며, 그 구분은 앞뒤 단어의 자격을 통해 확인할 수 있음을 알 수 있다. '나는 영미와 결혼하였다.'는 문장에서는 앞뒤 단어가 다른 자격을 지니고 있으므로, 이때의 '와'는 부사격 조사이다. 참고로, '와/과, 하고, (이)랑'은 대개 접속 조사의 역할을 하나, '싸우다, 만나다, 결혼하다, 닮다' 등의 둘 이상의 주체가 필요한 경우에는 부사격 조사로 활용된다.

오답 분석

① '할아버지'라는 주어를 높이는 주격 조사 '께서'를 사용하였다.

② '이며'는 '이다'의 활용형으로 서술격 조사에 해당한다.

③ '만'은 체언인 '그것'에 붙어 한정의 의미를 더해주므로 보조사에 해당한다.

07

정답 ①

정답 해설

① '되다', '아니다'를 서술어로 한 문장에서 주어 이외의 체언에 붙은 조사 '이/가'는 보어임을 나타내는 '보격 조사'이므로 ㉠의 '이'는 보격 조사에 해당한다.

08

정답 ③

정답 해설

③ '학교'는 앞에 있는 단어에 의존하지 않는 자립 명사이다.

오답 분석

① 어간 '하-'에 관형사형 전성 어미 '-ㄹ' 붙은 '할' 뒤에 있는 '수'는 의존 명사이다.

② 어간 '가-'에 어미 '-았-'과 관형사형 전성 어미 '-을'이 붙은 '갔을-' 뒤에 있는 '리'는 의존 명사이다.

④ 관형사 '한' 뒤에 있는 단위 '두름'은 의존 명사이다. 참고로 '단위'는 모두 의존 명사이다.

09

정답 ④

정답해설

④ 3문단에서 감탄형 종결 어미 '-는구나'와 현재 시제 선어말 어미의 결합이 가능한 경우에는 동사, 불가능한 경우에는 형용사로 구분한다고 하였으므로, '붐비다'는 '(시장이) 붐비는구나'와 같이 '-는구나'와 결합하는 것이 자연스러우며, '붐빈다'와 같이 현재 시제 선어말 어미가 사용될 수 있기 때문에 형용사가 아닌 동사이다.

오답분석

① '늙다'는 '-는구나, -는다'와 결합 가능하므로 동사이다.

② '모자라다'는 '-는구나, -는다'와 결합 가능하므로 동사이다.

③ 4문단을 통해 동사와 형용사로 모두 쓰이는 단어 중 '늦다'가 있음을 알 수 있다. '늦다'는 '정해진 때보다 지나다.'의 의미일 경우에는 동사이지만 '늦은 시간'과 같이 '시간이 알맞을 때를 지나 있다.'나 '시기가 한창인 때를 지나 있다.'의 의미를 지니는 경우에는 형용사로 쓰이는 통용어이다.

10

정답 ②

정답해설

② 3문단에서 '회사가 나날이 크고 있다.'와 같이 '자라다, 성장하다'의 의미를 지닐 때에는 동사로 쓰인다고 하였다. ②의 '크다'는 '성장하다'의 의미를 지니므로 동사이며, 이때 '크다'는 '수준이나 능력 따위가 높은 상태가 되다.'라는 의미이다.

오답분석

① '(실망도) 크다'는 '몸이나 마음으로 느끼는 어떤 일의 영향, 충격 따위가 보통 정도를 넘다.'의 의미를 지닌 '크다'로, 실망이 큰 '상태'를 나타내는 형용사이다.

③ '(액수가) 크다'는 '돈의 액수나 단위가 높다.'의 의미를 지닌 '크다'로, 액수가 큰 '상태'를 나타내는 형용사이다.

④ '(업적이) 크다'는 '뛰어나다, 훌륭하다'의 뜻을 나타내는 형용사이다.

11

정답 ④

정답해설

④ '에서'는 주격 조사와 부사격 조사로 쓰이는데, '㉣ 학교에서'의 '에서'는 단체를 나타내는 명사 뒤에 붙어 앞말이 주어임을 나타내는 주격 조사로 사용되었다.

12

정답 ②

정답해설

② '우리 지역에서 축제를 개최하였다.'의 '에서'는 단체 명사 뒤에 쓰이는 주격 조사이다.

오답분석

① '까지'는 체언 '바람' 뒤에 붙어 '다시 그 위에 더한다'는 의미를 가진 보조사이다.

③ '이여'는 체언 '청춘'을 부르는 호격 조사이다.

④ '커녕'은 '말할 것도 없거니와 도리어'의 의미를 가진 보조사이다.

13

정답 ④

정답해설

④ ㉣의 '에게'와 '로'는 부사격 조사로 부사격 조사끼리 결합할 수 있음을 보여주는 문장이다.

오답분석

㉠ 주격 조사 '가'와 목적격 조사 '를'의 결합이 자연스럽지 않음을 확인할 수 있는 문장이다.

㉡ 보조사 '만'과 보격 조사 '이'가 사용될 때에는 보조사와 보격 조사 순으로 결합되어야 함을 보여주는 문장이다.

㉢ 부사격 조사 '에서'와 관형격 조사 '의'가 결합할 때에는 부사격 조사, 관형격 조사 순으로 결합되어야 함을 보여주는 문장이다.

14

정답 ②

정답해설

② 제시된 글을 통해 '현재 시제 선어말 어미', '청유형, 명령형 종결 어미', '감탄형 종결 어미 -는구나'를 붙일 수 있으면 동사, 그렇지 않으면 형용사임을 알 수 있다. '부족하다'는 필요한 양이나 기준에 미치지 못해 충분하지 않은 '상태'를 나타내고, 현재 시제 선어말 어미 '-는-/-ㄴ-'을 결합한 형태인 '부족한다'로 활용하지 않으므로 형용사이다.

오답분석

①③④ '모자라서', '밝는다', '늘었다'는 현재 시제 선어말 어미와 청유형/명령형 종결 어미, 감탄형 종결 어미 '-는구나'를 붙일 수 있으므로 동사이다.

15

정답 ④

정답해설

④ 제시된 글에 따라 ①~③의 '뿐, 늦다, 같이'는 품사 통용의 예에 해당함을 알 수 있으며, '늙다'는 '사람이나 동물, 식물 등이 나이를 많이 먹다.'라는 뜻으로, 동사로만 쓰이므로 품사 통용의 예로 적절하지 않다.

16

정답 ②

정답해설

② 1문단 끝에 '형용사는 활용할 수 있기 때문에 다양한 어미와 결합이 가능하다.'는 부분을 통해 형용사 어간 '예쁘-'에 관형사형 어미 '-ㄴ'이 결합한 '예쁜'은 형용사임을 알 수 있다.

오답분석

①③④ '웬, 온갖, 첫'은 체언을 수식하며 활용하지 않는 관형사이다.

17

정답 ②

정답 해설

② '과연'은 문장 전체를 수식하므로 '설마, 제발'과 같은 문장 부사이다. '옛, 온갖, 아무'는 체언을 수식하는 관형사이므로 품사가 다른 것은 ②이다.

오답 분석

① '옛'은 체언 '모습'을 수식하는 관형사이다.

③ '온갖'은 체언 '방법'을 수식하는 관형사이다.

④ '아무'는 체언 '옷'을 수식하는 관형사이다.

18

정답 ①

정답 해설

① ㉠과 같이 동일한 대명사가 상황에 따라서 다르게 쓰인 것은 ①의 '저희'이다. 가의 '저희'는 1인칭인 '우리'의 낮춤말이고, 나의 '저희'는 앞에서 이미 말하였거나 나온 바 있는 사람들을 도로 가리키는 3인칭 대명사이다.

19

정답 ③

정답 해설

③ '일찍, 오래오래'는 '부사'에 해당하지만, '즐겁게'는 형용사 '즐겁다'의 어간 '즐겁-'에 부사형 전성 어미 '-게'가 붙은 형태로 '상태'를 나타내는 '형용사'이다.

20

정답 ②

정답 해설

② '결코'는 문장 전체를 꾸며주는 문장 부사이다.

오답 분석

① '개나리가 활짝 피었다.'에서 '활짝'은 문장의 한 성분인 동사 '피었다'를 꾸며 주는 성분 부사이다.

③ '강아지가 사료를 안 먹는다.'에서 '안'은 문장의 한 성분인 동사 '먹는다'를 꾸며 주는 성분 부사이다.

④ '일 끝나면 이리 와.'에서 '이리'는 문장의 한 성분인 동사 '와'를 꾸며 주는 성분 부사이다.

21

정답 ①

정답 해설

① '주워서 버리다'는 '줍다(본용언) + 버리다(본용언)'의 구성으로 '버리다'가 단독으로 서술어가 되어도 문장이 성립하므로 본용언이다. 따라서 '㉠ 본용언 + 보조 용언'의 구성이 아닌 것은 ①이다.

- 희진이는 쓰레기를 주웠다.
- 희진이는 쓰레기를 버렸다.

오답 분석

② ③ ④는 두 번째 용언이 단독으로 서술어가 될 경우 문장이 성립하지 않으므로 '본용언 + 보조 용언'의 구성이다.

② 알다(본용언) + 척하다(보조 용언): '척하다'는 보조 동사로, '앞말이 뜻하는 행동이나 상태를 거짓으로 그럴듯하게 꾸밈'을 나타낸다.

③ 먹다(본용언) + 보다(보조 용언): '보다'는 보조 동사와 보조 형용사로 모두 쓰이는데, 이때는 경험을 나타내는 보조 동사로, '어떤 행동을 시험 삼아 함'을 나타낸다.

④ 알다(본용언) + 가다(보조 용언): '가다'는 보조 동사로, '말하는 이가 정하는 어떤 기준점에서 멀어지면서 앞말이 뜻하는 행동이나 상태가 계속 진행됨'을 나타낸다.

22

정답 ①

정답 해설

① '들고(본용언) + 가셨다(본용언)'의 두 번째 용언인 '가셨다'는 단독으로 서술어가 되어도 문장이 성립하므로 본용언이다. 그러나 ②~④의 '못했다, 주었다, 있다'는 단독으로 서술어가 될 수 없는 보조 용언이므로 밑줄 친 단어의 문법적 기능이 다른 것은 ①이다.

- 할머니가 참외를 드셨다.
- 할머니가 가셨다.

오답 분석

② 끝내지(본용언) + 못했다(보조 용언): 이때 '못하다'는 동사 뒤에서 '-지 못하다'의 형태로 쓰여 앞말이 뜻하는 행동에 대하여 그것이 이루어지지 않거나 그것을 이룰 능력이 없음을 나타내는 보조 동사이다.

③ 가르쳐(본용언) + 주었다(보조 용언): 이때 '주다'는 '앞말이 뜻하는 행동이 다른 사람에게 영향을 미치거나 다른 사람을 위한 행동임을 나타내는 말'의 의미를 지닌 보조 동사이다.

④ 피고(본용언) + 있다(보조 용언): 이때 '있다'는 동사 뒤에서 '-고 있다'의 형태로 '앞말이 뜻하는 행동이 계속 진행되고 있거나 그 행동의 결과가 지속됨을 나타내는 말'의 의미를 지닌 보조 동사이다.

23

정답 ④

정답 해설

④ '싶다'는 '가다'의 행동을 하고자 하는 마음이나 욕구를 갖고 있음을 보충하는 보조 용언이다.

오답 분석

① '가자'는 '장소를 이동하다.'의 뜻으로 쓰인 본용언이다.

② '일어났다'는 '잠에서 깨어나다.'의 뜻으로 쓰인 본용언이다.

③ '왔다'는 '움직여 위치를 옮기다.'의 뜻으로 쓰인 본용언이다.

02 용언의 활용

실전 학습 문제

p. 34

01	02	03	04	05
④	④	④	④	③
06	07	08	09	10
③	④	③	④	②
11	12	13	14	15
①	③	②	①	④
16	17	18	19	20
③	②	②	②	②

01

정답 ④

정답해설

④ ㉠ '누르다'는 어간의 끝음절 '르' 뒤에 오는 어미 '-어'가 '러'로 변하여 '누르러'가 되는 '러' 불규칙 활용 용언으로, ㉠에 해당한다.

㉡ '노랗다'는 어간의 끝음절 'ㅎ'이 뒤에 오는 어미 '-아' 앞에서 탈락하고, '-아'가 '애'로 변하여 '노래'가 되는 'ㅎ' 불규칙 활용 용언으로 ㉡에 해당한다.

오답분석

㉠ '긷다'는 어간 받침 'ㄷ'이 모음으로 시작하는 어미 앞에서 'ㄹ'로 변하여 '길어' 등이 되는 'ㄷ' 불규칙 활용 용언으로 어간만이 불규칙적으로 바뀌는 것에 해당한다.

㉡ • '추다'는 어간과 어미의 기본 형태가 바뀌지 않는 규칙 활용 용언이다.

• '놓다'는 어간과 어미의 기본 형태가 바뀌지 않는 규칙 활용 용언이다.

• '따르다'는 두 개의 모음이 이어질 때 어간의 모음 'ㅡ'가 탈락해 '따라'가 되는 'ㅡ' 탈락 규칙 활용 용언이다.

02

정답 ④

정답해설

④ ㉠, ㉡의 사례로 옳은 것만을 짝지은 것은 ④이다.

㉠ '푸다'의 어간 끝의 'ㅜ'가 모음 어미 '-어' 앞에서 탈락하여 '퍼'가 되는 'ㅜ' 불규칙 활용 용언으로 ㉠에 해당한다.

㉡ '이르다[至]'의 어간에 모음 어미 '-어'가 붙어 '-어'가 '-러'로 변하여 '이르러'가 되는 '러' 불규칙 활용 용언으로 ㉡에 해당한다.

오답분석

① ㉠ '빠르다'는 어간의 끝음절 '르'가 모음 어미 '-아' 앞에서 'ㄹㄹ'로 변해 '빨라'가 되는 '르' 불규칙 활용 용언으로 ㉠에 해당한다.

㉡ '노랗다'는 어간의 끝음절 'ㅎ'이 모음 어미 '-아' 앞에서 탈락하고 '-아'가 '애'가 되는 'ㅎ' 불규칙 활용 용언으로 ㉡에 해당하지 않는다.

② ㉠ '치르다'는 어간 '치르'가 모음 어미 '-어'와 결합할 때 어간의 'ㅡ'가 탈락하는 'ㅡ' 탈락 규칙 용언으로 ㉠에 해당하지 않는다.

㉡ '하다'는 어간 '하' 뒤의 모음 어미 '-아/-어'가 '-여'로 변하는 '여' 불규칙 활용 용언으로 ㉡에 해당한다.

③ ㉠ '붇다'는 어간 '붇'의 'ㄷ'이 모음 어미 '-어' 앞에서 'ㄹ'로 변하는 'ㄷ' 불규칙 용언으로 ㉠에 해당한다.

㉡ '바라다'는 어간과 어미의 기본 형태가 바뀌지 않는 규칙 활용 용언으로 ㉡의 사례에 해당하지 않는다.

03

정답 ①

정답해설

④ 1문단을 통해 용언의 규칙 활용은 어간이나 어미의 기본 형태가 바뀌지 않거나, 'ㄹ' 탈락, 'ㅡ' 탈락과 같이 바뀌더라도 일반적인 음운 규칙으로 설명할 수 있는 것임을 알 수 있다. '잠가야'는 '잠그다'의 어간 '잠그-'에 어미 '-아야'가 결합한 것으로, 어간에 모음으로 시작하는 어미가 결합하여 어간의 끝소리 'ㅡ'가 탈락하는 규칙 활용 용언이다.

오답분석

① '흘렀다'는 '흐르다'의 어간 '흐르-'에 선어말 어미 '-었-'과 종결 어미 '-다'가 결합한 것이다. '흐르다'는 모음으로 시작하는 어미와 결합하면 어간의 끝음절 '르'가 'ㄹㄹ'로 바뀌는 '르' 불규칙 활용을 하는 용언이다.

② '파래'는 '파랗다'의 어간 '파랗-'에 어미 '-아/-어'가 결합한 것이다. '파랗다'는 '-아/-어'와 결합하면 어간의 'ㅎ'이 없어지고 어미의 형태가 변하는 'ㅎ' 불규칙 활용을 하는 용언이다.

③ '이르러서야'는 '이르다(至)'의 어간 '이르-'에 어미 '-어서'와 조사 '야'가 결합한 것이다. '이르다'는 어미 '-어'가 어간의 끝음절 '르'와 결합할 때 '-러'로 바뀌는 '러' 불규칙 활용을 하는 용언이다.

04

정답 ④

정답해설

④ '벗다'는 '사람이 자기 몸 또는 몸의 일부에 착용한 물건을 몸에서 떼어 내다.'라는 의미를 가진 말로, '벗고, 벗어, 벗는, 벗으니'로 활용하여도 기본 형태가 바뀌지 않는 규칙 활용의 예에 해당한다.

오답분석

① '누워'는 '눕-'의 'ㅂ'이 모음 어미 앞에서 '오/우'로 바뀌는 'ㅂ' 불규칙 활용이 일어난다.

② '실어'는 '싣-'의 'ㄷ'이 모음 어미 앞에서 'ㄹ'로 바뀌는 'ㄷ' 불규칙 활용이 일어난다.

③ '이르러'는 '르'로 끝나는 용언의 어간 뒤 어미 '-어'가 '-러'로 바뀌는 '러' 불규칙 활용이 일어난다.

05

정답 ③

정답 해설

③ '살다'는 어간 '살-'에 어미 '-ㄴ'이 붙어 'ㄹ'이 탈락하여 '산-'이 된 것이므로, 어간의 형태가 변화한 예시에 해당한다.

오답 분석

① 2문단에서 용언의 규칙 활용은 어간이나 어미의 기본 형태가 바뀌는 모습을 규칙적으로 설명할 수 있을 때를 의미한다고 하였으므로 어간의 형태가 바뀌었더라도 규칙 활용일 수 있다.

② 3문단에서 용언의 불규칙 활용의 종류 중에는 어간과 어미가 모두 불규칙적으로 변화하는 경우가 있다고 하였다. 이를 통해 용언의 활용 과정에서 어간과 어미가 동시에 변하는 경우가 있음을 알 수 있다.

④ '우러러'와 마찬가지로 '기뻐'는 '기쁘- + 어'의 과정에서 'ㅡ'가 탈락하였다. 'ㅡ' 탈락은 국어의 음운 규칙으로 설명할 수 있는 변화이므로 용언의 규칙 활용의 예시에 해당한다.

06

정답 ③

정답 해설

③ '도와서'는 'ㅂ' 불규칙 활용으로 어간 '돕-'에 모음으로 시작하는 어미 '-아서'가 붙어 활용하면 'ㅂ'이 'ㅗ'로 바뀌어 '도와서'가 된다.

오답 분석

① '기뻐'는 'ㅡ' 탈락 규칙 활용으로 어간 '기쁘-'에 모음으로 시작하는 어미 '-어'가 붙어 활용하면 'ㅡ'가 탈락하여 '기뻐'가 된다.

② '머니'는 'ㄹ' 탈락 규칙 활용으로 어간 '-멀'의 'ㄹ'이 'ㄴ, ㅂ, ㅅ, -(으)오, -(으)ㄹ' 앞에서 탈락하여 '머니'가 된다.

④ '잡은'은 어간의 형태가 바뀌지 않는 규칙 활용 용언이다.

07

정답 ④

정답 해설

④ ㉠ '묻었다'는 '묻다'의 어간 '묻-'에 모음으로 시작하는 어미 '-어'나 '-었' 등이 붙어 활용해도 어간과 어미의 형태가 바뀌지 않는 규칙 활용 용언으로 ㉠의 예로 적절하다.

㉡ '물었다'는 '묻다'의 어간 '묻-'에 모음으로 시작하는 어미 '-어'나 '-었' 등이 붙어 활용하면 어간의 'ㄷ'이 'ㄹ'로 불규칙하게 바뀌게 되는 'ㄷ' 불규칙 활용 용언으로 ㉡의 예로 적절하다.

오답 분석

① ㉠ '불었다'는 '붇다'의 어간 '붇-'에 모음으로 시작하는 어미 '-어'가 붙어 활용하면 어간의 'ㄷ'이 'ㄹ'로 불규칙하게 바뀌는 'ㄷ' 불규칙 활용 용언으로 ㉠의 예로 적절하지 않다.

㉡ '이어'는 '잇다'의 어간 '잇-'에 모음으로 시작하는 어미 '-어'가 붙어 활용하면 어간의 'ㅅ'이 탈락하여 어간이 불규칙하게 바뀌는 'ㅅ' 불규칙 활용 용언으로 ㉡의 예로 적절하다.

② ㉠ '지으며'는 '짓다'의 어간 '짓-'에 모음으로 시작하는 어미 '-어'가 붙어 활용하면 어간의 'ㅅ'이 탈락하여 어간이 불규칙하게 바뀌는 'ㅅ' 불규칙 활용 용언으로 ㉠의 예로 적절하지 않다.

㉡ '벗으며'는 '벗다'의 어간 '벗-'에 모음으로 시작하는 어미 '-으며'가 붙어 활용해도 어간과 어미의 형태가 바뀌지 않는 규칙 활용 용언으로 ㉡의 예로 적절하지 않다.

③ ㉠ '구워'는 '굽다'의 어간 '굽-'에 모음으로 시작하는 어미 '-어'가 붙어 활용하면 어간의 'ㅂ'이 'ㅜ'로 변하는 'ㅂ' 불규칙 활용 용언으로 ㉠의 예로 적절하지 않다.

㉡ '굽으셨다'는 '굽다'의 어간 '굽-'에 모음으로 시작하는 어미 '-으시'가 붙어 활용해도 어간과 어미의 형태가 바뀌지 않는 규칙 활용 용언으로 ㉡의 예로 적절하지 않다.

08

정답 ③

정답 해설

③ '휘두르지'와 '자른다'는 모두 '르' 불규칙 활용을 하는 용언이다.

A 휘두르지: '휘두르다'의 어간 '휘두르-'에 어미 '-지'가 결합한 것이다. '휘두르다'는 어간의 끝음절 '르'가 모음 어미 앞에서 'ㄹㄹ'로 바뀌는 '르' 불규칙 활용을 하므로 어미 '-어'가 결합할 때는 '휘둘러'로 활용한다.

B 자른다: '자르다'의 어간 '자르-'에 어미 '-ㄴ다'가 결합한 것이다. '자르다'는 어간의 끝음절 '르'가 모음 어미 앞에서 'ㄹㄹ'로 바뀌는 '르' 불규칙 활용을 하므로 어미 '-아'가 결합할 때는 '잘라'로 활용한다.

오답 분석

① A '누르니'는 '황금이나 놋쇠의 빛깔과 같이 다소 밝고 탁하다.'를 뜻하는 '누르다'의 어간 '누르-'에 어미 '-니'가 결합한 것이다. '누르다'는 어미 '-어'가 어간의 끝음절 '르'와 결합할 때 '-러'로 바뀌는 '러' 불규칙 활용을 하는 용언이다.

B '오르기'는 '오르다'의 어간 '오르-'에 어미 '-기'가 결합한 것이다. '오르다'는 어간의 끝음절 '르'가 모음 어미 앞에서 'ㄹㄹ'로 바뀌는 '르' 불규칙 활용을 하므로 어미 '-아'가 결합할 때는 '올라'로 활용한다.

② A '이르기'는 '이르다'의 어간 '이르-'에 어미 '-기'가 결합한 것이다. '이르다'는 어미 '-어'가 어간의 끝음절 '르'와 결합할 때 '-러'로 바뀌는 '러' 불규칙 활용을 하는 용언이다.

B '구르기'는 '구르다'의 어간 '구르-'에 어미 '-기'가 결합한 것이다. '구르다'는 어간의 끝음절 '르'가 모음 어미 앞에서 'ㄹㄹ'로 바뀌는 '르' 불규칙 활용을 하므로 어미 '-어'가 결합할 때는 '굴러'로 활용한다.

④ A '부른다'는 '부르다'의 어간 '부르-'에 어미 '-ㄴ다'가 결합한 것이다. '부르다'는 어간의 끝음절 '르'가 모음 어미 앞에서 'ㄹㄹ'로 바뀌는 '르' 불규칙 활용을 하므로 어미 '-어'가 결합할 때는 '불러'로 활용한다.

B '푸르다'는 어미 '-어'가 어간의 끝음절 '르'와 결합할 때 '-러'로 바뀌는 '러' 불규칙 활용을 하는 용언이다.

09

정답 ④

정답 해설

④ '낳고'는 '낳 + 고'의 구성으로 규칙 활용에 해당한다. 이때 활용 과정에서 음운의 변동 중에 축약이 발생하지만 실제 표기에는 반영되지 않았다.

오답 분석

① '낳다'가 '낳아[나아]'로 활용되므로 음운의 변동 중 'ㅎ'이 탈락함을 알 수 있다.

② 음운의 탈락이 일어나는 단어 중 '낫다'는 '나아'로 활용되므로 용언의 불규칙 활용에 해당한다.

③ '짓다'의 활용형인 '지어'를 보면, 이들은 'ㅅ'이 탈락하는 용언의 불규칙 활용 과정을 거친다.

10

정답 ②

정답해설

② '묻어'는 '일을 드러내지 아니하고 속 깊이 숨기어 감추다.'의 의미를 지닌 말로 '묻고, 묻어, 묻게, 묻으며'로 활용하여도 기본 형태가 바뀌지 않는 규칙 활용 용언이다. 따라서 ㉠의 예로 적절하지 않다.

오답분석

① '올라'는 '오르-'의 '르'가 모음 어미 앞에서 'ㄹㄹ' 형태로 바뀌는 '르' 불규칙 활용을 한다.

③ '들으면서'는 '듣-'의 'ㄷ'이 모음 어미 앞에서 'ㄹ'로 바뀌는 'ㄷ' 불규칙 활용을 한다.

④ '도와'는 '돕-'의 'ㅂ'이 모음 어미 앞에서 '오/우'로 바뀌는 'ㅂ' 불규칙 활용을 한다.

11

정답 ①

정답해설

① ㉠-1의 '노랗- + -아 → 노래'는 불규칙 활용이면서 양성 모음끼리의 모음조화가 적용된 경우로, '조그맣- + -아 → 조그매'는 이 유형에 해당한다. 그러나 '이렇- + -어서 → 이래서'는 불규칙 활용이면서 모음조화가 적용되지 않았으므로 ㉠에 해당하지 않는다.

오답분석

② '꺼멓- + -어 → 꺼메', '뿌옇- + -었다 → 뿌옜다'는 불규칙 활용이면서 음성 모음끼리의 모음조화가 적용되므로 ㉠-2 유형에 해당한다.

③ ㉡-1의 '닿아'는 규칙 활용이면서 활용형의 줄어듦이 불가능한 경우이다. '낳- + -아서 → 낳아서', '땋- + -았다 → 땋았다' 역시 '나서, 땄다'로 줄어들 수 없기 때문에 ㉡-1 유형에 해당한다.

④ ㉡-2의 '놓아(→ 놔)'는 규칙 활용이면서 활용형의 줄어듦이 가능한 경우이다. '넣어', '쌓아'는 '너, 싸'로 줄어들 수 없으므로 ㉡-2에 해당하지 않는다.

12

정답 ③

정답해설

③ '한쪽으로 휘어져 있다.'라는 뜻의 '굽다'와 '불에 익히거나 타게 하다.'라는 뜻의 '굽다'는 동음이의 관계이다. '한쪽으로 휘어져 있다.'라는 뜻을 지닌 '굽다'는 '굽어서'로 활용되는 규칙 활용을 하지만, '불에 익히거나 타게 하다.'라는 뜻의 '굽다'는 '구워서'로 활용되어 어간 '굽-'의 'ㅂ'이 '우'로 바뀌는 'ㅂ' 불규칙 활용을 한다.

오답분석

① 병이나 상처 따위가 고쳐져 본래대로 되다.'라는 뜻의 '낫다'와 '보다 더 좋거나 앞서 있다.'라는 뜻의 '낫다'는 동음이의 관계이다. 둘은 모두 '나아서'로 활용되어 어간 '낫-'의 'ㅅ'이 탈락하는 불규칙 활용을 한다.

② '불이 붙어 불길이 오르다.'라는 뜻의 '타다'와 '탈것이나 짐승의 등 따위에 몸을 얹다.'라는 뜻의 '타다'는 동음이의 관계이다. 둘은 모두 '타서'로 활용되는 규칙 활용을 한다.

④ '미리 알려주다.'라는 뜻의 '이르다'와 '어떤 장소나 시간에 닿다.'라는 뜻의 '이르다'는 동음이의 관계의 용언들이다. 이 용언들을 활용시키면 '미리 알려주다.'라는 뜻의 '이르다'는 '일러서'로 활용되어 어간 '이르-'에서 'ㅡ'가 탈락하고 'ㄹㄹ'이 생기는 '르' 불규칙 활용을 한다. '어떤 장소나 시간에 닿다.'라는 뜻의 '이르다'는 '이르러서'로 활용되어 어간 '이르-'에 기본 형태의 어미 '-어서'가 결합되지 않고 '-러서'가 결합되는 '러' 불규칙 활용을 한다.

13

정답 ②

정답해설

② '파래서'는 어간인 '파랗-', 어미인 '-아서'의 형태가 모두 변해 파래서가 되므로 어간과 어미가 모두 바뀐 불규칙 활용에 해당한다.

오답분석

① '하다'는 어간 '하-'에 어미 '-어'가 결합하여 '-어'가 '-여'로 변하므로 어미가 불규칙하게 변하는 활용에 해당한다.

③ '지어'는 어간 '짓-'에 어미 '-어'가 결합할 때 어간 '짓-'에서 'ㅅ'이 탈락하므로 어간이 변하는 불규칙 활용에 해당한다.

④ '묻다'는 어간 '묻-'에 어미 '-어'가 결합할 때 '묻-'이 '물-'로 변하므로 어간이 변하는 불규칙 활용에 해당한다.

14

정답 ①

정답해설

① 곤혹스런(×) → 곤혹스러운(○): '곤혹스럽다'의 어간 '곤혹스럽-'에 관형사형 어미 '-은'이 결합한 것이다. 이때 어간의 끝소리 'ㅂ'이 모음으로 시작되는 어미 앞에서 '우'로 변하는 'ㅂ 불규칙 활용'으로 '곤혹스러운'이 된다.

오답분석

② 여쭈워(○): '여쭈워'는 '여쭙다'의 어간 '여쭙-'에 연결 어미 '-어'가 결합한 것이다. 어간의 끝소리 'ㅂ'이 모음으로 시작되는 어미 앞에서 '우'로 변하는 'ㅂ' 불규칙 활용으로 '여쭈워'가 된다.

③ 붇기(○): '붇기'는 '붇다'의 어간 '붇-'에 명사형 어미 '-기'가 결합한 것이다. '붇다'는 모음 어미 앞에서 어간의 끝소리 'ㄷ'이 'ㄹ'로 바뀌는 'ㄷ' 불규칙 용언이지만 ③은 자음으로 시작하는 어미 '-기'가 결합한 것이므로 '붇기'는 옳은 표현이다.

④ 서러워(○): '서러워'는 '서럽다'의 어간 '서럽-'에 연결 어미 '-어'가 결합한 것이다. 어간의 끝소리 'ㅂ'이 모음으로 시작되는 어미 앞에서 '우'로 변하는 'ㅂ' 불규칙 활용으로 '서러워'가 된다.

15

정답 ④

정답해설

④ ㉠ '들르다'는 '들르- + -어'가 '들러'로 나타나 '따르다'와 마찬가지로 활용할 때 어간에서 'ㅡ'가 탈락하는 규칙 활용 용언이다.

㉡ '푸르다'는 모음으로 시작하는 어미와 결합할 때 어미 '-어'가 '-러'로 변화하는 불규칙 활용 용언이므로, ㉡에는 '어미'가 들어가야 한다.

㉢ '묻다[問]'는 모음으로 시작하는 어미와 결합할 때 어간이 '물-'로 교체되는 불규칙 활용 용언이므로, ㉢에는 '어간'이 들어가야 한다.

오답분석

① '잠그다'는 '잠가'로 활용하므로 '따르다'와 마찬가지로 'ㅡ' 탈락 규칙 활용을 하는 용언이다.

②③ '머무르다'와 '부르다'는 '머물러'와 '불러'로 활용하므로 '르' 불규칙 활용을 하는 용언이다.

16

정답 ③

정답해설

③ '푸르다, 하다, 노르다' 모두 용언이 활용할 때 어미가 다른 것으로 바뀌는 불규칙 용언에 해당하므로 답은 ③이다.

- 푸르다, 노르다: '푸르- + -어 → 푸르러', '노르- + -어 → 노르러'와 같이 어미 '-어'가 '-러'로 바뀌는 '러' 불규칙 용언이다.
- 하다: '하- + -어 → 하여'와 같이 어미 '-어'가 '-여'로 바뀌는 '여' 불규칙 용언이다.

오답분석

① 어간의 일부가 탈락하는 불규칙 용언은 'ㅅ' 불규칙 용언과 '우' 불규칙 용언 등이다. 'ㅅ' 불규칙 용언인 '짓다'와 '우' 불규칙 용언인 '푸다'는 (가)의 예시로 적절하나, '눕다'는 '눕자, 누워라, 누운'과 같이 어간의 일부가 다른 것으로 바뀌는 'ㅂ' 불규칙 용언이므로 (가)에 해당하지 않는다.

② 어간의 일부가 다른 것으로 바뀌는 불규칙 용언은 'ㄷ' 불규칙 용언, 'ㅂ' 불규칙 용언 등이다. 'ㄷ' 불규칙 용언인 '깨닫다'와 'ㅂ' 불규칙 용언인 '춥다'는 (나)의 예시로 적절하나, '씻다'는 '씻자, 씻어라, 씻은'과 같이 규칙 활용을 하는 용언이므로 (나)에 해당하지 않는다.

④ 어간과 어미가 함께 바뀌는 불규칙 용언은 'ㅎ' 불규칙 용언이다. 'ㅎ' 불규칙 용언인 '파랗다'와 '부옇다'는 (라)의 예시로 적절하나, '좋다'는 '좋아, 좋으니, 좋은'과 같이 규칙 활용을 하는 용언이므로 (라)에 해당하지 않는다.

17

정답 ②

정답해설

② '개울물이 붙어서'의 '붙어서'는 개울물의 양이 늘었다는 것을 의미하므로, '분량이나 수효가 많아지다.'를 뜻하는 '붇다'의 활용형이다. 따라서 단어의 기본형이 옳지 않은 것은 ② '불다'이다. 참고로 '불다'는 '바람이 일어나서 어느 방향으로 움직이다.'를 의미한다.

오답분석

① (얼굴이) '부어서'의 기본형은 '살가죽이나 어떤 기관이 부풀어 오르다.'를 뜻하는 '붓다'이다.

③ (은행에) '부은'의 기본형은 '불입금, 이자, 곗돈 등을 일정한 기간마다 내다.'를 뜻하는 '붓다'이다.

④ (퉁퉁) '불었다'의 기본형은 '물에 젖어서 부피가 커지다.'를 뜻하는 '붇다'이다.

18

정답 ②

정답해설

② '물에 젖어서 부피가 커지다.'를 뜻하는 단어는 '붇다'이다. '붇다'는 어간의 끝소리 'ㄷ'이 모음 앞에서 'ㄹ'로 바뀌는 'ㄷ' 불규칙 활용 동사로, '불은, 불어, 불으니'와 같이 활용한다.

오답분석

① 가니(갈- + -니): 기본형은 '갈다'로, 어미의 첫소리 'ㄴ' 앞에서 어간의 끝소리 'ㄹ'이 탈락하는 'ㄹ' 탈락 규칙 활용 용언이다

③ 일렀다(이르- + -었- + -다): 기본형은 '이르다'로, 어간의 끝음절 '르'가 어미 '-어' 앞에서 'ㄹㄹ'로 바뀌는 '르' 불규칙 활용 용언이다.

④ 들렀다가(들르- + -었- + -다가): 기본형은 '들르다'로, 어간의 끝소리 'ㅡ'가 모음 어미 '-었-' 앞에서 탈락하는 'ㅡ' 탈락 규칙 활용 용언이다.

19

정답 ②

정답해설

② 잠궈(×) → 잠가(○): '여닫는 물건을 열지 못하도록 자물쇠를 채우거나 빗장을 걸거나 하다.'를 뜻하는 단어는 '잠그다'이다. '잠그다'는 어간의 'ㅡ'가 '아/어'로 시작하는 어미와 결합하면 'ㅡ'가 탈락하여 '잠가'가 된다.

오답분석

① 붇고(○): '분량이나 수효가 많아지다.'를 뜻하는 단어는 '붇다'이며 어간 '붇'은 모음으로 시작하는 어미가 오는 경우 'ㄷ'이 'ㄹ'로 바뀌지만, 자음으로 시작하는 어미가 오는 경우에는 그대로 '붇-'을 사용한다. 따라서 '붇기'는 올바른 표기이다.

③ 구운(○): '불에 익히다.'를 뜻하는 단어는 '굽다'로 어간 '굽-'은 모음으로 시작하는 어미 '은'이 오면 'ㅂ'이 'ㅜ'로 변하므로, '구운'은 올바른 표기이다.

④ 거친(○): '일을 하는 태도나 솜씨가 찬찬하거나 야무지지 못하다.'를 뜻하는 단어는 '거칠다'로 어간 '거칠-'은 모음으로 시작하는 어미 '-ㄴ'이 오면 'ㄹ'이 탈락하므로 '거친'은 올바른 표기이다.

20

정답 ②

정답 해설

② 모잘라서(×) → 모자라서(○): '기준이 되는 양이나 정도에 미치지 못하다.'를 뜻하는 '모자라다'의 어간 '모자라-'에 어미 '-아서'가 결합한 것이다. 이때 '모자라다'는 규칙 활용을 하는 동사이므로 '모자라서'로 활용한다. 따라서 단어의 형태가 옳지 않은 것은 ②이다.

오답 분석

① 가팔라서(○): '가파르다'의 어간 '가파르-'에 어미 '-아서'가 결합한 것이다. '가파르다'는 어간의 끝음절 '르'가 모음 어미 앞에서 'ㄹㄹ'로 바뀌는 '르' 불규칙 활용을 하므로 '가팔라서'로 활용한다.

③ 불살라서(○): '불사르다'의 어간 '불사르-'에 어미 '-아서'가 결합한 것이다. '불사르다'는 어간의 끝음절 '르'가 모음 어미 앞에서 'ㄹㄹ'로 바뀌는 '르' 불규칙 활용을 하므로 '불살라서'로 활용한다.

④ 올발라서(○): '올바르다'의 어간 '올바르-'에 어미 '-아서'가 결합한 것이다. '올바르다'는 어간의 끝음절 '르'가 모음 어미 앞에서 'ㄹㄹ'로 바뀌는 '르' 불규칙 활용을 하므로 '올발라서'로 활용한다.

03 문장 성분

실전 학습 문제

p. 48

01	02	03	04	05
②	②	③	②	②
06	07	08	09	10
③	③	④	③	④
11	12	13	14	15
①	③	①	④	①
16	17	18	19	20
③	②	③	②	④

01

정답 ②

정답 해설

② '그가'는 대명사 '그'에 주격 조사 '가'가 붙은 형태로 주어이다.

오답 분석

① '아침'은 목적격 조사 '을'이 생략된 형태로 목적어이다.

③ '너의'는 대명사 '너'와 관형격 조사 '의'가 결합한 형태로 관형어이다.

④ '깎았고'는 어간 '깎-'에 과거 시제 선어말 어미 '았'과 연결 어미 '-고'가 결합된 형태로 주어의 행동을 서술하는 서술어이다.

02

정답 ②

정답 해설

② '마음만은'은 '주어'로, '마음(명사) + 만(보조사) + 은(보조사)'의 형태로 주격 조사가 생략되고 보조사가 사용된 것이다.

오답 분석

① ③ ④ '밥도', '김치만', '음식까지'는 동작의 대상이 되는 목적어이며, 목적격 조사가 생략되고 보조사가 사용된 것이다.

03

정답 ③

정답 해설

③ ⓒ '물이 얼음으로 되었다.'의 문장 성분은 '주어(물이), 부사어(얼음으로), 서술어(되었다)'이다. 5문단을 통해 '되다, 아니다' 앞에 오는 체언에 보격 조사 '이/가'가 붙으면 보어임을 알 수 있지만 '얼음으로'는 체언에 부사격 조사 '으로'가 붙은 형태이므로 부사어가 된다.

ⓔ 7문단을 통해 부사어는 관형어나 다른 부사어를 수식하기도 함을 알 수 있다.

예 • 아주 새 옷이다. (부사어 '아주'가 관형어 '새'를 수식)
• 매우 빨리 간다. (부사어 '매우'가 부사어 '빨리'를 수식)

ⓜ 8문단에서 호칭어가 감탄사에 속한다고 하였으므로 '체언+호격 조사(아/야/이여)'의 형태도 독립어에 해당한다.

예 민중이여, 궐기하라.

오답 분석

ⓐ 주어는(×) → 서술어는(O): 1문단 '서술어에 따라 주어, 목적어, 보어 이외에 필수적 부사어가 필요한 경우도 있다.'를 통해 볼 때, 성격에 따라 필요한 문장 성분의 숫자가 다른 것은 서술어이다.

ⓑ 주어, 서술어, 목적어, 부사어는(×) → 주어, 서술어, 목적어, 보어는(O): 1문단 ' 여기서 주어, 서술어, 목적어, 보어는 문장의 필수 성분이고, 관형어, 부사어는 부속 성분, 독립어는 독립 성분으로 구분한다.'를 통해 볼 때, 주성분에 속하는 것은 주어, 서술어, 목적어, 보어이며 부사어는 부속 성분에 속한다는 것을 알 수 있다.

ⓗ 문장의 객체 역할을 하는 것은 주어이다.(×) → 문장의 주체 역할을 하는 것은 주어이다.(O): 2문단 '주어는 '무엇이 어떠하다', '무엇이 무엇이다' 등의 '무엇'에 해당하는 말로 문장의 주체 역할을 한다.'를 통해 볼 때 주어는 문장의 주체 역할을 한다는 것을 알 수 있다.

04

정답 ②

정답 해설

② '간직했다'는 '간직'과 '하다'가 결합하여 '마음속에 깊이 새겨 두다.'라는 새로운 의미를 획득했으므로 적절하다.

오답 분석

① '목말라(목마르다)'는 '목'과 '마르다'의 결합으로, '어떠한 것을 간절히 원하다.'라는 새로운 의미를 가지는 것은 맞지만 필수적 부사어 '깨달음에'를 요구하므로 적절하지 않다.

③ '주름잡았다(주름잡다)'는 '주름'과 '잡다'의 결합으로 '모든 일을 자기가 하고 싶은 대로 주동이 되어 처리하다.'라는 새로운 의미를 가지므로 적절하지 않다.

④ '담쌓는(담쌓다)'는 '담'과 '쌓다'가 결합하여 '관계나 인연을 끊다.'의 새로운 의미를 지니는 것은 맞지만 필수 부사어 '야식과'를 요구하므로 적절하지 않다.

05

정답 ②

정답 해설

② '모두'는 '모이자'를 수식하는 부사로 문장 성분은 부사어이다. 나머지는 모두 '관형어'이므로 문장 성분이 다른 것은 ②이다.

오답 분석

① '책상'은 '다리'를 수식하는 말로 '책상' 이후에 관형격 조사 '의'가 생략된 형태이므로 문장 성분은 관형어이다.

③ '붐비는'은 동사의 어간 '붐비-'에 관형사형 전성 어미 '-ㄴ'이 붙은 용언의 관형사형이 '사람들'을 수식하므로 문장 성분은 관형어이다.

④ '첫'은 '출근'을 수식하는 관형사로 문장 성분은 관형어이다.

06

정답 ③

정답 해설

③ '민수야'는 '체언 + 호격 조사'의 형태를 지닌 호칭어로 독립어이다.

오답 분석

① 2문단에서 용언 앞에 쓰이는 '안/못'은 부사어라고 하였기 때문에 '일어나다' 앞에 쓰인 '못'은 부사어이다.

② 2문단 '의성어와 의태어도 부사어이다.'를 통해 의태어인 '부슬부슬'은 부사어임을 확인할 수 있다

④ 2문단 '과연, 설마'와 같이 문장 전체를 수식하는 부사어도 존재한다는 설명을 통해 볼 때 '결코'는 문장 전체인 '그런 일은 없다'를 수식하기 때문에 부사어임을 추론할 수 있다.

07

정답 ③

정답 해설

③ '멋있는'은 용언의 어간 '멋있-'에 관형사형 어미 '-는'이 결합한 형태로 품사는 형용사이고, 문장 성분은 관형어가 된 경우이다.

오답 분석

① '철수', '멋있는', '모든'은 모두 '친구'를 수식하는 관형어이다.

② 3문단에서 관형격 조사 '의' 없이 명사만으로도 관형어가 될 수 있다고 하였기 때문에 '철수 친구'는 관형격 조사 '의'가 생략되어 체언인 '친구'를 꾸며 주는 관형어임을 알 수 있다.

④ '모든'은 '빠짐이나 남김없이 전부의'라는 의미의 관형사이다. 5문단에서 '관형사는 체언과 달리 조사와 결합할 수 없으며, 용언과 달리 활용이 불가능하다는 특성이 있다.'라고 했다. 이를 고려하면 관형사인 '모든'은 <보기>의 철수(a)와 달리 조사와 결합할 수 없으며, 멋있는(b)과 달리 활용이 불가능한 관형사임을 알 수 있다. 또한 'ㄷ은 관형사가 관형어가 된 경우이다.'를 통해 관형사의 문장 성분이 관형어임을 확인할 수 있기 때문에 올바른 설명이다.

08

정답 ④

정답 해설

④ '더할 수 없이 심하게'를 뜻하는 부사 '몹시'에 보조사 '도'가 결합한 'ⓔ 몹시도'는 '마음이 즐거웠다'를 수식하는 부사어이다.

오답 분석

① 어간 '아름답-'에 관형사형 전성 어미 '-ㄴ'이 결합한 'ⓐ 아름다운'은 체언 '꽃'을 꾸며 주는 관형어이다.

② 'ⓑ 가득'은 동사 '안다'의 활용형 '안고'를 수식하는 말로 부사어이다.

③ 명사 '날씨'와 주격 조사 '가'가 결합한 'ⓒ 날씨가'는 주어이다.

09

정답 ③

정답해설

③ '물이 얼음으로 되다.'의 문장 성분은 '주어(물이), 부사어(얼음으로), 서술어(되다)'이다. '되다, 아니다' 앞에 오는 체언에 보격 조사 '이/가'가 붙으면 보어이지만 체언에 부사격 조사 '으로'가 붙으면 부사어가 된다. 참고로 보조사는 다른 격 조사로 바꿔서 문장 성분을 확인해야 하지만, 격 조사는 다른 격 조사로 바꿀 수 없다.

※ '(으)로'는 변화의 방향을 나타내는 부사격 조사이다.

오답분석

① '나만'을 '내가'로 바꾸어 쓸 수 있으며, 동작의 주체이므로 '나만'은 주어이다.

② '전문가도 그런 춤을 못 춘다.'로 바꾸어 쓸 수 있으며, 동작의 주체이므로 '전문가도'는 주어이다.

④ '누구나'는 '영희가' 등의 주어로 대체할 수 있으며, 동작의 주체이므로 주어이다.

10

정답 ④

정답해설

④ ⓓ의 '무척이나'는 체언에 서술격 조사가 붙은 것이 아니라 부사에 보조사 '이나'가 붙은 것이다. '무척이고'나 '무척이며'로 활용할 수 없다는 점에서도 서술격 조사가 아님을 알 수 있다.

오답분석

① ⓐ는 형용사 어간 '예쁘-'에 부사형 어미 '-게'가 붙은 형용사의 부사형이 부사어로 쓰인 것이다.

② ⓑ의 '그리고'는 접속 기능을 하는 부사이다. '그리고'는 앞 문장과 뒤 문장을 연결하면서 문장 전체를 꾸미는 기능을 하므로 부사어로 쓰이고 있다.

③ ⓒ는 '소리(가) 없다'는 주술 관계를 갖춘 문장이 안겨서 '내렸다'를 수식하는 부사절로 쓰이고 있다.

11

정답 ①

정답해설

① '에서'가 주격 조사 '이/가'로 대체할 수 있거나 '단체를 나타내는 명사 뒤에 붙을 때'에는 '앞말이 주어임을 나타내는 주격 조사'이다. 그런데 ①은 '이번 대회는 우리 학교가 열린다.'로 바꿨을 때 자연스럽지 않을 뿐만 아니라 '앞말이 행동이 이루어지고 있는 처소임을 나타내는 말'이기 때문에 '학교에서'의 '에서'는 부사격 조사에 속한다. 그러므로 ① '학교에서'는 부사어에 해당한다.

오답분석

② '70주년을 기념으로 국립국어원에서는 표준어를 대대적으로 개정하였다.'를 '국립국어원이 70주년을 기념으로 표준어를 대대적으로 개정하였다.'로 바꿀 수 있기 때문에 '국립국어원에서는'은 주어에 해당한다.

③ '집값이 치솟자 정부에서 새롭게 부동산 정책을 발표하였다.'를 '집값이 치솟자 정부가 새롭게 부동산 정책을 발표하였다.'로 바꿀 수 있기 때문에 '정부에서'는 주어에 속한다.

④ '이번 대회는 우리 학교에서 우승을 차지하였다.'를 '우리 학교가 이번 대회에서 우승을 차지하였다.'로 바꿀 수 있기 때문에 '우리 학교에서'는 주어에 해당한다.

12

정답 ③

정답해설

③ 3문단을 통해 '에서'는 주격 조사와 부사격 조사로 쓰임을 알 수 있다. ③에서는 단체를 나타내는 명사 뒤에 붙어 앞말이 주어임을 나타내는 격 조사로 쓰였기 때문에, '정부에서'는 주어이다.

오답분석

①②④ '동창회에서, 손에, 마음에'의 '에, 에서'는 앞말이 행동이 이루어지고 있는 처소임을 나타내는 부사격 조사이기 때문에 모두 부사어이다.

13

정답 ①

정답해설

① 제시된 글을 통해 필수적 부사어는 문장에서 반드시 필요한 부사어이고, 서술어가 어떤 성분을 요구하는지, 해당 부사어가 빠지면 문장이 부자연스러운지를 바탕으로 필수적 부사어를 찾아내야 함을 알 수 있다. 서술어 '빛나다'는 주어라는 한 가지 문장 성분만을 요구하고, 부사어 '열정으로'가 빠져도 문장이 자연스러우므로 ㉠이 포함되어 있지 않은 것은 ①이다.

오답분석

② 서술어 '유명하다'는 주어, 필수적 부사어라는 두 가지 성분을 요구한다. 여기서는 '닭갈비로'가 빠지면 문장이 부자연스럽기 때문에 '닭갈비로'는 필수적 부사어이다.

③ 서술어 '삼다'는 주어, 목적어, 필수적 부사어라는 세 가지 성분을 요구한다. 여기서는 '사위로'가 빠지면 문장이 부자연스럽기 때문에 '사위로'는 필수적 부사어이다.

④ 서술어 '다르다'는 주어와 필수적 부사어라는 두 가지 성분을 요구한다. 여기서는 '언니와'가 빠지면 문장이 부자연스럽기 때문에 '언니와'는 필수적 부사어이다.

14

정답 ④

정답해설

④ '넓다'는 주어(길이)만을 필요로 하는 한 자리 서술어이지만 ①~③에 쓰인 서술어는 주어 외에 또 하나의 문장 성분을 필요로 하는 두 자리 서술어이다.

오답분석

① 그림이 실물과 같다: '같다'는 '~와(과) 같다'의 형태로 쓰이며 주어(그림이)와 필수적 부사어(실물과)를 모두 필요로 하는 서술어이다.

② 나는 경찰이 아니다: '아니다'는 '~이 아니다'의 형태로 쓰이며 주어(나는)와 보어(경찰이)를 모두 필요로 하는 서술어이다.

③ 소영이가 종을 울렸다: '울렸다'는 '~을(를) 울렸다'의 형태로 쓰이며 주어(소영이가)와 목적어(종을)를 모두 필요로 하는 서술어이다.

15

정답 ①

정답 해설

① ㉠ '물들었다(물들다)'는 '꽃이'와 '노랗게'를 생략하면 문장이 성립하지 않으므로, 주어와 부사어를 필수적으로 요구하는 두 자리 서술어이다.

오답 분석

② ㉡ '읽었다(읽다)'는 '태진이는'과 '소설책을'을 생략하면 문장이 성립하지 않으므로, 주어와 목적어를 필수적으로 요구하는 두 자리 서술어이다.

③ ㉢ '되었다(되다)'는 '사람은'과 '사람이'를 생략하면 문장이 성립하지 않으므로, 주어와 보어를 필수적으로 요구하는 두 자리 서술어이다.

④ ㉣ '여긴다(여기다)'는 '그녀는', '지위를', '당연하게'를 생략하면 문장이 성립하지 않으므로, 주어, 목적어, 부사어를 필수적으로 요구하는 세 자리 서술어이다.

16

정답 ③

정답 해설

③ '다르다'는 생각은(주어)과 나와는(필수적 부사어)을 요구하는 두 자리 서술어이므로 ③은 서술어의 자릿수가 잘못 제시되었다.

오답 분석

① '같다'는 '믿음은(주어)'과 '보석과도(필수적 부사어)'를 필수적으로 요구하는 두 자리 서술어이다.

② '되다'는 나(주어)'와 '녹초가(보어)'를 필수적으로 요구하는 두 자리 서술어이다.

④ '넣다'는 '영섭이가(주어)', '우체통에(필수적 부사어)', '편지를(목적어)'를 필수적으로 요구하는 세 자리 서술어이다.

17

정답 ②

정답 해설

② '이렇게'는 형용사 어간 '이러하-'에 부사형 전성 어미 '-게'가 붙어 형용사 '아름다운'을 꾸며주는 부사어로 쓰였다. 부사가 형용사를 수식하는 경우가 아니라, 형용사가 형용사를 수식하고 있으므로 적절하지 않다.

오답 분석

① '여기'는 대명사이고, '여기가'는 주격 조사 '가'가 결합하여 주어로 쓰였으므로 적절하다.

③ '어서'는 부사로, '가자'라는 용언을 수식하는 부사어로 쓰였으므로 적절하다.

④ '와!'는 감탄사로 독립어로 쓰였으므로 적절하다.

18

정답 ③

정답 해설

③ '예뻐진다'는 '동사'로 보조 동사 '지다'가 붙은 구성이므로 '형용사'라는 설명은 적절하지 않다.

오답 분석

① '행복하다'는 형용사로, '행복하려고 한다'는 표현이 불가능하므로 적절하다.

② '하고 있다'는 동작의 진행을 나타내므로 '하다'는 동사라는 설명은 적절하다.

④ '불고 있다'는 동작의 진행을 나타내므로 '불다'는 동사라는 설명은 적절하다.

19

정답 ②

정답 해설

② ⓑ의 '다섯'은 수사가 아니라 수 관형사이며, 명사 '명'을 수식하는 관형어로 쓰였다. 관형사는 문장에서 관형어로 실현되며, 관형어는 체언을 수식한다.

오답 분석

① ⓐ의 '너에게'는 대명사 '너'에 부사격 조사 '에게'가 결합한 형태이며, 서술어 '주는'의 부사어로 쓰였으므로 적절하다.

③ ⓒ의 '그를'의 '그'는 인칭 대명사이며, 목적격 조사 '를'과 결합하여 서술어 '믿었다'의 목적어로 쓰였으므로 적절하다.

④ ⓓ의 '많이'는 부사이며, 보조사 '도'와 결합하여 동사 '왔다'를 수식하는 부사어로 쓰였으므로 적절하다.

20

정답 ④

정답 해설

④ '곱게'는 '빗고 있다'를 꾸며주는 부사어로, 생략이 가능한 부속 성분이다.

오답 분석

① '많구나'는 주어의 상태를 나타내는 서술어로 주성분이다.

② '할머니께서'는 문장의 주체가 되는 주어로 주성분이다.

③ '되다/아니다' 앞의 '이/가'는 '보어'이므로 '바다가'는 보어이며 주성분이다.

04 단일어, 파생어, 합성어

실전 학습 문제

p. 62

01	02	03	04	05
①	③	③	②	②
06	07	08	09	10
④	④	④	②	④
11	12	13	14	15
①	②	④	①	③
16	17	18	19	20
③	②	②	④	②
21	22	23	24	
②	①	④	③	

01

정답 ①

정답 해설

① • 늦(은) + 잠: 관형사형 어미가 생략된 비통사적 합성어이다.
※ '늦-'이 접두사로도 쓰이므로, 파생어로 보기도 한다.
• 밤 + 낮: 명사와 명사가 결합된 통사적 합성어이다.

오답 분석

② • 앞 + 뒤: 명사와 명사가 결합된 통사적 합성어이다.
• 똥 + 오줌: 명사와 명사가 결합된 통사적 합성어이다.

③ • 힘(이) + 들다: '주어 + 서술어'의 구성으로 주격 조사 '이'가 생략된 통사적 합성어이다.
• 앞(에) + 서다: '부사어 + 서술어'의 구성으로 부사격 조사 '에'가 생략된 통사적 합성어이다.

④ • 맛(이) + 있다: '주어 + 서술어'의 구성으로 주격 조사 '이'가 생략된 통사적 합성어이다.
• 힘(이) + 차다: '주어 + 서술어'의 구성으로 주격 조사 '이'가 생략된 통사적 합성어이다.

02

정답 ③

정답 해설

③ '덮밥, 굳세다, 굶주리다'는 모두 어미가 빠진 상태이며, 우리말에서 어미가 생략된 상태로 합성어가 되면 '비통사적 합성어'가 된다.
• 덮- + 밥: 용언의 어간 '덮-'과 명사 '밥'이 관형사형 어미 '-은' 없이 결합한 비통사적 합성어이다.
• 굳- + 세다: 용언의 어간 '굳-'에 어간 '세다'가 연결 어미 '-고/어' 없이 결합한 비통사적 합성어이다.
• 굶- + 주리다: 용언의 어간 '굶-'과 어간 '주리다'가 연결 어미 '-고/어' 없이 결합한 비통사적 합성어이다.

오답 분석

① • 가난 + 하다, 영원 + 하다: 명사와 접미사 '-하다'가 결합한 파생어이다.
• 앞 + 서다: 명사 '앞'과 용언 '서다'의 결합으로 부사격 조사 '에'가 생략된 '부사어+서술어'의 형태를 지닌 통사적 합성어이다.

② • 붙- + 잡다: 용언의 어간 '붙-'에 어간 '잡다'가 연결 어미 '-고/어' 없이 결합한 비통사적 합성어이다.
• 손 + 쉽다: 명사 '손'과 용언 '쉽다'의 결합으로 주격 조사 '이'가 생략된 '주어 + 서술어'의 형태를 지닌 통사적 합성어이다.
• 그만 + 두다: 부사 '그만'과 용언 '두다'의 결합으로 통사적 합성어이다.

④ • 갈림 + 길: 용언의 명사형 '갈림'과 명사 '길'의 결합으로 통사적 합성어이다.
※ '어간+ -(으)ㅁ, 기'의 형태가 문장이 아닌 단어로만 제시되는 경우, '어간+ -(으)ㅁ, 기'의 품사는 명사이다.

03

정답 ③

정답 해설

③ '우짖다', '검푸르다'는 비통사적 합성어이나, '어린이', '안팎'은 통사적 합성어이다.
• 우- + 짖다: 용언의 어간 '울-'과 용언 '짖다'가 연결 어미 없이 결합된 비통사적 합성어이다.
※ '열 + 닫 + 다', '울 + 짖 + 다'에서 'ㄹ'이 탈락하는 것은 파생어나 합성어에서 앞말이 'ㄹ'로 끝나고 뒷말이 'ㄴ, ㄷ, ㅅ, ㅈ'로 시작할 때 'ㄹ' 탈락 현상이 일어난다는 한글 맞춤법 제28항에 따른 것이다.
• 검- + 푸르다: 용언의 어간 '검-'과 용언 '푸르다'가 연결 어미 없이 결합된 비통사적 합성어이다.
• 어리 + -ㄴ + 이 : 용언의 어간 '어리-'에 관형사형 전성 어미 '-ㄴ'이 붙어 명사 '이'와 결합된 통사적 합성어이다.
• 안 + 팎 : 명사 '안'과 명사 '밖'이 결합된 통사적 합성어이다.
※ '안 + 밖'은 합성어가 되는 경우 '안팎'으로 변하는 예외적인 표기를 하는 단어이지만, 단어의 짜임은 '안 + 밖', 즉 '명사 + 명사'의 결합으로 판단하면 된다.

오답 분석

① • 감발: 용언의 어간 '감-'과 명사 '발'이 연결 어미 없이 결합한 비통사적 합성어이다.
• 덮밥: 용언의 어간 '덮-'과 명사 '밥'이 연결 어미 없이 결합한 비통사적 합성어이다.
• 접칼: 용언의 어간 '접-'과 명사 '칼'이 연결 어미 없이 결합한 비통사적 합성어이다.
• 여닫다: 용언의 어간 '열-'과 용언 '닫다'가 연결 어미 없이 결합한 비통사적 합성어이다.

② • 등산(登+山): 서술어 '오르다'와 부사어 '산에'가 결합하여 우리말 어순과 다른 비통사적 합성어이다.
• 독서(讀+書): 서술어 '읽다'와 목적어 '책을'이 결합하여 우리말 어순과 다른 비통사적 합성어이다.
• 높푸르다: 용언의 어간 '높-'과 용언 '푸르다'가 연결 어미 없이 결합한 비통사적 합성어이다.
• 뛰놀다: 용언의 어간 '뛰-'와 용언 '놀다'가 연결 어미 없이 결합한 비통사적 합성어이다.

④ • 헐떡고개: 부사 '헐떡'과 명사 '고개'가 결합한 비통사적 합성어이다.

• 곶감: 용언의 어간 '곶-'과 명사 '감'이 연결 어미 없이 결합한 비통사적 합성어이다.

• 척척박사 : 부사 '척척'과 명사 '박사'가 결합한 비통사적 합성어이다.

• 촐랑새 : 부사 '촐랑'과 명사 '새'가 결합한 비통사적 합성어이다.

04

정답 ②

정답 해설

② 돌다리: 명사 '돌'과 명사 '다리'가 결합한 합성어이다.

오답 분석

① 군말: 접두사 '군-'과 명사 '말'이 결합한 파생어이다.

③ 덧가지: 접두사 '덧-'과 명사 '가지'가 결합한 파생어이다.

④ 짓누르다: 접두사 '짓-'과 동사 '누르다'가 결합한 파생어이다.

05

정답 ②

정답 해설

② '씨감자'는 명사 '씨'와 명사 '감자'가 결합한 합성어이다. 따라서 '씨'는 접두사가 아니다.

오답 분석

① '막그릇'의 '막-'은 '거친, 품질이 낮은'의 뜻을 더하는 접두사이다.

③ '짓밟아버린'의 '짓-'은 '마구, 함부로, 몹시'의 뜻을 더하는 접두사이다.

④ '군식구'의 '군-'은 '가외로 더한 덧붙은'의 뜻을 더하는 접두사이다.

06

정답 ④

정답 해설

④ '용언의 연결형'이란 용언의 어간에 연결 어미가 있는 형태를 말한다. 그런데 '날뛰다'는 용언의 어간 '날-'이 연결 어미 없이 용언 '뛰다'와 결합한 비통사적 합성어이므로 통사적 합성어의 예로 적절하지 않다.

오답 분석

① '할미꽃'은 명사 '할미'와 명사 '꽃'이 결합한 통사적 합성어이다.

② '큰형'은 용언의 관형사형 '큰'과 명사 '형'이 결합한 통사적 합성어이다.

③ '빛나다'는 명사 '빛'과 용언 '나다'가 결합하여 '주어 + 서술어'의 구조를 가지는 통사적 합성이이다.

07

정답 ④

정답 해설

④ 낯설다: '낯(어근, 명사) + 설다(어근, 형용사)'의 구성으로 합성어이며 품사는 형용사이다.

오답 분석

① 지붕: '집(어근, 명사) + 웅(접미사)'의 구성으로 파생어이며 품사는 명사이다.

② 노름꾼: '노름(어근, 명사) + 꾼(접미사)'의 구성으로 파생어이며 품사는 명사이다.

③ 새롭다: '새(어근, 관형사) + 롭다(접미사)'의 구성으로 파생어이며 품사는 형용사이다.

08

정답 ④

정답 해설

④ 시나브로는 하나의 어근으로 이루어진 단일어이다.

오답 분석

① 까막까치: '까막(까마귀, 명사) + 까치(명사)'의 구성으로 합성어이다.

② 손발: '손(명사) + 발(명사)'의 구성으로 합성어이다.

③ 디딤돌: '디딤(명사) + 돌(명사)'의 구성으로 합성어이다. 참고로, '-ㅁ'의 경우 단어가 홀로 존재할 때에는 파생 접미사로 취급한다.

09

정답 ②

정답 해설

② 부채질: '부채(명사) + 질(접미사)'의 구성으로 파생어이다.

오답 분석

① 첫사랑: '첫(관형사) + 사랑(명사)'의 구성으로 합성어이다.

③ 돌계단: '돌(명사) + 계단(명사)'의 구성으로 합성어이다.

④ 빗소리: '비(명사) + 소리(명사)'의 구성으로 합성어이다.

10

정답 ④

정답 해설

④ 합성어는 '거짓말, 이것, 맛있다, 볶음밥, 높푸르다, 춘추'로 모두 6개이다.

• 거짓말: '거짓(명사) + 말(명사)'이 결합한 합성어이다.

• 이것: '이(관형사) + 것(명사)'이 결합한 합성어이다.

• 맛있다: '맛(명사) + 있다(형용사)'가 결합한 합성어이다.

• 볶음밥: 파생어 '볶음'과 '밥'의 결합으로, '볶(볶다: 동사) + 음(접미사) + 밥(명사)'이 결합한 합성어이다.

• 높푸르다: '높(높다: 형용사) + 푸르다(형용사)'가 결합한 합성어이다.

• 춘추: 춘(春: 봄) + 추(秋: 가을)'가 결합한 합성어이다.

오답 분석

• 날고기: '날(접두사) + 고기(명사)'가 결합한 파생어이다.

• 맏아들: '맏(접두사) + 아들(명사)'이 결합한 파생어이다.

11

정답 ①

정답 해설

① ㉠ 슬기(명사) → 슬기롭다(형용사): 형용사 파생 접사 '-롭다'가 붙어 품사가 달라졌으므로 ㉠의 예로 적절하다.

㉡ 접-(용언의 어간) + 칼(명사): 용언의 어간이 연결 어미 없이 명사와 결합한 비통사적 합성어이므로 ㉡의 예로 적절하다.

오답 분석

② ㉠ 무당(명사) → 선무당(명사): 품사가 달라지지 않았으므로 ㉠의 예로 적절하지 않다.

㉡ 늦-(용언의 어간) + 잠(명사): 용언의 어간이 연결 어미 없이 명사와 결합한 비통사적 합성어이므로 ㉡의 예로 적절하다.

③ ㉠ 공부(명사) → 공부하다(동사): 동사 파생 접미사 '-하다'가 붙어 품사가 달라졌으므로 ㉠의 예로 적절하다.

㉡ 힘(명사) + 들다(용언): 명사와 용언이 '주어 + 서술어'의 구조로 결합된 통사적 합성어이므로 ㉡의 예로 적절하지 않다.

④ ㉠ 먹다(동사) → 먹이(명사): 명사 파생 접미사 '-이'가 붙어 품사가 달라졌으므로 ㉠의 예로 적절하다.

㉡ 잘(부사) + 나가다(용언): 부사와 용언의 순서로 결합된 통사적 합성어이므로 ㉡의 예로 적절하지 않다.

12

정답 ②

정답 해설

② 'a 새해', 'b 힘들다', 'e 돌아가다'는 ㉠에 해당하고, 'c 접칼', 'd 부슬비', 'f 오르내리다' ㉡에 해당한다.

a. 새(관형사) + 해(명사): 관형사와 명사가 결합한 통사적 합성어이다.

b. 힘(명사, 주어) + 들다(동사, 서술어): 명사와 동사의 결합으로 주어와 서술어의 관계를 가지는 통사적 합성어이다.

c. 접('접다'의 어간) + 칼(명사): 용언의 어간이 어미 없이 명사와 결합한 비통사적 합성어이다.

d. 부슬(부사) + 비(명사): 부사와 명사가 결합한 비통사적 합성어이다.

e. 돌다(동사) + 가다(동사): 동사와 동사가 연결 어미 '-아'를 통해 결합한 통사적 합성어이다.

f. 오르('오르다'의 어간) + 내리다(동사): 용언의 어간에 연결 어미 없이 용언이 결합한 비통사적 합성어이다.

13

정답 ④

정답 해설

④ '넘어뜨리고'는 동사 '넘어'와 접미사 '-뜨리다'가 결합한 파생어로 동사이다. 그러므로 이때의 '-뜨리다'는 앞말의 품사를 바꾸지 못하는 한정적 접미사이다.

오답 분석

① '높이'는 '높다(형용사)'와 접미사 '-이'가 결합한 파생어로 '높이'는 명사가 되기 때문에 이때의 '-이'는 앞말의 품사를 바꾸는 ㉠이다.

② '영원히'는 '영원(명사)'과 접미사 '-히'가 결합한 파생어로 '영원히'는 부사가 되기 때문에 이때의 '-히'는 앞말의 품사를 바꾸는 ㉠이다.

③ '지우개'는 '지우-(동사)'와 접미사 '-개'가 결합한 파생어로 '지우개'가 명사가 되기 때문에 이때의 '-개'는 앞말의 품사를 바꾸는 ㉠이다.

14

정답 ①

정답 해설

① 동사 '먹다'와 사동 접미사 '-이-'가 결합한 파생어로, '먹이다'는 동사이기 때문에 '-이-'는 앞말의 품사를 바꾸는 역할을 하지 않는 ㉡에 속한다.

오답 분석

② '낮추다'는 형용사 '낮다'와 사동 접미사 '-추-'가 결합한 파생어로, 동사가 되기 때문에 '-추-'는 앞말의 품사를 바꾸는 지배적 접미사에 속한다.

③ '신비롭다'는 명사 '신비'와 접미사 '-롭다'가 결합한 파생어로 형용사가 되기 때문에 이때의 '-롭다'는 앞말의 품사를 바꾸는 지배적 접미사에 속한다.

④ '거절당하다'는 명사 '거절'과 접미사 '-당하다'가 결합한 파생어로 '거절당하다'는 동사가 되기 때문에 이때의 '-당하다'는 앞말의 품사를 바꾸는 지배적 접미사에 속한다.

15

정답 ③

정답 해설

③ 부슬비: 부사 '부슬부슬'과 명사 '비'가 결합하여 만들어진 단어로 부사가 명사 앞에 놓인 구조는 우리말의 통사적 구성 방식에 어긋나므로 비통사적 합성어이다.

오답 분석

① 작은형: 용언 '작다'와 체언 '형'이 결합된 형태로 관형사형 어미 '-은'이 결합한 통사적 합성어이다.

② 철들다: '철이 들다'의 형태에서 조사가 생략된 형태로 조사의 생략은 우리말의 통사적 구성에 어긋난 것이 아니다. 따라서 통사적 합성어이다.

④ 힘쓰다: '힘을 쓰다'의 형태에서 조사가 생략된 형태로 통사적 합성어이다.

16

정답 ③

정답 해설

③ <보기>의 설명을 정리하면 다음과 같다.

	종류	의미	예시
단어	단일어	• 하나의 어근으로 이루어진 말 • 어근: 단어에서 실질적 의미를 나타내는 중심 부분	바다, 놀다
	파생어	• 어근과 접사의 결합으로 이루어진 말 • 접사: 어근에 붙어 그 뜻을 더하는 부분	군살, 멋쟁이
	합성어	어근과 어근이 결합한 말	달빛, 뛰놀다

'검붉다'는 '검-', '붉다'로 나눌 수 있는데, '검붉다'는 '검은빛을 띠면서 붉다.'라는 의미이므로 '검-'이 '검다'에서 온 말인 것을 짐작할 수 있다. 따라서 '검-'도 어근, '붉다'도 어근이므로, '검붉다'는 합성어이다. 그러나 '나무꾼'은 '나무'와 '-꾼'으로 나눌 수 있는데, 이때 '나무'는 어근, '-꾼'은 접미사이므로 '나무꾼'은 파생어이다.

오답분석

① '치솟다'는 '치-'와 '솟다'의 결합으로 '치-'가 접두사로 쓰여 어근인 '솟다'에 '위로 향하게'의 의미를 더하고 있는 파생어이므로 적절하다.

② '지우개'는 '지우-'와 '-개'의 결합이다. '지우-'는 '지우다'의 어근이고, '-개'는 '그러한 행위를 하는 간단한 도구'의 뜻을 더해 주는 접미사이다. 따라서 '지우개'는 어근과 접사의 결합인 파생어이다. 또 '닭고기'는 어근 '닭'과 어근 '고기'가 결합한 합성어이므로 적절하다.

④ '개살구'는 접사 '개-'와 '살구'의 결합이고, '부채질'은 '부채'와 접사 '-질'의 결합이다. 두 단어 모두 접사가 쓰인 파생어이므로 적절하다.

17

정답 ②

정답해설

② '손목'은 어근 '손'과 어근 '목'이 결합된 합성어이므로 어근과 접사로 이루어진 파생어라는 설명은 적절하지 않다.

오답분석

① '물음'은 어근 '물-'과 접사 '-음'으로 이루어진 파생어이므로 적절하다.

③ '맛깔'은 어근 '맛'과 접사 '-깔'로 이루어진 파생어이므로 적절하다.

④ 사전 표제어의 붙임표는 직접 구성 요소를 나타내므로 적절하다.

18

정답 ②

정답해설

② 2문단과 3문단에 따르면 서술성이 없고 관형어의 수식을 받으면 명사 파생 접미사 '-(으)ㅁ'이 결합한 명사이고, 서술성이 있고 부사어의 수식을 받으면 명사형 전성 어미 '-(으)ㅁ'이 결합한 용언의 활용형이다. ②의 '그림'은 '그리- + -ㅁ'으로 분석되며, 관형어 '유화'의 수식을 받으면서 서술성이 없으므로 명사 파생 접미사 '-ㅁ'이 결합하였음을 알 수 있다.

오답분석

①③④의 밑줄 친 부분은 모두 명사형 전성 어미가 결합하였다.

① 반짝임: '반짝이- + -ㅁ'으로 분석된다. '무수히 반짝임'과 같이 부사의 수식을 받을 수 있으면서, '별은 낮에도 반짝이다.'와 같이 서술성을 가지고 있다. 따라서 '-ㅁ'은 명사형 전성 어미이다.

③ 불어옴: '불어오- + -ㅁ'으로 분석된다. '세게 불어옴'과 같이 부사어의 수식을 받을 수 있으면서, '찬바람이 불어오다.'와 같이 서술성을 가지고 있다. 따라서 '-ㅁ'은 명사형 전성 어미이다.

④ 시끄러움: '시끄럽- + -음'으로 분석된다. '너무 시끄러움'과 같이 부사의 수식을 받을 수 있으면서, '아이들이 시끄럽다.'와 같이 서술성을 가지고 있다. 따라서 '-음'은 명사형 전성 어미이다.

19

정답 ④

정답해설

④ <보기 1>의 밑줄 친 '먹기'는 부사 '많이'의 수식을 받는 말이므로 동사이다. 부사 '잘', '빙그레'의 수식을 받는 'Ⓒ 그림', 'ⓔ 웃음'도 '동사'이므로 품사가 같은 것은 Ⓒ, ⓔ이다. 참고로 관형어의 수식을 받는 'ⓐ 꿈', 'ⓒ 바람'은 명사이다.

20

정답 ②

정답해설

② (나) 한(限): '가능한'은 형용사 '가능하다'의 어간 '가능하-'와 관형사형 전성 어미 '-ㄴ'이 결합되어 활용한 형태이다. 용언의 관형사형은 뒤의 체언을 수식하므로 '가능한' 뒤의 '한(限)'은 명사이다.

(다) 뿐: '뿐'은 체언 뒤에서는 조사이며, 용언 뒤에서는 의존 명사이다. '뿐' 앞의 '웃을'은 용언이므로 여기서 '뿐'은 의존 명사이다.

21

정답 ②

정답해설

② '군밤'의 '군'은 접사가 아니라 용언 '굽다'의 관형사형과 명사가 결합한 통사적 합성어이며, '굶주리다'는 용언의 어간과 용언이 결합한 비통사적 합성이다.

오답분석

① '손발'은 명사와 명사가 결합한 통사적 합성어로 ㉠에 해당하나, '첫사랑'도 용언의 관형사형과 명사가 결합한 통사적 합성어이므로 ㉡에 해당하지 않는다.

③ '꺾쇠'는 용언의 어간과 명사가 결합한 비통사적 합성어로 ㉠에 해당하지 않고, '논밭'은 명사와 명사가 결합한 통사적 합성어로 ㉡에 해당하지 않는다.

④ '돌아가다'는 용언의 연결형과 용언이 결합한 통사적 합성어로 ㉠에 해당하나, '되팔다'는 '도로'의 뜻을 더하는 접두사 '되-'와 동사 '팔다'가 결합한 파생어로 ㉡에 해당하지 않는다.

22

정답 ①

정답해설

① '첫눈'은 관형사 '첫'과 명사 '눈'이 결합한 '합성어'이다.

오답분석

② '덧문'은 접사 '덧-'과 명사 '문'이 결합한 파생어이다.

③ '울음'은 동사 '울다'의 어간 '울-'에 명사 파생 접미사 '-음'이 결합한 파생어이다.

④ '웃음'은 동사 '웃다'의 어간 '웃-'에 명사 파생 접미사 '-음'이 결합한 파생어이다.

23

정답 ④

정답해설

④ '섞어찌개'는 용언의 관형사형이 아닌 '섞다'의 연결형 '섞어'와 명사 '찌개'가 결합한 비통사적 합성어이다.

오답분석

① '산길'은 명사 '산'과 명사 '길'이 결합한 합성 명사로 적절하다.

② '맺음말'은 용언의 명사형 '맺음'과 '말'이 결합한 합성 명사로 적절하다.

③ '볼거리'는 용언의 관형사형인 '보- + -ㄹ'이 명사 '거리'와 결합한 통사적 합성어이므로 적절하다.

24

정답 ③

정답 해설

③ '술래잡기'는 '술래'가 '잡기'를 수식하는 종속 합성어이고, '술래가 잡다.'와 같은 '주어 + 서술어' 관계이다. '걸음걸이'는 '걸음'이 '걸이'를 수식하는 종속 합성어이며, '걸음을 걷다.'와 같은 '목적어 + 서술어' 관계이다. 따라서 의미 관계는 같지만 문법적 관계는 다르다는 설명은 적절하다.

오답 분석

① '해맞이'는 '해'가 '맞이'를 수식하는 종속 합성어이고 '해를 맞다.'와 같은 '목적어 + 서술어' 관계이다. '턱걸이'는 '턱'이 '걸이'를 수식하는 종속 합성어이며, '턱을 걸다.'와 같은 '목적어 + 서술어' 관계다. 따라서 의미 관계와 문법적 관계가 모두 같다.

② '몸싸움'은 '몸'이 '싸움'을 수식하는 종속 합성어이고, '몸으로 싸우다.'와 같은 '부사어 + 서술어' 관계다. '손놀림'은 '손'이 '놀림'을 수식하는 종속 합성어이며, '손으로 놀리다.'와 같은 '부사어 + 서술어' 관계다. 따라서 의미 관계와 문법적 관계가 모두 같다.

④ '첫사랑'은 '사랑'의 첫 번째라는 뜻으로 쓰이므로 종속 합성어이고, '사랑이 첫 번째이다.'와 같은 '주어 + 서술어' 관계이다. '꺾은선'은 '꺾은'이 '선'을 수식하는 종속 합성어이며, '선을 꺾다.'와 같은 '목적어 + 서술어' 관계이다. 따라서 의미 관계는 같지만 문법적 관계가 다르다.

05 형태소

실전 학습 문제

p. 72

01	02	03	04	05
④	②	①	④	①
06	**07**	**08**	**09**	**10**
④	④	④	③	③
11	**12**	**13**	**14**	**15**
①	③	③	②	③
16	**17**	**18**	**19**	**20**
②	④	②	③	④

01

정답 ④

정답 해설

④ 제시된 문장을 형태소 단위로 나누면 '하늘, 이, 맑-, -고, 푸르-, -다'이다.

02

정답 ②

정답 해설

② 문법 형태소는 '음', '이', '-ㄴ', '은', '-게', '-ㄴ', '-다'로 총 7개이다.

오답 분석

① 문법 형태소는 '는', '을', '-다'로 총 3개이다.

③ 문법 형태소는 '에', '는', '과', '이', '다'로 총 5개이다.

④ 문법 형태소는 '는', '을', '고', '았', '다'로 총 5개이다.

03

정답 ①

정답 해설

① '떠내려갔다'에서 형태소는 '뜨-, -어, 내리-, -어, 가-, -았-, -다'로 총 7개이다.

오답 분석

② '따라 버렸다'에서 형태소는 '따르-, -아, 버리-, -었-, -다'로 총 5개이다.

③ '빌어먹었다'에서 형태소는 '빌-, -어, 먹-, -었-, -다'로 총 5개이다.

④ '여쭈어봤다'에서 형태소는 '여쭈-, -어, 보-, -았-, -다'로 총 5개이다.

04

정답 ④

정답 해설

④ '우리들 눈에 보였다.'에서 형태소는 '우리, 들, 눈, 에, 보-, -이-, -었-, -다'로 총 8개이다.

오답 분석

① '먹이를 나눠 줘라.'에서 형태소는 '먹-, -이, 를, 나누-, -어, 주-, -어라'로 총 7개이다.

② '달님에게 물어봐.'에서 형태소는 '달, -님, 에게, 묻-, -어, 보-, -아'로 총 7개이다.

③ '마음에도 안 찼니.'에서 형태소는 '마음, 에, 도, 안, 차-, -았-, -니'로 총 7개이다.

05

정답 ①

정답 해설

① 자립 형태소는 '바다'와 '매우'로 2개이다.

오답 분석

② 문법적인 기능을 수행하는 '형식 형태소'는 '가', '-고', '-다'로 모두 3개이다.

③ 구체적인 대상이나 동작, 상태를 표시하는 '실질 형태소'는 '바다', '매우', '넓-', '푸르-'이며, 다른 말에 기대어 사용되는 '의존 형태소'는 '가', '넓-', '-고', '푸르-', '-다'이므로 실질 형태소이면서 의존 형태소인 것은 '넓-, 푸르-'로 모두 2개이다.

④ 구체적인 대상이나 동작, 상태를 표시하는 '실질 형태소'는 '바다', '매우', '넓-', '푸르-'이며, 다른 말에 기대어 쓰이지 않고 홀로 사용될 수 있는 '자립 형태소'는 '바다', '매우'이므로 실질 형태소이면서 자립 형태소인 것은 '바다, 매우'로 모두 2개이다.

06

정답 ④

정답 해설

④ <보기>에서 자립 형태소는 '우리, 창, 밖, 하늘'이며, 형식 형태소는 '-는, -으로, -ㄴ, -을, -았-, -다'로 자립 형태소이면서 형식 형태소인 것은 없다.

오답 분석

① <보기>에서 실질 형태소는 '우리, 창, 밖, 푸르-, 하늘, 보-'로 모두 6개이다.

② <보기>에서 의존 형태소는 '는, -으로, 푸르-, -ㄴ, 을, 보-, -았-, -다'로 모두 8개이다.

③ <보기>에서 자립 형태소는 '우리, 창, 밖, 하늘'이며, 실질 형태소는 '우리, 창, 밖, 푸르-, 하늘, 보-'이므로 자립 형태소이면서 실질 형태소인 것은 '우리, 창, 밖, 하늘'로 모두 4개이다.

07

정답 ④

정답 해설

④ '그녀는 학교에서 열심히 달린다.'에서 자립 형태소이자 실질 형태소인 ㉠에 해당하는 것은 '그녀, 학교, 열심'이다. 또한 의존 형태소이자 실질 형태소인 ㉡에 해당하는 것은 '달리-'이다. 그리고 의존 형태소이자 형식 형태소인 ㉢에 해당하는 것은 '는, 에서, 히, -ㄴ, -다'이다. 따라서 '달린다'의 '달리-, -ㄴ, -다'는 ㉡과 ㉢에 해당하므로 적절하다.

08

정답 ④

정답 해설

④ 6문단에서 자립 형태소는 문장에서 다른 말이 없어도 쓰일 수 있는 형태소라고 하였다. <보기>의 문장에서 자립 형태소는 '그, 무지개, 떡, 손'으로 모두 4개이다.

오답 분석

① 다른 말을 넣어서 뜻이 달라진다면 그 단위는 뜻을 지니고 있는 것이므로, '무지개'와 '떡'은 각각 형태소이다.

② '맨-'은 '다른 것이 없는'의 뜻을 더하는 접사로, '맨-'의 유무로 단어의 뜻이 달라진다. 또한 5문단에서 형식 형태소에 '접사'가 있다고 하였으므로 '맨-'은 형태소이다.

③ '-ㄴ-'은 현재 시제를 나타내는 문법적인 뜻이 있으므로 하나의 형태소이다.

09

정답 ③

정답 해설

③ '추운'은 '춥다'의 어간 '춥-'과 관형사형 전성 어미 '-ㄴ'이 결합하면서 어간 말음 'ㅂ'이 'ㅜ'로 변하여 '추운'이 된 것이다. 어간과 어미는 각각의 형태소를 지니기 때문에 '추운'은 2개의 형태소를 지닌다.

오답 분석

① 접두사나 접미사는 홀로 사용할 수 없는 의존 형태소로, '한여름'의 '한-'은 의존 형태소에 해당한다.

② 명사의 자립성 여부에 따라 나눈 '자립 명사, 의존 명사' 역시 명사에 속하며 명사는 모두 자립 형태소에 해당한다.

④ '-았-'은 과거 시제를 나타내므로 실질적인 의미가 아니라 문법적인 뜻이 있다. 따라서 형식 형태소에 속한다.

10

정답 ③

정답 해설

③ '주의를'의 '주의', '주신다'의 '주-'는 어근이므로 실질 형태소에 해당하지만, '어머니께서'의 '께서'는 조사이므로 형식 형태소에 해당한다.

오답 분석

① '어머니께서'의 '께서'는 조사, '아이들에게'의 '-들'은 접미사, '주신다'의 '주-'는 어간이므로 모두 의존 형태소이다.

② '어머니께서'의 '께서'와 '주의를'의 '를'은 조사이고, 주신다'의 '-다'는 어미이므로 모두 형식 형태소이다.

④ '어머니께서'의 '어머니', '아이들에게'의 '아이', '주의를'의 '주의'는 체언이므로 모두 자립 형태소이다.

11

정답 ①

정답 해설

① '귀신'과 '집사'는 모두 나누면 본래의 뜻을 잃어버리므로 ㉠에 해당한다.

오답 분석

② ㉡은 환경에 따라 여러 발음으로 실현되는 것으로, 2문단 '빛[빋], 빛도[빋또], 빛이[비치], 빛만[빈만]'의 발음을 통해 볼 때 '잎[입], 잎도[입또], 잎이[이피], 잎만[임만]으로 발음되는 것을 추측할 수 있다.

③ '밥만'은 '[밤만]', '밟는다'는 '[밤는다]'로 발음된다. 둘 다 표기와 발음이 일치하지 않으므로 ㉢의 예에 해당한다.

④ '옷이[오시]'와 낮에[나제]는 모두 모음으로 시작하는 조사와 결합할 때 받침이 연음되므로 ㉣의 예에 해당한다.

12

정답 ③

정답 해설

③ ㉠은 의존 형태소이자 형식 형태소를 말하며, ㉠이 포함되어 있는 것은 '예쁘다, 아름답다, 맛있다'이므로 답은 ③이다.

- 예쁘다: '예쁘-(의존/실질 형태소)' + '-다(의존/형식 형태소)'
- 아름답다: '아름-(의존/실질 형태소) + -답다(의존/형식 형태소)

오답 분석

①② '개구리, 김치, 찌개'는 자립 형태소이자 실질 형태소이다.

④ '맛있다'는 실질/자립형태소인 '맛'과 실질/의존 형태소인 '있-'과 형식/의존 형태소인 '-다'가 결합한 구성으로, ㉠이 포함되어 있으나, '김치', 찌개'는 포함되지 않았다.

13

정답 ③

정답 해설

③ 3문단에 따르면 '예쁘'는 용언의 어간으로, 의존 형태소이자 실질 형태소로 분류된다.

오답 분석

① 1문단을 통해 하나의 단어는 하나의 형태소 또는 여러 개의 형태소로 구성될 수 있음을 알 수 있다.

② 조사는 홀로 자립하여 쓸 수 없으므로 의존 형태소이고, 실질적인 의미가 없으므로 형식 형태소에 해당한다.

④ '예쁜'은 '예쁘 + ㄴ'으로 분석되므로 총 2개의 형태소를 가지고 있다.

14

정답 ②

정답 해설

② '그 소식은 우리에게 매우 큰 기쁨을 주었다.'는 문장은 '그, 소식, 은, 우리, 에게, 매우, 크-, -ㄴ, 기쁘-, -ㅁ, 을, 주-, -었-, -다'라는 14개의 형태소로 이루어진 문장이다. 그중 '크-, 기쁘-, 주-'는 의존 형태소(㉡)이면서 실질 형태소(㉢)이지만, '-었-'은 의존 형태소(㉡)이면서 형식 형태소(㉣)에 해당한다.

오답 분석

① '그, 소식, 우리, 매우'는 자립성의 유무에 따라 다른 형태소와 결합하지 않고 홀로 쓰일 수 있는 자립 형태소(㉠)에 해당한다.

③ '그, 소식, 우리, 매우, 크-, 기쁘-, 주-'는 의미의 성격에 따라 실질적인 의미를 나타내는 실질 형태소(㉢)에 해당한다.

④ '은, 에게, 을'은 자립성의 유무에 따라 홀로 쓰일 수 없는 의존 형태소(㉡)이면서 의미의 성격에 따라 문법적인 의미를 나타내는 형식 형태소(㉣)이다. 또한 이 형태소들은 조사로서, 자립할 수 있는 형태소의 뒤에 붙어서 쉽게 분리될 수 있기 때문에 단어로 처리된다.

15

정답 ③

정답 해설

③ '햇과일'의 '햇-'은 접사, '사느라'에서 '-느라'는 어미로 모두 형식 형태소가 포함된 말이다.

오답 분석

① '먹일'은 '먹- + -이- + -ㄹ'의 구성, '사느라'는 '사- + -느라'의 구성으로 모두 의존 형태소로만 이루어져 있다.

② '햇과일'은 '햇- + 과일'의 구성으로 의존 형태소인 '햇-'과 자립 형태소인 '과일'로 이루어져 있다.

④ '먹일'은 '먹- + -이- + -ㄹ'의 구성으로 실질 형태소는 '먹-'이고, '힘들었다'는 '힘 + 들- + -었- + -다'의 구성으로 실질 형태소는 '힘'과 '들-'이다.

16

정답 ②

정답 해설

② 'ⓑ 정답게'는 명사 '정'과 접사 '-답-', 부사형 전성 어미 '-게'가 결합한 단어이다. <보기>에서 '접사와 어미'는 형태소이지만, 그 자체로 단어는 아니라고 하였으므로, 형태소를 분석한 것은 옳으나, 단어는 '정답게'로 분석해야 한다.

오답 분석

① 'ⓐ 떼가'는 명사 '떼'와 조사 '가'가 결합한 것으로, 조사는 하나의 형태소이자 단어이므로 형태소와 단어 모두 '떼, 가'로 분석한 것은 적절하다.

③ 'ⓒ 뛰어노는'은 '뛰- + -어 + 놀- + -는'이 결합한 것으로 어간과 어미는 모두 하나의 형태소이나 단어는 아니므로, 형태소를 '뛰-, -어, 놀-, -는'으로 분석하고 단어를 '뛰어노는'으로 분석한 것은 적절하다.

④ 'ⓓ 즐거웠다'는 '즐겁- + -었- + -다'가 결합한 것으로 어간과 어미는 모두 하나의 형태소이나 단어는 아니므로, 형태소를 '즐겁-, -었-, -다'로 분석하고 단어를 '즐거웠다'로 분석한 것은 적절하다.

17

정답 ④

정답 해설

④ '하나'는 '전혀', '조금도'의 뜻을 나타내는 말로 명사이므로 자립하여 사용할 수 있다.

오답 분석

① '새-'는 접두사로 색채를 나타내는 일부 형용사와 결합하여야만 쓰일 수 있다.

② '자라-'는 용언의 어간으로 어미와 결합하여야만 쓰일 수 있다.

③ '-는'은 관형사형 어미로 용언의 어간과 결합하여야만 쓰일 수 있다.

18

정답 ②

정답 해설

② ⓐ의 '-였-'은 '하다'나 '-하다'가 붙어 형성된 단어의 어간과 결합할 때 쓰이는 과거 시제 선어말 어미이다. '초라하였다'는 '-하다'가 붙어 형성된 '초라하다'의 어간에 과거 시제 선어말 어미 '-였-'과 어말 어미 '-다'가 결합된 단어이므로 선어말 어미 '-였-'이 사용된 예이다.

오답 분석

① '쌓였다'는 피동사 '쌓이다'의 어간에 과거 시제 선어말 어미 '-었-'과 어말 어미 '-다'가 결합된 단어이므로 과거 시제 선어말 어미로 '-었-'이 사용된 예이다.

③ '녹였다'는 사동사 '녹이다'의 어간에 과거 시제 선어말 어미 '-었-'과 어말 어미 '-다'가 결합된 단어이므로 과거 시제 선어말 어미로 '-었-'이 사용된 예이다.

④ '높였다'는 사동사 '높이다'의 어간에 과거 시제 선어말 어미 '-었-'과 어말 어미 '-다'가 결합된 단어이므로 과거 시제 선어말 어미로 '-었-'이 사용된 예이다.

19

정답 ③

정답 해설

③ <보기>를 형태소로 분석하면 다음과 같다.

선생	-님	께서	우리	-들	에게
명사	접사	조사	대명사	접사	조사
자립	의존	의존	자립	의존	의존
실질	문법	문법	실질	문법	문법
숙제	를	주-	-시-	-ㄴ	-다
명사	조사	어간	어미	어미	어미
자립	의존	의존	의존	의존	의존
실질	문법	실질	문법	문법	문법

'님'은 문법 형태소이자 의존 형태소, '숙제'는 실질 형태소이자 자립 형태소, '주'는 실질 형태소이자 의존 형태소이다. 따라서 '님'만 문법 형태소이므로 적절하지 않다.

오답 분석

① '선생님께서'의 '께서', '우리들에게'의 '들', '주신다'의 '주'는 모두 의존 형태소에 해당한다.

② '선생님께서'의 '께서', '숙제를'의 '를', '주신다'의 '다'는 모두 문법 형태소에 해당한다.

④ '선생님께서'의 '선생', '우리들에게'의 '우리', '숙제를'의 '숙제'는 모두 자립 형태소에 해당한다.

20

정답 ④

정답 해설

④ <보기>를 형태소로 분석하면 다음과 같다.

철수	의	풋-	사랑	은	결국	오해
자립	의존	의존	자립	의존	자립	자립
실질	문법	문법	실질	문법	실질	실질
로	파국	을	맞-	-았-	-다	
의존	자립	의존	의존	의존	의존	
문법	실질	문법	실질	문법	문법	

'철수의'의 '의', '풋사랑'의 '풋', '맞았다'의 '았'은 문법 형태소에 속하지만, '결국'은 부사로 실질 형태소에 속한다.

오답 분석

① '철수의'의 '의', '풋사랑'의 '풋-', '오해로'의 '로', '파국을'의 '을', '맞았다'의 '맞'은 모두 의존 형태소에 해당한다.

② '철수의'의 '의', '풋사랑'의 '풋-', '오해로'의 '로', '파국을'의 '을', '맞았다'의 '았'은 모두 의존 형태소에 해당한다

③ '철수의'의 '철수', '풋사랑'의 '사랑', '결국' '오해로'의 '오해', '파국을'의 '파국', '맞았다'의 '맞'은 모두 실질 형태소에 해당한다.

06 문장의 짜임

실전 학습 문제

p. 82

01	02	03	04	05
③	②	②	③	②
06	07	08	09	10
①	③	③	③	①
11	12	13	14	15
④	①	④	②	④
16	17	18	19	20
③	③	②	①	④

01

정답 ③

정답해설

③ 2문단을 통해 <보기>의 '내가 바라던'은 관형사형 어미 '-던'이 붙어 뒤의 명사 '합격'을 꾸며주는 관형어 기능을 하는 관형절임을 알 수 있다. ③의 '그 사람이 잡은'도 관형사형 어미 '-은'이 붙어 뒤의 명사 '손'을 꾸며주는 관형절이다.

오답분석

① ④ 2문단을 통해 '마음이 바뀌기'와 '내가 항복함'은 모두 명사형 어미 '-기'와 '-ㅁ'이 붙어 각각 주어와 부사어의 기능을 하는 명사절로 안긴 문장임을 알 수 있다.

② 2문단을 통해 '눈이 부시게'는 부사형 어미 '-게'가 붙어 부사어의 기능을 하는 부사절로 안긴 문장임을 알 수 있다.

02

정답 ②

정답해설

② 2문단을 통해 <보기>의 '소리도 없이'는 부사형 어미 '-이'가 붙어 부사어의 기능을 하는 부사절임을 알 수 있다. ②의 '그녀가 행복하도록'도 부사형 어미 '-도록'이 붙어 부사어의 기능을 하는 부사절로 안긴 문장이다.

오답분석

① '그녀가 한'은 관형사형 어미 '-ㄴ'이 붙어 '거짓말'을 수식하고 있으므로 관형어의 기능을 하는 관형절이다.

③ '머리가 아프다'가 인용격 조사 '-고'를 통해 인용되어 있는 인용절이다.

④ '술이 빈'은 관형사형 어미 '-ㄴ'이 붙어 '잔'을 수식하고 있으므로 관형어의 기능을 하는 관형절이다.

03

정답 ②

정답해설

② 2문단을 통해 <보기>의 '그가 정당했음'은 명사형 어미 '-음'이 붙어 목적어의 기능을 하는 명사절임을 알 수 있다. ②의 '비가 오기' 역시 명사형 어미 '-기'가 붙어 목적어의 기능을 하는 명사절이다.

오답분석

① '수영이가 추천한'은 관형사형 어미 '-ㄴ'이 붙어 '책'을 수식하고 있으므로 관형어의 기능을 하는 관형절이다.

③ '소리도 없이'는 부사형 어미 '-이'가 붙어 '들어왔다'를 수식하고 있으므로 부사어의 기능을 하는 부사절이다.

④ '세상에는 할 일이 많다'의 문장을 인용격 조사 '라고'를 통해 인용한 인용절이다.

04

정답 ③

정답해설

③ 2문단에서 '㉠ 서술절로 안긴 문장'은 서술어는 한 개이지만 주어가 2개인 경우를 말한다고 하였다. '철수가 장관이 되다.'는 '주어 + 보어 + 서술어'의 구성으로 주어와 서술어의 관계가 한 번이므로 홑문장이다.

※ '되다', '아니다'는 반드시 보충해주는 말인 '보어'를 필요로 하기 때문에 서술어로 제시되어 자릿수를 묻거나 문장의 짜임새를 물을 때 유의해야 한다.

오답분석

① '물건이 질이 좋다.'는 '주어 + 주어 + 서술어'의 구성으로 '질이 좋다'가 서술절로 안긴 문장이다.

② '우리 강아지는 머리가 좋다.'는 '관형어 + 주어 + 주어 + 서술어'의 구성으로 '머리가 좋다'가 서술절로 안긴 문장이다.

④ '그는 키가 크다.'는 '주어 + 주어 + 서술어'의 구성으로 '키가 크다'가 서술절로 안긴 문장이다.

05

정답 ②

정답해설

② 윗글을 통해 홑문장과 겹문장은 주어와 서술어의 개수에 따라 구분할 수 있음을 알 수 있다. '우리 집 정원에 드디어 장미꽃이 피었다.'에서 주어는 '장미꽃이'이고, 서술어는 '피었다'로 주어와 서술어가 각각 1개이므로 홑문장에 해당한다.

오답분석

① ③ ④ 2문단을 통해 서술어의 개수가 하나임에도 '서술절로 안긴 문장'은 겹문장임을 알 수 있다.

- 이 전시장은 창문이 아주 많다: 주어는 '전시장은'과 '창문이'로 2개이고, 서술어는 '많다'이다. '창문이 많다'가 서술절로 안긴 문장이다.
- 연필이 글씨가 잘 써진다: 주어는 '연필이'와 '글씨가'로 2개이고, 서술어는 '써진다'이므로 '글씨가 서진다'가 서술절로 안긴 문장이다.
- 옷들이 가격이 매우 싸다: 주어는 '옷들이'와 '가격이'로 2개이고, 서술어는 '싸다'이므로 '가격이 싸다'가 서술절로 안긴 문장이다.

06

정답 ①

정답해설

① '나는 밥을 먹고 학교에 갔다.'에서 앞뒤의 순서를 바꾸어 '나는 학교에 가고 밥을 먹었다'라고 쓰면 본래 의미와 달라지기 때문에 이는 종속적으로 이어진 문장이며 ㉠의 예에 해당하지 않는다.

07

정답 ③

정답 해설

③ 7문단에서 '-고'가 붙은 것은 인용절이라고 하였으므로, '재영이가 거짓말을 한다'에 '-고'가 붙은 문장은 명사절이 아닌 인용절임을 알 수 있다.

오답 분석

① 5문단을 통해 관형사형 어미 '-는'이 붙은 형태는 관형절임을 알 수 있다. 따라서 '도현이가 결백하다는 사실이 이제야 밝혀졌다.'는 '도현이가 결백하다'에 관형사형 전성 어미 '는'이 붙어 '사실'을 꾸며주는 관형절을 안은 문장이다.

② 6문단을 통해 서술어의 기능을 하는 서술절이 있음을 알 수 있다. '저 선생님은 아들이 공무원이다.'는 '주어 + 주어 + 서술어'의 구성이므로 '아들이 공무원이다'라는 서술절을 안은문장이다.

④ 5문단을 통해 부사형 어미 '-이'가 붙어 부사어의 기능을 하는 것은 부사절임을 알 수 있다. '말도 없-'에 부사형 어미 '-이'가 붙어 서술어 '나가 버리다'를 수식하고 있으므로 이는 부사절을 안은문장이다.

08

정답 ③

정답 해설

③ '수만 명의 관객들이 공연장을 가득 채웠다.'에서 주어는 '관객들이'이고 서술어는 '채웠다'로 각각 1개이므로 홑문장에 해당한다.

오답 분석

① '날이 추워지면 방한용품이 잘 팔린다.'는 '날이 추워지다'와 '방한용품이 잘 팔린다'가 연결 어미 '-지만'을 통해 종속적으로 이어진 문장이다.

② '철수가 먹다'에 관형사형 어미 '-은'이 붙어 '마라탕'을 수식하고 있으므로 '철수가 먹은'은 관형절로 안긴 문장이다.

④ '영수는 너무 배가 고프다.'에서 주어는 '영수는, 배가'로 2개이고, 서술어는 '고프다'이므로 '배가 고프다'가 서술절로 안긴 문장이다.

09

정답 ③

정답 해설

③ '우리가 돌아오다'에 관형사형 어미 '-ㄴ'이 붙어 '사실'을 꾸며주는 관형절을 안은문장이다. ①, ②, ④는 모두 부사절을 안은문장이므로 문장의 짜임새가 다른 것은 ③이다.

오답 분석

① '나는 형과 다르다'에 부사형 어미 '-이'가 붙어 서술어 '잘한다'를 수식하는 부사절을 안은문장이다.

② '내가 집중하다'에 부사형 어미 '-도록'이 붙어 서술어 '배려하다'를 수식하는 부사절을 안은문장이다.

④ '소리도 없다'에 부사형 어미 '-이'가 붙어 서술어 '다가왔다'를 수식하는 부사절을 안은문장이다.

10

정답 ①

정답 해설

① '(2) 그녀가 거짓말을 했음이 밝혀졌다.'에서 '그녀가 거짓말을 했음'을 생략하면 '밝혀졌다'만 남기 때문에 문장의 주술 관계가 성립하지 않는 문장도 있음을 확인할 수 있다.

오답 분석

② (1)과 (2)에서 명사절이 조사와 결합하여 각각 목적어와 주어로 쓰이고 있으므로, 명사절이 격 조사와 결합하여 다양한 문장 성분으로 쓰인다고 추론한 것은 적절하다.

③ 5문단에서 부사절과 인용절은 모두 '서술어'를 수식한다는 공통점이 있지만, 특징적 의미 기능을 갖고 있는 것은 '인용절'에만 해당함을 알 수 있다. 따라서 부사절에서는 이를 확인할 수 없다고 추론한 것은 적절하다.

④ '(5) 그 고양이는 얼굴이 너무 귀엽다.'에서 '그 고양이는(주어)'에 해당하는 서술어는 '얼굴이 너무 귀엽다'로, 서술절 전체가 서술어가 된다.

11

정답 ④

정답 해설

④ ⓛ의 안긴문장인 '내가 본 영화'에서 주어인 '내가'가 생략되지 않고 명시되어 있고 ⓒ의 안긴문장인 '너의 이야기가 너무 재미있어서'에도 주어인 '이야기가'가 생략되지 않았다.

오답 분석

① '우리가 이기기'라는 명사절은 목적어로 쓰이고 있으므로 적절하다.

② '내가 본'이라는 관형사절은 '영화'와 결합하여 주어로 쓰이고 있으므로 적절하다.

③ '너의 이야기가 너무 재미있어서'는 부사절로, 문장에서 부사어처럼 쓰이고 있으므로 적절하다.

12

정답 ①

정답 해설

① ⓐ의 '혼자 영화 보기를'은 명사절 '혼자 영화 보기'에 목적격 조사 '를'이 결합한 목적어이다. 그러나 ⓑ에는 목적어의 역할을 하는 안긴문장이 없다.

오답 분석

② ⓒ에는 부사어의 역할을 하는 안긴문장이 없으나, ⓑ에는 '말도 없이'라는 부사절이 문장에서 부사어의 역할을 하고 있으므로 적절하다.

③ ⓐ에는 서술어의 역할을 하는 안긴문장이 없으나, ⓒ에는 서술절 '두께가 정말 두꺼웠다'가 서술어의 기능을 하고 있으므로 적절하다.

④ ⓐ는 관형사절 '어제 만난'이, ⓑ는 관형사절 '나에게 실망한'이, ⓒ는 관형사절 '책상 위에 놓여 있던'이 문장에서 관형어의 역할을 하고 있으므로 적절하다.

13

정답 ④

정답 해설

④ ④는 종속적으로 이어진 문장이고, ①~③은 안은문장이므로 문장의 구성이 다른 것은 ④이다. ④는 '운동을 매일 한다'와 '건강이 안 좋다'가 '-는데도(-는데 + 도)'로 이어진 문장으로, 앞 절이 뒤 절의 조건이 된다.

오답 분석

① 관형사형 전성 어미 '는'을 이용해 '꽃이 피는'이 관형절로 안긴문장이다.

② 관형사형 전성 어미 'ㄴ'을 이용해 '내가 산'이 관형절로 안긴문장이다.

③ 명사형 전성 어미 '음'을 이용해 '영희가 시험에 합격했음'이 명사절로 안긴문장이다.

14

정답 ②

정답 해설

② '나는 그 책을 읽고 싶다.'의 '읽고 싶다'는 본용언, 보조 용언의 형태를 지니고 있다. 본용언, 보조 용언은 하나의 서술어로 보기 때문에 ②는 홑문장이 된다. 나머지는 겹문장이며 그중에서도 안은문장이다.

15

정답 ④

정답 해설

④ '그녀는 민호가 좋다고 말했다.'는 '-고'를 통해 다른 사람의 말을 인용한 인용절로 안긴 문장이다.

오답 분석

① '소리도 없이'의 부사절을 안은 문장이다.

② '-라고'의 형성 방법을 통해 '내일도 해는 뜬다'는 인용절을 안은 문장이다.

③ '장을 본'이라는 관형절을 안은 문장이다.

16

정답 ③

정답 해설

③ 'ⓒ 내가 사과를 산 시장은 값이 싸다.'에서는 '내가 시장에서 사과를 사다'가 관형절로 안겨 있고, '사과가 값이 싸다'가 서술절로 안겨 있다. 각각 부사어 '시장에서'와 주어 '사과가'가 생략되었기 때문에 목적어가 생략된 안긴문장이 있다는 설명은 적절하지 않다.

오답 분석

① 'ⓖ 농부들은 시원한 비가 오기를 기다린다.'에서는 '비가 시원하다'가 관형절로 안겨 있고, '비가 오다'가 명사절로 안겨 있다. 관형절의 주어 '비가'가 생략되었기 때문에 적절하다.

② 'ⓛ 아이가 작은 침대에서 소리도 없이 잔다.'에서는 '침대가 작다'가 관형절로 안겨 있고, '소리가 없다'가 부사절로 안겨 있다. 따라서 부사어의 기능을 하는 안긴 문장이 있다는 설명은 적절하다.

④ 'ⓔ 내가 만난 친구는 마음이 정말 따뜻하다.'에서는 '내가 친구를 만나다'가 관형절로 안겨 있고, '마음이 정말 따뜻하다'가 서술절로 안겨 있다. 2문단에서 서술절은 절 표지가 없다고 하였기 때문에 적절하다.

17

정답 ③

정답 해설

③ ⓒ에서 '친구가 집에 가기'라는 명사절이 조사 '를'과 결합하여 목적어로 쓰였으므로 조사와 결합하지 않고 부사어로 쓰였다는 설명은 적절하지 않다.

오답 분석

① ⓖ의 '색깔이 희기'라는 명사절이 조사 '가'와 결합하여 주어로 쓰였다.

② ⓛ의 '밥을 먹기'라는 명사절이 조사 '에'와 결합하여 부사어로 쓰였다.

④ ⓔ의 '봄이 되기'라는 명사절이 조사와 결합하지 않고 뒤에 있는 명사 '전'을 수식하는 관형어로 쓰였다.

18

정답 ②

정답 해설

② '그가 일등을 하기는'은 문장에서 주어의 역할을 하고 있다. 따라서 이는 명사절이 안긴 문장이다.

오답 분석

① 안은문장은 다른 문장을 성분으로 안고 있는 문장이므로 주어와 서술어의 관계가 두 번 이상 나타나는 겹문장이다.

③ '토끼는 귀가 길다.'에서 '귀가 길다'는 서술절로 해당 문장은 서술절을 안은 겹문장이다.

④ '배가 고프다고'는 '-고'로 끝나며 인용절의 역할을 한다. 따라서 해당 문장은 인용절을 안고 있는 문장이다.

19

정답 ①

정답 해설

① 1문단에 따르면 관형사절에 생략된 말이 없으면 동격 관형사절이다. ①에서 '달이 뜨는'이 관형사절인데, 관형사절에서 생략된 말이 없으므로 동격 관형사절이다. 따라서 ①의 추론은 적절하다.

오답 분석

② 3문단 1~2번째 줄과 끝에서 1~3번째 줄을 통해 관형사절 속에 생략된 말이 있으면 관계 관형사절이고, 관계 관형사절 속에서 생략되는 문장 성분은 주어, 목적어, 부사어가 있음을 알 수 있다. ②에서 '마음을 담은'이 관형사절인데, 관형사절을 풀어 보면 '그는 편지에 마음을 담았다'이다. '그는'과 '편지에'가 생략되었으므로 주어와 부사어가 생략되었고, 생략된 문장 성분이 있으므로 관계 관형사절이다. 따라서 ②의 추론은 적절하지 않다.

③ '엄마가 요리한'이 관형사절인데, 관형사절을 풀어 보면 '엄마가 음식을 요리했다'이다. '음식을'이 생략되었으므로 목적어가 생략되었고, 생략된 문장 성분이 있으므로 관계 관형사절이다. 따라서 ③의 추론은 적절하지 않다.

④ '피자로 유명한'이 관형사절인데, 관형사절을 풀어 보면 '가게가 피자로 유명하다'이다. '가게가'가 생략되었으므로 주어가 생략되었고, 생략된 문장 성분이 있으므로 관계 관형사절이다. 따라서 ④의 추론은 적절하지 않다.

20

정답 ④

정답 해설

④ ⓒ의 홑문장 '마음씨가 곱다'는 안은문장의 서술절로 쓰이고 있다. 본래의 홑문장 주어 '마음씨가'는 안은문장의 서술절 속에서도 그대로 '곱다'의 주어로 쓰이므로 적절한 설명이 아니다.

오답 분석

① ㉠, ㉡의 홑문장은 안은문장에서 각각 명사절과 관형사절로 바뀌었다. 이때 종결 어미가 전성 어미 '-기'와 '-ㄴ'으로 바뀌었다.

② ㉠, ⓒ의 홑문장은 안은문장에서 명사절이 되어 목적어로 쓰이거나 서술절로 바뀌었다. 목적어나 서술어는 필수 성분에 해당하므로 적절하다.

③ ㉡의 홑문장 '내가 그림을 그렸다'가 관형사절로 안길 때 수식 받는 명사와 동일한 '그림을'이 생략된다. '그림을'은 '그린(그렸다)'의 목적어이므로 적절하다.

07 높임법

실전 학습 문제

p. 94

01	02	03	04	05
②	①	②	②	②
06	07	08	09	10
④	②	②	④	②
11	12	13	14	15
②	②	②	④	③
16	17	18	19	20
③	①	③	④	②

01

정답 ②

정답 해설

② '영희가 할머니께 과자를 드렸다.'는 문장에서 주어인 '영희'는 높이고 있지 않고, 조사 '께'와 특수 어휘 '드리다'를 통해 부사어인 '할머니'를 높이고 있으므로 '[주체-], [객체+]'로 분석한 것은 옳으나, 격식체 중 아주 낮춤 표현인 '해라체'를 사용하고 있으므로 [상대-]가 되어야 한다.

02

정답 ①

정답 해설

① '영호야, 내가 선생님께 꽃을 드렸다.'의 문장에서는 선어말 어미 '-(으)시-'와 같은 주체 높임 표현이 없으므로 주체인 '나'를 높이고 있지 않으나, 조사 '께'와 서술어 '드리다'를 통해 서술의 객체인 '선생님'을 높이고 있다. 또한 격식체 중 반말체인 '해라체'를 사용하고 있으므로 청자인 '영호'도 높이고 있지 않다. 따라서 [주체-], [객체+], [상대-]로 표시해야 한다.

03

정답 ②

정답 해설

② ⓑ에서는 객체인 어머니를 높이기 위해 '모시다'의 활용형 '모시고'를 사용하고 있다. 따라서 '모시고'라는 표현을 통해 대화의 상대인 선생님을 높이고 있다고 설명하는 것은 적절하지 않다.

오답 분석

① ⓐ에서는 주체인 선생님을 높이기 위해 '선생님께서는', '나오셔서', '주셨습니다'라는 표현을 사용하고 있다.

③ ⓒ에서는 주체인 선생님을 높이기 위해 '주다'에 선어말 어미 '-시-'가 결합한 '주셨습니다'라는 표현을 사용하고 있다.

④ ⓓ에서는 객체인 선생님을 높이기 위해 특수한 어휘인 '뵈다'의 활용형 '뵈러'를 사용하고 있다.

04

정답 ②

정답 해설

② '할아버지께서 집에 다녀가셨어.'는 주어인 할아버지를 '께서'와 '-시-'를 통해 높였으므로 [주체+], 화자인 나보다 청자가 낮으므로 높이지 않고 있어 [상대-]로 표시해야 한다.

05

정답 ②

정답 해설

② <보기>에서 객체 높임은 높임의 의미가 있는 특수 어휘에 의해 실현되거나, 부사격 조사 '께'를 통해 문장의 목적어나 부사어를 높이는 표현이라고 하였다. '민우는 어머니께 그 책을 드렸다.'는 부사격 조사 '께'와 높임의 의미가 있는 특수 어휘인 '드렸다'를 통해 문장의 목적어인 '어머니'를 높이고 있으므로 객체 높임의 예로 적절하다.

오답 분석

① '선생님께서는 댁에 계십니다.'는 '계시다'와 '께서'를 통해 문장의 주체인 '선생님'을 높이는 주체 높임법이 사용되었다.

③ '할아버지께서는 눈이 밝으십니다.'는 조사 '께서'를 사용하여 문장의 주체인 '할아버지'를 높이고, 주체 높임 선어말 어미 '-시-'를 사용하여 할아버지의 신체 일부인 '눈'을 간접적으로 높여주는 주체 높임법이 사용되었다.

④ '윤우야, 선생님께서 빨리 교무실로 오라고 하셔.'는 '께서'와 '하셔(하 + 시 + 어)'의 주체 높임 선어말 어미 '-시-'를 통해 문장의 주체인 선생님을 높이는 주체 높임법이 사용되었다. 또한 청자인 윤우는 화자와 대등한 관계이므로 상대 높임법인 '해체'를 사용하고 있다.

06

정답 ④

정답 해설

④ ㉠ 조사 '께서'와 선어말 어미 '-시-'를 사용하여 문장의 주체인 어머니를 높이는 주체 높임법이 사용된 문장이다.

㉡ 높임의 특수 어휘 '뵙다'를 사용하여 문장의 대상인 할아버지를 높이는 객체 높임법이 사용된 문장이다.

㉢ 조사 '께서'와 선어말 어미 '-시-'를 사용하여 문장의 주체인 할아버지를 높이는 주체 높임법과 해요체를 사용하여 청자를 높이는 상대 높임법이 함께 사용된 문장이다.

07

정답 ②

정답 해설

② ㉠: 주체 높임 선어말 어미 '-시-'를 사용하여 주체인 '교수님'을 높이고 있으므로 ㉠에는 '교수님'이 들어가야 한다.

㉡: 객체 높임의 특수 어휘 '여쭈다'를 사용하여 객체인 '할머니'를 높이고 있으므로 ㉡에는 '할머니'가 들어가야 한다.

㉢: '해요체'를 사용하여 청자인 '할머니'를 높이고 있으므로 ㉢에는 '할머니'가 들어가야 한다.

08

정답 ②

정답 해설

② '할머니께서는 잠귀가 매우 밝으신 편입니다.'는 주체인 '할머니'가 높임의 대상이므로 주체 높임 선어말 어미 '-시-'를 사용하여 '할머니의 잠귀'를 높이는 주체 간접 높임 표현이다.

09

정답 ④

정답 해설

④ '편찮다'라는 형용사의 주체는 '할머니'이므로 주체 높임이 쓰이고 있다.

오답 분석

① 목적어가 나타내는 대상인 '할머니'를 높여 '뵙고'를 썼으므로 객체 높임이 쓰였다.

② 목적어가 나타내는 대상인 '할머니'를 높여 '모시고'를 썼으므로 객체 높임이 쓰였다.

③ 부사어가 나타내는 대상인 '큰아버지'를 높여 '께'를 썼으므로 객체 높임이 쓰였다.

10

정답 ②

정답 해설

② '나는 어머니께 과일을 드렸다.'는 객체인 '어머니'를 조사 '께'와 높임의 특수 어휘 '드리다'를 통해 높인 것으로 객체 높임법이 사용되었음을 알 수 있다.

11

정답 ②

정답 해설

② '선생님, 영이가 혼자 갔어요'라는 문장에서는 청자인 '선생님'을 '해요체'를 통해 높이는 상대 높임법만 사용되었으므로, ㉡의 예로 적절하지 않다.

12

정답 ②

정답 해설

② ㄴ. 주체인 '어머니'를 조사 '께서'와 선어말 어미 '-시-'를 통해 높이고 있고, 객체인 '선생님'을 조사 '께'와 특수 어휘 '드리다'를 통해 높이고 있으며, '해요체'를 사용하여 청자를 높이고 있다.

ㄷ. '할아버지께서는 우리들을 많이 사랑해 주신다.'와 '(우리는) 할아버지를 자주 뵙고 싶습니다.'가 이어진 문장이다. 앞 문장에서는 주체인 '할아버지'를 조사 '께서'와 선어말 어미 '-시-'를 통해 높이고 있고, 뒤 문장에서는 객체인 '할아버지'를 특수 어휘 '뵙다'를 통해 높이고 있으며, '하십시오체'를 사용하여 청자를 높이고 있다.

오답 분석

ㄱ. 선어말 어미 '-(으)시-'와 같은 주체 높임 표현이 없으므로 주체인 '우리'를 높이고 있지 않고, 조사 '께'와 서술어 '뵈다, 뵙다, 여쭈다, 여쭙다, 드리다, 모시다'를 통해 서술의 객체를 높이는 표현도 없기 때문에 객체 높임법도 사용되지 않았다. 또한 격식체 중 반말체인 '해라체'를 사용하고 있으므로 청자인 '얘들'도 높이고 있지 않다.

ㄹ. 선어말 어미 '-(으)시-'와 같은 주체 높임 표현이 없으므로 생략된 주체인 '너'를 높이고 있지 않다. 또 조사 '께'와 서술어 '여쭈다'를 통해 서술의 객체를 높이는 표현을 사용했기 때문에 객체 높임법은 사용되었다. 그리고 격식체 중 반말체인 '해체'를 사용하고 있으므로 생략된 청자인 '너'를 높이고 있지 않다.

13

정답 ②

정답 해설

② 할아버지를 높이는 주체 높임법이 적절하게 사용되었다. 주격 조사 '께서', 선어말 어미 '-시-'(하시었어/하셨어)가 사용되었다.

오답 분석

① 고객님이 주문하신 커피 나오셨습니다(×) → 고객님이 주문하신 커피 나왔습니다(O): '-시-'를 남용하는 것은 바른 경어법이 아니다. 고객을 존대하려는 의도에서 나온 표현이지만 불필요하게 '-시-'를 넣은 경우이다.

③ 지금부터 사장님의 말씀이 계시겠습니다(×) → 지금부터 사장님의 말씀이 있으시겠습니다(O): 간접 높임법의 경우에 '있다'(형용사)는 '있으시다'로 실현된다.

④ 어머니께서 제게 시간을 여쭈어보셨어요(×) → 어머니께서 제게 시간을 물어보셨어요(O): '여쭈다'는 윗사람에게 쓸 수 있는 말이다. '여쭈다'로 자신을 높이고 있으므로 적절하지 못하다.

※ 여쭈다: 웃어른에게 말씀을 올리다. 웃어른에게 인사를 드리다. (= 여쭙다)

14

정답 ④

정답 해설

④ '계시다'는 주체를 직접 높일 때에 사용하는 단어로 주체 간접 높임에서는 사용하지 않는다. 따라서 '불편한 점이 계시면'은 '불편한 점이 있으시면'으로 수정해야 한다.

오답 분석

① 과장님, (제가 과장님께) 여쭈어볼 게 있어요(O): 생략된 부사어 '과장님께'를 높이는 객체 특수 어휘 '여쭈어'를 사용하고 있기 때문에 객체 높임법이 사용된 옳은 표현이다.

② 나도 그 선생님께 선물을 드렸어(O): 부사어 '선생님께'를 높이는 객체 특수 어휘 '드렸어'를 사용하고 있기 때문에 객체높임법이 사용된 옳은 표현이다.

③ 선생님께서 너 지금 교무실로 오시래(×) → 선생님께서 너 지금 교무실로 오라고 하셔(O): '오시래'는 '오시라고 해'의 준말로 '오다'의 주체인 '철수'를 높이고 있다. 전체 서술어 '해'의 주어는 '선생님'으로 '선생님'은 높여야 할 대상이기 때문에 서술어 '해'에는 선어말 어미'-시-'가 사용되어 '하시어(하셔)'로 표기되는 것이 올바르다. ③은 간접 높임을 지나치게 사용한 예시가 아니므로 밑줄 친 부분에 해당하지 않는다.

15

정답 ③

정답 해설

③ ⓒ에서 서술어 '드시다'의 주체는 '어머니'이며, 주격 조사 '께서'와 특수 어휘인 '드시다'를 활용하여 어머니를 높이고 있다. 따라서 객체가 아니라 주체를 높이고 있다고 탐구해야 한다.

오답 분석

① ㉠을 듣는 이는 분식집 직원이며, 화자인 딸은 종결 어미 '-요'를 활용하여 대화의 상대, 즉 듣는 이를 높임으로써 상대 높임을 실현하고 있다.

② ㉡의 주체는 '손님'이며, 화자인 직원은 선어말 어미 '-시-'를 활용하여 서술의 주체, 즉 문장의 주어를 높임으로써 주체 높임을 실현하고 있다.

④ ㉣에서 객체는 생략되어 있는 '손님'이며 화자인 직원은 특수 어휘 '드리다'를 활용하여 서술의 객체, 즉 문장의 목적어나 부사어를 높임으로써 객체 높임을 실현하고 있다.

16

정답 ③

정답 해설

③ '말씀'은 일반 어휘인 '말'을 높이는 특수 어휘이다. 따라서 ㉡은 특수 어휘인 '말씀'을 사용하여 서술의 주체인 '부모님'을 높이고 있다. '말씀'이 서술의 객체인 '할머니'를 높이고 있는 것이 아니다.

오답 분석

① ㉠은 '드려라'에서 종결 어미 '-(아/어)라'를 사용하여 상대 높임을 실현하고 있다.

② ㉠은 '할아버지께'에서 객체 높임을 실현하는 부사격 조사 '께'를 사용하여 서술의 객체인 '할아버지'를 높이고 있다.

④ ㉡은 주체 높임을 실현하여 문장의 주어인 '부모님'을 높이기 위해 '부모님께서'에서 주격 조사 '께서'를 사용하였고, '말씀하실'과 '하셨습니다'에서 선어말 어미 '-시-'를 사용하였다.

17

정답 ①

정답 해설

① [A] 주어가 나타내는 대상인 주체를 높이는 표현(주체 높임)이 사용되지 않은 문장을 가리킨다. ㄱ은 문장의 부사어가 나타내는 대상(객체)인 '할아버지'를 높이기 위해 '께'와 '드렸다'를 활용하였으므로 객체 높임 표현만 사용된 문장이다.

[B] 주체 높임 표현은 사용됐지만, 문장의 목적어나 부사어가 나타나는 대상인 객체를 높이는 표현(객체 높임)은 사용되지 않은 문장을 가리킨다. ㄴ은 주어가 나타내는 대상(주체)인 '할아버지'를 높이기 위해 '께서'와 '계신다'를 활용하였으므로 주체 높임 표현만 사용된 문장이다.

[C] 주체 높임 표현과 객체 높임 표현이 모두 사용된 문장을 가리킨다. ㄷ은 주체인 '어머니'를 높이기 위해 '께서'와 '가셨다'를 활용하였고 객체인 '할아버지'를 높이기 위해 '모시다'를 사용하였다.

18

정답 ③

정답 해설

③ '말씀'은 '말'을 높인 표현으로, '부모님이 ~ 말씀하셨다'의 호응 구조를 볼 때, ⓒ은 특수 어휘인 '말씀'을 사용하여 주어 '부모님'을 높이고 있다. '말씀'이 목적어 '어르신'을 높여 객체 높임법을 사용하고 있는 것이 아니다.

오답 분석

① ㉠은 '드려라'에서 종결 어미 '-(아/어)라'를 사용하여 상대 높임을 실현하고 있다.

② ㉠은 '아버지께'에서 객체 높임을 실현하는 부사격 조사 '께'를 사용하여 서술의 객체인 '아버지'를 높이고 있다.

④ ⓒ은 '하셨습니다'에서 상대 높임을 실현하는 종결 어미 '-습니다'를 사용하여 듣는 이인 '선생님'을 높이고 있다.

19

정답 ④

정답 해설

④ ㄹ의 주체인 '아버지'는 화자에게 높임의 대상이지만, 청자인 '할아버지'에게는 높임의 대상이 아니다. 따라서 화자는 주체인 '아버지'와 청자인 '할아버지'의 관계를 고려하여 '할아버지' 앞에서 '아버지'를 높이지 않고 있다. 한편 청자인 '할아버지'는 화자에게 높임의 대상이다. 따라서 화자는 '-습니다'를 사용하여 상대 높임을 실현하고 있다.

오답 분석

① ㄱ은 방송이라는 공적 담화의 객관성을 고려해 '세종대왕'을 높이지 않고 있다.

② ㄴ의 주체인 '어린이'는 화자에게 높임의 대상이 아니지만, 화자는 수업이라는 공적인 담화 상황을 고려하여 '어린이'에 대한 높임을 '-시-'로 실현하고 있다.

③ ㄷ의 주체인 '엄마'는 화자에게 높임의 대상이 아니지만, 청자인 '손자'에게는 높임의 대상이다. 따라서 화자는 주체인 '엄마'와 청자인 '손자'의 관계를 고려하여 '손자' 앞에서 '엄마'에 대한 높임을 '-시-'로 실현하고 있다.

20

정답 ②

정답 해설

② '제가 할머니를 모시고 왔습니다.'라는 문장의 종결 어미 '-습니다'를 통해 상대를 높였다는 것을 확인할 수 있다. 또한 객체에 해당하는 '할머니'를 높였다는 것을 특수 어휘 '모시고'를 통해 확인할 수 있다.

오답 분석

① 종결 어미 '-어요'가 붙은 형태이므로 상대를 높였음을 확인할 수 있으나, 그 외의 높임 표현은 확인할 수 없다.

③ 객체가 지시하는 대상인 '할아버지'를 높였다는 것을 조사 '께'와 특수 어휘 '드려'를 통해 확인할 수 있으나, 종결 어미 '-어'가 붙은 형태이므로 상대는 낮추어 표현한 것임을 확인할 수 있다.

④ 종결 어미 '-어'를 통해 상대를 낮췄음을 확인할 수 있으며, 조사 '께서'와 선어말 어미 '-시-'를 통해 주체를 높이고 있음을 확인할 수 있다.

08 한글 맞춤법

실전 학습 문제

p. 114

01	02	03	04	05
②	②	②	④	④
06	07	08	09	10
①	③	③	③	②
11	12	13	14	15
①	④	④	①	①
16	17	18	19	20
④	②	④	②	④

01

정답 ②

정답 해설

② ⓑ의 '수'는 의존 명사이므로 실질 형태소, '만'과 '은'은 보조사이므로 형식 형태소이다. 따라서 형태를 밝히어 적었다.

오답 분석

① 3문단 '체언에 조사가 붙거나 용언의 어간에 어미가 붙어 소리가 바뀔 때 형태를 밝히어 적는다.'를 통해 볼 때, ⓐ는 용언의 어간 '먹-'에 어미 '-을'이 결합하여 '먹을'이라고 표기하였으므로 형태를 밝히어 적은 것이다.

③ 4문단 '두 개의 용언이 어울려 한 개의 용언이 될 때에 '들어가다'처럼 앞말의 본뜻이 유지되고 있는 것은 그 원형을 밝히어 적는다.'를 통해 볼 때, ⓒ는 앞말의 본뜻이 유지되고 있으므로 형태를 밝혀 적은 것으로 올바른 설명이다.

④ 4문단 '다만, '드러나다'처럼 앞말이 그 본뜻에서 멀어진 것은 원형을 밝히어 적지 않는다.'를 통해 볼 때, ⓓ는 앞말 '쓸다'가 본뜻에서 멀어졌으므로 형태를 밝히어 적지 않았음을 확인할 수 있다.

02

정답 ②

정답 해설

② '높이'는 용언의 어간 '높-'에 접미사 '-이'가 붙어서 부사로 된 경우이므로 ⓒ의 예에 해당한다.

오답 분석

① '먹이'는 용언의 어간 '먹-'에 접미사 '-이'가 붙어 명사가 된 경우이므로 ㉠의 예로 적절하다.

③ '익히'는 용언의 어간 '익-'에 접미사 '-히'가 붙어 부사로 된 경우이므로 ⓒ의 예로 적절하다.

④ '너비'는 '넓다'의 옛말인 '넙다'의 어간에 접미사 '-이'가 붙어 명사가 되었으나 그 뜻이 어간의 뜻과 멀어져 원형을 밝혀 적지 않는 경우이므로 ⓒ의 예로 적절하다.

03

정답 ②

정답 해설

② '살짝'은 제5항 - 2의 규정에 따라 'ㄹ' 받침 뒤에서 나는 된소리는 된소리로 표기하므로 '살짝'으로 표기해야 한다. 따라서 '살짝'을 '살작'으로 표기해야 한다고 평가한 것은 적절하지 않다.

04

정답 ④

정답 해설

④ '뚝배기[뚝빼기]'는 부사 '뚝'이나 접미사 '-배기'와 의미적 관련성이 없는 말로, 단일어이다. 한편 '곱빼기[곱빼기]'에서 '-빼기'는 몇몇 뒤에 붙어 '그런 특성 있는 사람이나 물건'의 뜻을 더하는 접미사에 해당한다. 따라서 '뚝배기'와 '곱빼기'는 같은 규정이 적용된 표기가 아니다.

오답 분석

① '싹둑'과 '법석'은 각각 [싹뚝], [법썩]으로 소리 나지만, 'ㄱ, ㅂ' 받침 뒤에서 나는 된소리는 같은 음절이나 비슷한 음절이 겹쳐 나는 경우가 아니면 된소리로 적지 아니한다는 원칙에 의해 소리 나는 대로가 아닌 어법에 맞게 '싹둑', '법석'으로 표기한다.

② '똑딱똑딱'과 '짭짤하다'는 'ㄱ, ㅂ' 받침 뒤에서 나는 된소리로, 같은 음절이나 비슷한 음절이 겹쳐 나는 경우이므로 소리 나는 대로 된소리로 표기한다.

③ 제53항에 의하면 '할게'는 예사소리로 적는 '-(으)ㄹ게'라는 어미가 사용되었으므로 소리 나는 대로가 아닌 어법에 맞게 '할게'로 적어야 한다. 한편 '할까'는 의문을 나타내는 것으로 된소리로 표기한다.

05

정답 ④

정답 해설

④ '꽃을, 꽃이, 꽃밭'은 글자 그대로 읽지 않고 각각 [꼬츨], [꼬치], [꼳빧]으로 읽는다.

오답 분석

① '돗자리, 웃어른, 얼핏'은 'ㄷ' 소리로 나는 받침 중에서 'ㄷ'으로 적을 근거가 없기 때문에 'ㅅ'으로 적는 단어들로 제7항에 해당한다.

② '소쩍새, 해쓱하다, 움찔'은 한 단어 안에서 뚜렷한 까닭 없이 '쩍, 쓱'으로 된소리가 나기 때문에 된소리로 적는 단어들로 제5항에 해당한다. '싹둑, 갑자기, 깍두기'는 제5항 '다만' 부분에 포함되는 것으로 된소리로 적지 않는다는 설명은 올바르다.

③ '해돋이, 같이, 걷히다'는 'ㄷ, ㅌ' 받침 뒤에 종속적 관계를 가진 '-이(-)'나 '-히-'가 올 적에는 그 'ㄷ, ㅌ'이 'ㅈ, ㅊ'으로 소리나더라도 'ㄷ, ㅌ'으로 적는 단어들로 제6항에 해당한다.

06

정답 ①

정답 해설

① '광한루(廣寒樓)'의 '루(樓)'는 단어의 첫머리가 아니므로 [붙임 1]에 따라 본음대로 '광한루(廣寒樓)'로 적어야 한다.

오답 분석

② '락원(樂園)'의 '락(樂)'은 단어의 첫머리에 오므로 제12항에 따라 '낙원(樂園)'으로 적어야 한다.

③ '지뢰(地雷)'의 '뢰(雷)'는 단어의 첫머리가 아니므로 [붙임 1]에 따라 본음대로 '지뢰(地雷)'로 적어야 한다.

④ '상노인(上老人)'은 접두사처럼 쓰이는 '상(上)'과 '로인(老人)'의 결합이므로 [붙임 2]에 따라 '상노인(上老人)'으로 적어야 한다.

07

정답 ③

정답 해설

③ 백분율, 왕능(×) → 백분율, 왕릉(○): 2문단에서 '열, 율', '렬, 률'로 끝나는 한자어는 모음이나 ㄴ 받침 뒤에 올 때, 두음법칙에 따라 '열, 율'로 표기하고, 그 외의 경우에는 '렬, 률'로 표기한다는 내용을 통해 '백분율'로 표기한 것은 옳다. 그러나 한자어 뒤에 있는 1음절 한자어는 모두 두음법칙을 적용하지 않는다고 하였으므로 '왕릉'으로 표기해야 한다.

오답 분석

① ② ④ 3문단에서 고유어나 외래어 뒤에는 '난', '양'이 결합하고 한자어 뒤에는 '란', '량'이 결합함을 알 수 있다. 그러므로 한자어인 '학습', '투고', '독자' 뒤에는 모두 '란'이 결합해야 한다. 또한 모음이나 'ㄴ' 받침 뒤에서는 '율', 그 외에는 '률'로 표기한다고 하였으므로, '합격률, 명중률, 실패율'로 표기한 것은 옳다.

- 합격률, 학습란(○)
- 명중률, 투고란(○)
- 독자란, 실패율(○)

08

정답 ③

정답 해설

③ '높이'는 어간 '높-'에 '-이'가 결합해 만들어진 명사이므로, 제19항을 적용하여 '노피'를 '높이'로 정정해야 한다. 따라서 제23항을 적용하는 것은 적절하지 않다.

오답 분석

① '드러나다'는 두 개의 용언이 어울려 한 개의 용언이 될 적에 그 본뜻에서 멀어진 합성 동사이다. 따라서 한글 맞춤법 제15항 [붙임 1]을 적용해 '드러났다'로 표기한 것은 적절하다.

② '얼음'은 어간 '얼-'에 '-음'이 결합해 만들어진 명사이다. 따라서 한글 맞춤법 제19항을 적용해 '얼음'으로 표기한 것은 적절하다.

④ '홀쭉이'는 어근 '홀쭉-'에 '-이'가 결합해 만들어진 명사이고, 어근 '홀쭉-'에 '-하다'가 결합할 수 있다. 따라서 한글 맞춤법 제23항을 적용해 '홀쭈기'를 '홀쭉이'로 정정해야겠다고 판단한 것은 적절하다.

09

정답 ③

정답 해설

③ 어간 '살-'에 '-ㅁ'이 붙어서 된 '삶'은 명사일 뿐만 아니라 어간의 본뜻과 도 멀어진 것이 아니므로 ㉠에 해당한다.

오답 분석

① 어간 '먹-'에 '-이'가 붙어서 된 '먹이'는 품사가 명사로 바뀌었으며, 그 어간의 원형도 유지되고 있으므로 ㉠에 해당한다.

② 어간 '작-'에 '-히'가 붙어서 된 '작히'는 부사이므로 ㉡에 해당한다.

④ 어간 '막-'에 '-암'이 붙은 '마감'은 '-이'나 '-음/-ㅁ' 이외의 모음으로 시작된 접미사(-암)이 붙어서 다른 품사(명사)로 바뀌었으므로 ㉣에 해당한다.

10

정답 ②

정답 해설

② 3문단에서 '골탕, 골병, 업신여기다, 며칠'과 같은 단어들은 어원이 분명하지 않기 때문에 모두 원형을 밝혀 적지 않고 소리 나는 대로 표기한다고 설명하고 있으므로 '없신여기다'로 표기하는 것은 적절하지 않다.

오답 분석

① 1문단 '헛-'과 '웃음'이 결합하는 접두 파생어 '헛웃음' 역시 각각의 원형을 그대로 밝혀서 적는다.'를 통해 확인할 수 있다.

③ 끝소리가 'ㄹ'인 말과 딴 말이 어울릴 적에 'ㄹ' 소리가 나지 아니하는 것은 원형을 밝히어 적지 않고 소리 나는 대로 적는다는 제28항을 통해 어간의 끝소리가 'ㄹ'인 '울-'과 '짖다'가 어울릴 적에 'ㄹ'이 탈락하여 '우짖다'로 적는 것을 추론할 수 있다.

④ 끝소리가 'ㄹ'인 말과 딴 말이 어울릴 적에 'ㄹ' 소리가 'ㄷ' 소리로 나는 것도 원형을 밝히어 적지 않고 'ㄷ'으로 적는다는 제29항을 통해 '바느질'과 '고리'가 결합하는 경우에는 '반짇고리'가 된다는 것을 추론할 수 있다.

11

정답 ①

정답 해설

① '밭일'은 둘 이상의 단어가 어울리는 경우, '헛웃음'은 접두사가 붙어서 이루어진 말로 모두 제27항에 따라 그 원형을 밝히어 적은 것이다.

오답 분석

② '알아가다', '붙잡다'는 모두 제27항에 따라 어원이 분명하고 앞 단어의 본뜻이 유지되는 단어로 원형을 밝히어 적는다.

③ '무늬'가 [무니]로 소리 나지만 '무늬'로 적는 것은 ㉡의 원칙이 적용되었기 때문이다.

④ 제27항 [붙임 3]은 소리가 나는 대로 'ㄴ'로 적는다는 것이므로 ㉠의 원칙이 적용된 것이다. [붙임 3 해설]을 통해 [붙임 3]과 같이 적음으로써 의미 혼동을 줄일 수 있음을 알 수 있으나, ㉠의 원칙은 단어는 그 말이 놓이는 환경에 따라 소리가 달라지는데 이를 그대로 적기 때문에 의사소통의 효율성이 떨어진다는 한계가 있다.

12

정답 ④

정답 해설

④ '누- + -이- + -어'는 ㉣에 따라 '뉘어'로 적을 수도 있고, ㉢에 따라 '누여'로 적을 수도 있다. 따라서 ㉣이 적용된 '뉘어'에 대해 다시 ㉢을 적용하여 '뉘여'로 적을 수 있다는 설명은 타당하지 않다.

오답 분석

① ㉠에 따라 '갰다'는 'ㅐ' 뒤에 '-었-'이 어울려 준 경우이고, '베'는 'ㅔ' 뒤에 '-어'가 어울려 준 경우이다.

② ㉡에 따라 '꽈'는 'ㅗ' 뒤에 '-아'가 어울려 'ㅘ'가 된 경우이고, '쒔다'는 'ㅜ' 뒤에 '-었-'이 어울려 'ㅝ'이 된 경우이다.

③ ㉣에 따라 '채었다'는 어간 '(발로) 차-'에 '-이-'가 붙어 '채-'가 되고, 뒤에 '-었다'가 붙은 경우이다.

13

정답 ④

정답 해설

④ 1문단 끝에서 1~3번째 줄에서 앞말의 받침이 유성음이 아닌 자음이 올 경우 '하'가 통째로 사라진다고 하였으므로, '생각하건대'의 준말은 '생각건대'이다. 따라서 '생각컨대'가 준말이라는 추론은 적절하지 않다.

오답 분석

① '넉넉하지 않다'는 앞말의 받침이 'ㄱ'이므로 '하'가 통째로 줄기 때문에 '넉넉잖다'로 줄여 사용할 수 있다는 추론은 적절하다.

② '흔하다'는 앞말의 받침이 유성음인 'ㄴ'이므로 '하'의 'ㅏ'가 탈락하고 'ㅎ'이 뒷말과 결합하기 때문에 '흔타'라는 준말로 만들 수 있다는 추론은 적절하다.

③ '적지 않다'는 앞말의 받침이 'ㄱ'이므로 '하'가 통째로 줄기 때문에 '적잖다'로 표기할 수 있다는 추론은 적절하다.

14

정답 ①

정답 해설

① 아랫층(×) → 아래층(○): 아래층은 순우리말과 한자어로 된 합성어이지만 제30항-2의 조건에 해당하지 않으므로 사이시옷을 표기하지 않는다. 참고로, 뒤의 어근이 거센소리나 된소리로 시작하는 경우 사잇소리 현상은 일어나지 않는다.

15

정답 ①

정답 해설

① '도매가격(都賣價格)'과 '도맷값(都賣-)'은 둘 다 합성 명사이다(ⓐ). 그런데 결합하는 두 말의 어종이 전자는 '한자어 + 한자어'이고 후자는 '한자어 + 고유어'라는 점에서 사이시옷 표기 여부가 갈린다(ⓑ). 두 단어 모두 앞말이 모음으로 끝나며(ⓒ), 뒷말 첫소리가 된소리로 바뀐다(ⓓ). 따라서 ㉠의 1가지 조건은 ⓑ이다.

오답분석

② '전세방(傳貰房)'과 '아랫방(--房)'은 둘 다 합성 명사이다(ⓐ). 그런데 결합하는 두 말의 어종이 전자는 '한자어 + 한자어'이고 후자는 '고유어 + 한자어'라는 점에서 사이시옷 표기 여부가 갈린다(ⓑ). 두 단어 모두 앞말이 모음으로 끝나며(ⓒ), 뒷말 첫소리가 된소리로 바뀐다(ⓓ). 따라서 ㉡의 1가지 조건은 ⓑ이다.

③ '버섯국'과 '조갯국'은 둘 다 합성 명사이며(ⓐ), 결합하는 두 말의 어종은 '고유어 + 고유어'이다(ⓑ). 그런데 전자는 앞말이 자음으로 끝나고, 후자는 모음으로 끝난다는 점에서 사이시옷 표기 여부가 갈린다(ⓒ). 두 단어 모두 뒷말 첫소리가 된소리로 바뀐다(ⓓ). 따라서 ㉢의 1가지 조건은 ⓒ이다.

④ '인사말(人事-)'과 '존댓말(尊待-)'은 둘 다 합성 명사이며(ⓐ), 결합하는 두 말의 어종이 '한자어 + 고유어'이다(ⓑ). 또한, 두 단어 모두 앞말이 모음으로 끝난다(ⓒ). 그런데 '존댓말'은 앞말 끝소리에 'ㄴ' 소리가 덧남에 비해 '인사말'은 그렇지 않다는 점에서 사이시옷 표기 여부가 갈린다(ⓓ). 따라서 ㉣의 1가지 조건은 ⓓ이다.

16

정답 ④

정답해설

④ 철수의 발화를 고려하면 '대로, 만큼' 등은 관형어 뒤에서 의존 명사로 쓰일 때는 띄어 쓰고, 체언 뒤에서 조사로 쓰일 때는 붙여 써야 함을 알 수 있다. '놀 만큼'에서 '만큼'은 '놀'이라는 용언의 관형사형(관형어) 뒤에서 '앞의 내용에 상당한 수량이나 정도임을 나타내는 말'이라는 의미의 의존 명사로 쓰였으므로 앞말과 띄어 쓰는 것이 적절하다.

오답분석

① '아는대로'에서 '대로'는 '아는'이라는 용언의 관형사형(관형어) 뒤에서 '어떤 모양이나 상태와 같이'라는 의미의 의존 명사로 쓰였으므로 앞말과 띄어 써야 한다.

② '말 만큼'에서 '만큼'은 '말'이라는 체언 뒤에서 '앞말과 비슷한 정도나 한도임'이라는 의미의 조사로 쓰였으므로 앞말과 붙여 써야 한다.

③ '생각 대로'에서 '대로'는 '생각'이라는 체언 뒤에서 '앞에 오는 말에 근거하거나 달라짐이 없음'이라는 의미의 조사로 쓰였으므로 앞말과 붙여 써야 한다.

17

정답 ②

정답해설

② '떠내려가다'는 합성어이고 어간이 '떠내려가-'로 3음절 이상이다. 따라서 보조 용언과 항상 띄어 써야 한다.

오답분석

① 본용언 '막다'와 보조 용언 '내다'가 '-아'로 이어져 있으므로 붙여쓰기와 띄어쓰기 모두 가능하다.
- '막아 내겠다'(원칙), '막아내겠다'(허용)

③ 본용언 '이기다'와 보조 용언 '내다'가 '-어'로 이어져 있고, '이기다'의 어간이 2음절이므로 붙여쓰기와 띄어쓰기 모두 가능하다.
- '이겨 냈다'(원칙), '이겨냈다'(허용)

④ 본용언 '아니다'에 관형사형 어미 '-ㄴ'이 붙고 보조 용언이 '성싶다'이므로 붙여쓰기와 띄어쓰기 모두 가능하다.
- '아닌 성싶다'(원칙), '아닌성싶다'(허용)

18

정답 ④

정답해설

④ ㉣에 사용된 '이다'는 서술격 조사이므로 제41항에 따라 '뿐이다'와 같이 앞말에 붙여 써야 한다.

오답분석

① ㉠의 단위성 의존 명사 '자루'는 제43항에 따라 '한'과 띄어 써야 한다.

② ㉡의 '뿐'은 대명사 뒤에 있는 조사로 붙여 써야 한다.

③ ㉢의 '이해해'와 '줄'은 본용언과 보조 용언의 형태로 띄어 쓰는 것이 원칙이지만 제47항에 따라 붙여 쓰는 것도 허용된다.

19

정답 ②

정답해설

② '수'를 적을 적에는 '만(萬)' 단위로 띄어 쓴다고 하였기 때문에 '이억'과 '삼천'은 띄어쓰기를 해야 한다.

오답분석

① ㉠으로 보아, 성과 직책은 띄어쓰기를 하기 때문에 '최 과장'으로 쓰는 것이 올바르며, 4문단 '성과 이름, 호를 함께 사용하는 경우에는 '화담 서경덕'과 같이 쓴다.'의 내용을 통해 볼 때, '충무공 이순신 장군'으로 표기하는 것도 올바르다.

③ ㉢의 사례로 볼 때, 어간과 어미는 붙여쓰기를 하는데, '돋(어간) + 듯이(어미)'의 형태를 지닌 '돋듯이'도 붙여 쓰는 것이 올바르다.

④ 3문단 '단음절로 된 단어가 연이어 나타날 적에는 붙여 쓸 수 있다.'는 내용을 통해 '잔 듯 만 듯'은 단음절이 연이어 나온 말로 '잔듯 만듯'으로도 쓸 수 있음을 알 수 있다.

20

정답 ④

정답해설

④ '별처럼'은 명사 '별'과 보조사 '처럼'을 붙여 쓴 것이고, '울고'는 용언의 어간 '울-'과 어미 '-고'를 붙여 쓴 것이다. '별처럼'은 명사와 조사의 결합이므로 ⓓ를 통해 용언의 어미는 어간에 붙여 쓰는 것이라는 추론을 하는 것은 적절하지 않다.

오답분석

① 의존 명사는 의존 명사를 수식하는 말과 띄어 쓰는 것이 원칙이다. '읽을 것이 많다.'에서는 의존 명사 '것'이 쓰였고, '올 만큼 왔다.'에서는 의존 명사 '만큼'이 쓰였는데, 이들은 모두 수식어와 띄어서 표기되었다.

② 두 말을 이어 주거나 열거할 때 쓰이는 말은 띄어 쓰는 것이 원칙이다. '과장 및 부장'에서는 두 말을 이어 주는 기능을 가지는 '및'이 앞말과 띄어서 표기되었고, '고양이, 강아지 따위'에서는 열거의 기능을 가지는 '따위'가 앞말과 띄어서 표기되었다.

③ '순서를 나타내는 경우나 아라비아 숫자와 어울리어 쓰이는 경우에는 붙여 쓸 수 있다.'는 조항에 따라 '층'과 '등'은 순서를 나타내는 단위에 속하기 때문에 띄어쓰기와 붙여쓰기가 모두 가능하다.

09 음운 변동

실전 학습 문제

p. 132

01	02	03	04	05
①	①	②	②	①
06	07	08	09	10
④	①	③	②	④
11	12	13	14	15
②	③	①	①	③
16	17	18	19	20
①	③	①	①	④

01

정답 ①

정답 해설

① 제13항 규정에 의하면 '동녘에서'는 [동녀케서]로 발음해야 한다. '동녘'의 'ㅋ'은 홑받침이고, '에서'는 모음으로 시작하는 조사이므로 제 음가대로 뒤 음절 첫소리로 옮겨 발음한다.

오답 분석

② 제15항 규정에 의하면 '닭 아래'는 'ㄹㄱ'을 대표음 [ㄱ]으로 바꾸어서 뒤 음절의 첫소리로 옮겨 발음해야 하기 때문에 [다가래]로 발음된다.

③ 제11항 '다만'에 의하면 '맑'은 'ㄱ' 앞에서 [ㄹ]로 발음되기 때문에 [말께]로 발음하는 것이 올바르다.

④ 제10항 '다만'에 의하면 '밟-'은 자음 앞에서 [밥]으로 발음되기 때문에 '밟고'는 [밥꼬]로 발음된다.

02

정답 ①

정답 해설

① 표준 발음법 제10항과 제14항은 겹받침의 발음에 대한 것이다. '여덟'의 'ㄼ'은 어말에 위치해 있어 표준 발음법 제10항에 따라 [여덜]로 발음한다.

오답 분석

② '앉아'의 'ㄵ'은 제14항에 따라 모음 앞에서 [안자]로 발음한다.

③ '밟고'의 'ㄼ'은 자음 앞에 위치하여 표준 발음법 제10항 '다만'에 의해 [밥꼬]로 발음한다.

④ '값을'의 'ㅄ'은 모음으로 시작된 조사와 결합되는 경우이기에 표준 발음법 제14항에 따라 [갑쓸]로 발음한다.

03

정답 ②

정답 해설

② ⓐ는 자음을 첫소리로 가진 음절이므로 [ㅣ](㉠), ⓒ는 단어의 첫 음절 이외의 'ㅢ'이므로 [ㅣ](㉡)로 발음한다. ⓓ는 조사이므로 [ㅔ](㉢)로 발음함도 허용한다. ⓑ는 이중 모음으로 발음한다는 제5항의 예이다.

04

정답 ②

정답 해설

② 'ㄺ', 'ㄻ', 'ㄿ'의 경우 [ㄱ, ㅁ, ㅂ]으로 발음한다는 조항에 의해 'ㄻ'은 [ㅁ]으로 발음하므로 '닮고'는 [담:꼬]로 발음해야 한다.

오답 분석

① 'ㄳ', 'ㄵ', 'ㄼ, ㄽ, ㄾ', 'ㅄ'의 경우 [ㄱ, ㄴ, ㄹ, ㅂ]으로 발음하기 때문에 '넓고'는 [널꼬]로 발음한다.

③ '묽고'는 용언의 어간 말음 'ㄺ'은 'ㄱ' 앞에서 [ㄹ]로 발음한다는 조항에 의해 [물꼬]로 발음한다.

④ '읊고'는 'ㄺ', 'ㄻ', 'ㄿ'의 경우 [ㄱ, ㅁ, ㅂ]으로 발음한다는 조항에 의해 [읍꼬]로 발음해야 한다.

05

정답 ①

정답 해설

① '깎아'는 쌍받침이 모음으로 시작되는 어미 '-아'와 결합되는 경우이므로, '제13항 홑받침이나 쌍받침이 모음으로 시작된 조사나 어미, 접미사와 결합되는 경우에는, 제 음가대로 뒤 음절 첫소리로 옮겨 발음한다.'는 조항에 의해 [까까]로 발음해야 한다.

오답 분석

② '여덟을'은 '제14항 겹받침이 모음으로 시작된 조사나 어미, 접미사와 결합되는 경우에는, 뒤엣것만을 뒤 음절 첫소리로 옮겨 발음한다.'는 조항에 의해 [여덜블]로 발음해야 한다.

③ '덮이다'는 '제13항 홑받침이나 쌍받침이 모음으로 시작된 조사나 어미, 접미사와 결합되는 경우에는, 제 음가대로 뒤 음절 첫소리로 옮겨 발음한다.'는 조항에 의해 [더피다]로 발음해야 한다.

④ '부엌이'는 '제13항 홑받침이나 쌍받침이 모음으로 시작된 조사나 어미, 접미사와 결합되는 경우에는, 제 음가대로 뒤 음절 첫소리로 옮겨 발음한다.'는 조항에 의해 [부어키]로 발음해야 한다.

06

정답 ④

정답 해설

④ '앓는'에서 '앓'의 끝소리는 대표음인 'ㄹ'로 발음되어 '알'로 되고, '알 + 는'에서 (나)의 조건인 [ㄹ + ㄴ]은 [ㄹ + ㄹ]로 소리나기 때문에 [알른]으로 발음해야 한다.

오답 분석

① 받침 'ㄱ, ㄷ, ㅂ'은 'ㄴ, ㅁ' 앞에서 [ㅇ, ㄴ, ㅁ]으로 발음한다는 (가)에 따라 '잡는'은 [잠는]으로 읽는 것이 올바르다.

② 'ㅇ'은 'ㄹ'의 앞이나 뒤에서 [ㄴ]로 발음한다는 (나)에 따라 '종로'를 [종노]로 발음하는 것이 올바르다.

③ 받침 'ㄱ, ㄷ, ㅂ'은 'ㄹ'과 결합할 때 [ㅇ, ㄴ, ㅁ] + [ㄴ]으로 발음한다는 (다)에 따라 '섭리'는 [섬니]로 발음하는 것이 올바르다.

07

정답 ①

정답 해설

① 구개음화는 끝소리가 'ㄷ,ㅌ'인 형태소가 모음 'ㅣ'나 반모음 'ㅣ'로 시작되는 형식 형태소와 만나면 그것이 구개음인 'ㅈ, ㅊ'이 되는 현상이다. 따라서 실질 형태소로 만날 때 일어나는 현상이 아니다.

오답 분석

② ㉡ 중 '밭이' 단어에는 구개음화가 일어나고 '밭을'의 단어에서는 구개음화가 일어나지 않는 것을 통해 'ㅌ'이 특정한 모음(모음 'ㅣ'나 반모음 'ㅣ')과 만날 때 구개음화가 일어나는 현상임을 확인할 수 있다.

③ ㉢ 중 '밑이[미치]' 단어에서는 구개음화가 일어나고 '끝인사[끄딘사]'에서는 일어나지 않는 것을 통해 'ㅌ' 뒤에 '인사'와 같이 실질 형태소가 올 때는 구개음화가 일어나지 않음을 확인할 수 있다.

④ ㉣ 중 '해돋이[해도지]'에서는 구개음화가 일어나고 '견디다[견디다]'에서는 일어나지 않는 것을 통해 하나의 형태소 내부에서는 구개음화가 일어나지 않는 것을 확인할 수 있다.

08

정답 ③

정답 해설

③ '난리'는 유음화 현상이 나타나는 단어로 받침 'ㄴ'이 'ㄹ'의 앞에서 'ㄹ'로 변한다. 그러므로 [날리]가 적절한 발음이다.

오답 분석

① 'ㄴ'의 앞에 있는 받침 'ㄱ'이 'ㅇ'으로 변하는 비음화가 일어나 [멍는다]로 발음된다.

② 끝소리 'ㅌ'이 모음 'ㅣ'와 만나서 'ㅊ'으로 변하는 구개음화가 일어나 [바치]로 발음된다.

④ 끝소리 'ㄷ'이 모음 'ㅣ'와 만나서 'ㅈ'으로 변하는 구개음화가 일어나 [땀바지]로 발음된다.

09

정답 ②

정답 해설

② '갈등'은 <보기>에 해당되지 않으며, 제26항 '한자어에서 'ㄹ' 받침 뒤에 연결되는 'ㄷ, ㅅ, ㅈ'은 된소리로 발음한다.'는 조항에 따라 [갈뜽]으로 발음한다.

오답 분석

① '덮개'는 제23항에 따라 [덥깨]로 발음 하고,

③ '머금다'는 제24항에 따라 [머금따]로 발음한다.

④ '남기다'는 제24항 '다만, 피동, 사동의 접미사 '-기-'는 된소리로 발음하지 않는다.'는 조항에 따라 [남기다]로 발음한다.

10

정답 ④

정답 해설

④ 제25항은 용언 어간 뒤에 결합되는 어미의 첫소리 'ㄱ, ㄷ, ㅅ, ㅈ'에 관한 것으로 ④의 '여덟과'와는 관계가 없다. '여덟과'는 명사가 조사와 결합한 경우로 [여덜과]로 발음해야 한다.

오답 분석

① '국밥'은 제23항을 적용하여 [국빱]으로 발음한다.

② '의자에 앉도록'에서 '앉도록'은 제24항을 적용하여 [안또록]으로 발음한다.

③ '신기다'는 '신다'에 사동 접미사 '기'가 붙은 것으로 표준어 규정 제24항의 '다만' 조항에 해당하므로 [신기다]로 발음한다.

11

정답 ②

정답 해설

② '손짓'은 어간 받침 'ㄴ, ㅁ' 뒤의 어미의 첫소리 'ㄱ, ㄷ, ㅅ, ㅈ'가 결합된 형태가 아니기 때문에 ㉡의 사례에 해당하지 않는다.

오답 분석

① '국수'가 [국쑤]로 발음되는 것은 받침 'ㄱ' 뒤의 'ㅅ'이 된소리로 발음된다는 ㉠에 해당한다.

③ '껴안다'는 어간 '껴안-' 뒤에 어미 '-다'가 결합된 형태로 ㉡에 해당하기 때문에 [껴안따]로 발음한다.

④ '기쁜 소식[기쁜소식]'으로 보아 ㉢과 달리 관형사형 '-ㄴ' 뒤에서는 된소리되기가 일어나지 않는 것을 확인할 수 있다.

12

정답 ③

정답 해설

③ ㉠과 같이 'ㄴ' 첨가와 비음화가 일어난 것은 '영업용'이다. '영업용'은 '영업 + 용'으로 두 단어가 결합할 때, 뒤 단어의 첫소리가 '용'이므로 'ㄴ'이 첨가된다. 그리고 첨가된 'ㄴ'의 영향으로 비음화 현상이 일어나 앞 단어의 받침 'ㅂ'이 'ㅁ'으로 발음된다.

오답 분석

① 꽃-망울: 음절의 끝소리 규칙에 의해 [꼳망울]로 발음된 이후, 비음화에 의해 [꼰망울]로 발음된다.

② 눈-요기: 뒤 단어가 결합할 때, 뒤 단어의 첫소리가 '요'이므로 'ㄴ'이 첨가되어 [눈뇨기]로 발음된다. 비음화 현상이 나타나지 않는다

④ 휘발-유[휘발류]: 뒤 단어가 결합할 때, 뒤 단어의 첫소리가 '유'이므로 'ㄴ'이 첨가되어 [휘발뉴]로 발음된 후, 유음화에 의해 [ㄹ + ㄹ]로 발음되어 [휘발류]가 된다.

13

정답 ①

정답 해설

① ㉠의 '꽃잎'은 [꼳닙](제29항) → [꼰닙](제18항)으로, ㉡의 '색연필'은 [색년필](제29항) → [생년필](제18항)로 음운이 바뀌어 발음된다. 따라서 <보기 1>의 두 조항이 모두 적용되었다.

오답 분석

② ③ ④ ㉢의 '식용유'는 [시공뉴]로 발음되므로 제29항과 연음이 적용된 사례이고, ㉣의 '직행열차'는 [지캥녈차]로 발음되므로 제29항과 거센소리되기가 적용된 사례이다. 따라서 ㉢과 ㉣에는 제18항이 적용되지 않았다.

14

정답 ①

정답 해설

① 심리[심니]는 받침 'ㅁ'의 영향을 받아 'ㄹ'이 'ㄴ'으로 발음되므로 제19항에 따른 것이고, 두통약[두통냑]은 합성어로서 앞 단어의 끝이 자음 'ㅇ'이고, 뒤 단어의 첫음절이 '약'이므로 'ㄴ'을 첨가하여 [두통냑]으로 발음되기 때문에 제29항에 따른 것이다.

오답 분석

② 콩엿[콩녇], 한여름[한녀름]은 제29항의 사례이다.

③ 국물[궁물]은 <보기>에 제시되어 있지 않은 비음화, 부엌일[부엉닐]은 제29항과 <보기>에 제시되어 있지 않은 음절의 끝소리 규칙과 비음화의 사례이다.

④ 종로[종노]는 제19항, 물난리[물랄리]는 <보기>에 제시되어 있지 않은 유음화의 사례이다.

15

정답 ③

정답 해설

③ '나눴다'는 '나누- + -었- + -다'의 구성으로 모음 'ㅜ'와 모음 'ㅓ'가 결합하여 하나의 모음 'ㅝ'로 줄어든 현상이므로 축약 현상에 해당한다.

오답 분석

① 1문단에서 어간이 'ㄹ'로 끝나고 뒤에 어미 'ㄴ'이 오는 경우 'ㄹ'이 탈락한다고 하였으므로, '우니'는 어간 '울-'의 'ㄹ'이 'ㄴ' 앞에서 탈락한 'ㄹ' 탈락 현상이 나타난다.

② 3문단에서 어간 말음의 'ㅡ'는 모음 어미 '-어' 앞에서 탈락한다고 하였으므로 '커서'는 어간 '크-'의 'ㅡ'가 모음 어미 앞에서 탈락한 'ㅡ' 탈락 현상이 나타난다.

④ 4문단에서 동일한 모음이 연속될 때 그중 하나가 탈락한다고 하였으므로 '만났다'는 같은 음 'ㅏ'가 이어져서 그중 하나가 탈락한 '동음 탈락' 현상이 나타난다.

16

정답 ①

정답 해설

① 하얗소[하얃쏘](X) → [하야쏘](O): 'ㅎ(ㄶ, ㅀ)' 뒤에 'ㅅ'이 결합되는 경우에는, 'ㅅ'을 [ㅆ]으로 발음한다'는 제12항-2에 따라 ㅎ은 사라지고 'ㅅ'은 [ㅆ]으로 발음한다.

오답 분석

② 닿는[단는](O): 'ㅎ' 뒤에 'ㄴ'이 결합되는 경우에는 [ㄴ]으로 발음한다는 제12항-3에 따라 [단는]으로 발음한다.

③ 싫어도[시러도](O): 'ㅀ' 뒤에 모음으로 시작된 어미나 접미사가 결합되는 경우에는, 'ㅎ'을 발음하지 않는다는 제12항-4에 따라 [실어도]가 되고, 'ㄹ'이 뒤의 첫소리로 연음하여 발음한다.

④ 옳네[올레](O): 'ㄶ, ㅀ' 뒤에 'ㄴ'이 결합되는 경우에는, 'ㅎ'을 발음하지 않는다는 제12항-3의 붙임에 의해 [올네]로 발음되고, 이후 유음화에 의해 [올레]로 발음한다.

17

정답 ③

정답 해설

③ <보기>에서 설명하는 음운 현상은 음운의 축약이다. 그러나 '핥다[할따]'는 자음군 단순화(탈락)와 된소리되기(교체)가 일어나기 때문에 축약의 예로 적절하지 않다.

오답 분석

① ② ④ '놓다[노:타]'는 'ㅎ'과 'ㄷ'이 만나 [ㅌ]이 되고, '잡혔으니[자펴쓰니]'는 'ㅂ'과 'ㅎ'이 만나 'ㅍ'이 되고, '입학[이팍]'은 'ㅂ'과 'ㅎ'이 만나 [ㅍ]이 되었으므로 모두 음운의 축약(거센소리되기)이 일어난다.

18

정답 ①

정답 해설

① 2문단 2~5번째 줄에 따라 '쌓던'은 거센소리되기가 우선적으로 적용되어 [싸턴]으로 발음되며, 거센소리되기는 음운 변동의 유형 중 축약에 해당한다.

오답 분석

② '잃고'는 어간 말 'ㅎ'과 어미의 첫소리 'ㄱ'이 결합하여 'ㅋ'으로 바뀌는 거센소리되기가 일어나 [일코]로 발음된다.

③ '끓이다'는 어근 '끓-' 뒤에 접미사 '-이-'가 결합한 경우이므로, 'ㅎ'이 탈락하고 'ㄹ'이 뒤 음절의 첫소리로 연음되어 [끄리다]로 발음된다.

④ '하찮은[하차는]'은 'ㅎ' 탈락이 일어난다.

19

정답 ①

정답 해설

① 교체, 탈락, 첨가, 축약의 음운 변동이 일어날 때 나타나는 음운 개수의 변화 양상을 바르게 이해하고 있는지 묻고 있다. 음운의 개수는 교체가 일어나면 변하지 않고, 탈락이나 축약이 일어나면 각각 한 개가 줄어든다. 반면 첨가가 일어나면 한 개가 늘어난다. '흙하고'는 '[흙하고 → 흑하고 → 흐카고]'의 음운 변동이 일어나는데, 탈락(자음군 단순화) 및 축약(거센소리되기)을 통해 결과적으로 음운의 개수가 두 개 줄어든다.

오답 분석

② '저녁연기'는 'ㄴ'이 첨가되어 [저녁년기]로 바뀐 후 다시 비음화에 의해 'ㄱ'이 'ㅇ'으로 교체되어 [저녕년기]가 된다. 첨가 및 교체가 한 번 일어나 음운의 개수는 한 개 늘어났다.

③ '부엌문'은 음절의 끝소리 규칙에 의해 'ㅋ'이 'ㄱ'으로 교체되어 [부억문]으로 바뀐 후 다시 비음화에 의해 'ㄱ'이 'ㅇ'으로 교체되어 [부엉문]이 된다. '볶는'은 음절의 끝소리 규칙에 의해 'ㄲ'이 'ㄱ'으로 교체되어 [복는]으로 바뀐 후 다시 비음화에 의해 'ㄱ'이 'ㅇ'으로 교체되어 [봉는]이 된다. '부엌문', '볶는'은 각각 교체가 두 번 일어나 음운의 개수는 모두 변하지 않았다.

④ '얹지'는 '[얹지 → 얹찌 → 언찌]'의 음운 변동이, '묽고'는 '[묽고 → 묽꼬 → 물꼬]'의 음운 변동이 일어난다. 둘 모두 각각 탈락과 교체가 한 번씩 일어나 음운의 개수는 모두 한 개씩 줄어들었다.

20

정답 ④

정답 해설

④ '옷 한 벌'이 [오탄벌]로 발음될 때 '옷'의 받침 'ㅅ'이 'ㄷ'으로 바뀌는 교체가 일어난다. 그 후 'ㄷ'이 '한'의 'ㅎ'과 만나 'ㅌ'으로 축약되는 현상이 일어난다. 'ㅅ'이 탈락한 후 'ㄷ'이 첨가되어 'ㅎ'과 만나 'ㅌ'으로 축약되는 것이 아니다.

오답 분석

① '밥'의 받침 'ㅂ'이 '물'의 'ㅁ'의 영향을 받아 'ㅁ'으로 교체된다.

② '좋'의 받침 'ㅎ'이 모음으로 시작되는 어미 'ㅏ'와 만나 탈락된다.

③ '색연필'이 [생년필]로 발음될 때 'ㄴ'은 없던 음운이 새로 생긴 것이므로 첨가에 해당한다. 이때 새로 생긴 'ㄴ'으로 인해 '색'의 'ㄱ'이 'ㅇ'으로 교체된다.

10 그 외

실전 학습 문제

p. 160

01	02	03	04	05
④	③	①	①	②
06	07	08	09	10
④	②	③	②	②
11	12	13	14	15
③	④	③	③	①
16	17	18	19	20
②	③	④	④	①

01

정답 ④

정답 해설

④ 3문단에서 '구개음화는 끝소리 'ㄷ, ㅌ'이 모음 'ㅣ'로 시작되는 조사나 접미사 앞에서 구개음 'ㅈ, ㅊ'으로 발음되는 현상'이라고 했다. 따라서 자음 'ㄷ, ㅌ'만 'ㅈ, ㅊ'으로 바뀌고 모음의 소리는 그대로임을 알 수 있다.

오답 분석

① 1문단에서 '음운의 동화는 인접한 두 음운 중 어느 한쪽 또는 양쪽이 서로 비슷하거나 같은 소리로 바뀌는 현상'이라고 했으므로 적절하다.

② 2문단에서 '비음화는 비음이 아닌 'ㅂ, ㄷ, ㄱ'이 비음 'ㅁ, ㄴ' 앞에서 비음 'ㅁ, ㄴ, ㅇ'으로 바뀌어 소리 나는 현상'이라고 했고, '유음화는 비음 'ㄴ'이 유음 'ㄹ'의 앞이나 뒤에서 유음 'ㄹ'로 발음되는 현상'이라고 했다. 반면 3문단에서 '구개음화는 끝소리 'ㄷ, ㅌ'이 모음 'ㅣ'로 시작되는 조사나 접미사 앞에서 구개음 'ㅈ, ㅊ'으로 발음되는 현상'이라고 했으므로 구개음화와 달리 비음화와 유음화가 일어나는 인접한 두 음운은 모두 자음임을 알 수 있다.

③ 3문단에서 구개음화는 모음 'ㅣ'로 시작하는 조사나 접미사 앞에서 일어난다고 하였으므로, 자음으로 시작되는 조사나 접미사 앞에서는 일어나지 않는다는 것을 알 수 있다.

02

정답 ③

정답해설

③ 가을걷이가 [가을거지]로 소리 날 때, 'ㄷ'이 'ㅈ'으로 바뀌는 음운 변동이 일어난다. 따라서 조음 위치에 따라 자음을 분류하면 혀끝소리에서 센입천장소리로 바뀌게 되며, 조음 방법에 따라 자음을 분류하면 파열음에서 파찰음으로 바뀌게 된다.

오답분석

① 국물이 [궁물]로 소리 날 때, 'ㄱ'이 'ㅇ'으로 바뀌는 음운 변동이 일어난다. 즉, 조음 위치는 여린입천장소리로 변화가 없으며, 조음 방법에 따른 분류에서 자음을 분류하면 파열음에서 비음으로 바뀌게 된다.

② 홑련이 [홈넌]으로 소리 날 때, 'ㄹ'이 'ㄴ'으로 바뀌는 음운 변동이 일어난다. 즉, 조음 위치는 혀끝소리로 변화가 없으며, 조음 방법은 유음에서 비음으로 바뀌게 된다.

④ 칼날이 [칼랄]로 소리 날 때, 'ㄴ'이 'ㄹ'로 바뀌는 음운 변동이 일어난다. 즉, 조음 위치는 혀끝소리로 변화가 없으며, 조음 방법은 비음에서 유음으로 바뀌게 된다.

03

정답 ①

정답해설

① '식물[싱물]', '입는[임는]', '뜯는[뜬는]'은 각각 'ㄱ, ㅂ, ㄷ'이 'ㅁ, ㄴ, ㄴ' 앞에서 'ㅇ, ㅁ, ㄴ'으로 바뀐다. 이를 제시된 자음 분류표에서 살펴보면, 파열음이 비음 앞에서 비음으로 변동했음을 확인할 수 있다. 따라서 세 사례 모두 두 자음이 만나서 발음될 때 앞 자음의 조음 방식이 파열음에서 비음으로 변한 것이라는 결론을 도출할 수 있다.

04

정답 ①

정답해설

① 우리말 음절의 초성 자리에는 자음이 둘 이상 오지 못한다. 제시된 자료 중 '끼', '쌀'의 'ㄲ', 'ㅆ'는 각각 된소리에 해당하는 하나의 자음이다. 참고로, 영어에서는 'strike'처럼 초성에 해당하는 자리에 'str'과 같이 둘 이상의 자음이 오기도 한다.

오답분석

② 중성 자리에는 모음이 오는 것을 네 유형 모두에서 확인할 수 있다.

③ ㄱ 유형은 초성과 종성이 없이 중성으로만 이루어진 음절이며, ㄷ 유형은 초성이 없는 음절, ㄴ 유형은 종성이 없는 음절이라는 점에서 확인할 수 있다.

④ 네 유형 모두에 중성이 포함되어 있음을 통해 확인할 수 있다.

05

정답 ②

정답해설

② 1문단 마지막 문장에 따르면, 음절을 파악할 때는 표기가 아니라 소리를 기준으로 하므로 음운 변동이나 연음을 고려해야 한다. '식용'의 발음은 연음이 일어나기 때문에 '[시굥]'이 되고, 이를 기준으로 음절의 유형을 분석해야 한다. '시'는 '자음과 모음'으로 이루어진 음절이고, '굥'은 '자음과 모음과 자음'으로 이루어진 음절이므로 답은 ②이다.

06

정답 ④

정답해설

④ 3문단을 통해 솔직하고 겸손한 인상을 주는 부정어는 '못'이라는 것을 알 수 있다. 따라서 부정어 '못'을 사용한 문장이 청자에게 솔직하고 겸손한 인상을 준다는 ④는 적절하다.

오답분석

① 1문단을 보면 형용사는 대부분 명령문이나 청유문의 서술어로 쓰일 수 없기 때문에 '말다' 부정문은 서술어가 형용사인 경우에는 성립하지 않는다고 설명하고 있다. '깨끗하다'는 형용사이기 때문에 '말다'를 사용한 부정문은 성립하지 않는다.

② 2문단 끝에서 1~3번째 줄을 통해 부정어 '못'은 능력의 여부를 표현한다는 것을 알 수 있다. 따라서 의지의 여부를 표현한다는 추론은 적절하지 않다. 또한 1문단 끝에서 '-지 못하다'의 표현은 짧은 부정문이 아니라 긴 부정문에 해당한다고 했기 때문에 '짧은 부정문'이라는 ②의 설명은 적절하지 않다.

③ 3문단을 통해 청자에게 기대감을 주는 문장은 부정어 '못'을 사용한 쪽이란 것을 알 수 있다. 따라서 '그녀는 유학을 안 갔다.'가 청자에게 기대감을 준다는 ③은 적절하지 않다.

07

정답 ②

정답해설

② ㉡은 '안' 부정문의 주어인 '물품'이 의지를 가질 수 없는 경우에 해당하므로 '단순 부정'으로 해석해야 한다. 따라서 '단순 부정'과 '의도 부정'으로 모두 해석이 가능하다는 진술은 적절하지 않다.

08

정답 ③

정답해설

③ '파묻혔다'는 '파묻다'에 '히'가 결합한 형태이다. 이때 주어 '산이'가 '화산재에 파묻힌다.'는 동작의 대상으로 작용하고 있으므로 이는 사동문이 아닌 피동문에 해당한다.

오답분석

① 피동사와 사동사가 동일한 접미사를 공유한다는 점에서 용언의 어근에 접미사가 결합하면 피동과 사동의 표현을 나타낼 수 있음을 알 수 있다.

② '풀어지다'는 '풀다'에 '어지다'가 결합한 피동사이다. 이때 주어인 '그'가 '화가 풀어진다'는 동작의 대상이 되고 있으므로 피동문임을 알 수 있다.

④ '녹인다'는 '녹다'에 '이'가 결합한 형태로 주어 '열기'가 눈이 녹게 만들었기 때문에 사동문에 해당한다.

09

정답 ②

정답 해설

② ㄱ을 능동문으로 바꾸면, '폭풍이 마을을 휩쓸다.'가 된다. 피동문의 부사어 '폭풍에'는 능동문에서 주어 '폭풍이'가 된다.

오답 분석

① ㄱ의 '휩쓸리다'는 동사 '휩쓸다'의 어간 '휩쓸-'에 접사 '-리-'가 붙어 주어 '마을이' 폭풍에 휩쓸리는 대상이 되고 있으므로, 이때의 '-리'는 피동 접사이다.

③ ㄴ을 능동문으로 바꾸면 '경찰이'가 주어가 되면서 행위의 주체가 된다.

④ '잡혀지다'는 '잡- + -히- + -어지다'로 분석되므로 지나친 피동 표현이다.

10

정답 ②

정답 해설

② '(소리가) 작아지다.'는 형용사 '작다'의 어간 '작'에 '아/어지다'가 결합하여 동사화된 것으로 상태의 변화를 나타낸 것일 뿐 피동의 의미를 나타내지 않는다.

오답 분석

① '(물건이) 실리다.'는 동사 '싣다'의 어간 '싣'이 피동 접미사 '리'와 결합할 때 어간의 받침 'ㄷ'이 'ㄹ'로 바뀌는 불규칙 활용을 한 것이다.

③ '(줄이) 꼬이다.'는 동사 어간 '꼬'에 피동 접미사 '이'가 결합하여 피동사가 되었다.

④ 능동문인 '경찰이 도둑을 잡다.'가 피동문인 '도둑이 경찰에게 잡히다.'로 바뀔 때 능동문의 목적어인 '도둑을'은 피동문의 주어인 '도둑이'로 바뀌게 된다.

11

정답 ③

정답 해설

③ ㄴ의 주동문 '그가 집에 가다.'에서 '집에 가'는 동작의 주체는 '그'이며 이 문장의 사동문인 '(영희가) 그를 집에 가게 하다.'에서도 '집에 가'는 동작의 주체는 '그'이므로 동작의 주체는 동일하다.

오답 분석

① ㄱ ~ ㄷ의 주동문을 사동문으로 바꾸면 ㄱ에서는 '철수', ㄴ에서는 '영희', ㄷ에서는 '어머니'라는 새로운 주어가 필요하다.

② ㄱ에서 주동문의 주어는 사동문에서 부사어로, ㄴ과 ㄷ에서 주동문의 주어는 사동문에서 목적어로 바뀌었다.

④ '가다'에 사동 접사를 붙인 형태는 성립할 수 없다.

12

정답 ④

정답 해설

④ 언어의 사회성은 사회 구성원들의 약속을 의미하며, 사회적 약속에 의해 정해진 단어를 임의대로 바꿀 수 없다는 것을 말한다. ④의 내용은 마음대로 단어를 바꿔서 사용하고 있기 때문에 사회성을 위반하는 것이지, 사회성에 의한 것이 아니다.

오답 분석

① 언어의 기호성의 특징에 해당된다. 하나의 음성인 '봄'은 여러 음운들로 분석될 수 있다.

② 소리와 의미 간의 관계가 필연적이지 않으므로 언어의 자의성과 관련된 내용이다.

③ '어리다'는 예전에는 '어리석다'로 사용되다가 지금은 '나이가 적다'로 사용되므로 이는 시간의 흐름에 따라 단어의 의미가 변화한 언어의 역사성에 해당한다.

13

정답 ③

정답 해설

③ <보기>의 '존'과 '영희' 사이의 대화에서 과거의 사실에 대한 언급이 없다. 그러므로 과거의 사실을 현재의 시간에 표현할 수 있다는 언급은 <보기>에 적용할 수 없다.

오답 분석

① ② '(지시된) 나무'를 한국어와 영어에서 각각 '나무' 와 'tree'라고 한다는 것은 언어가 뜻과 소리로 이루어진 기호이고, 그 둘 사이에 필연성이 없다는 것을 말한다.

④ 영어의 'tree'를 한국어에서는 '나무'로 표현할 수 있는 것은 언어의 자의성에 해당한다.

14

정답 ③

정답 해설

③ 우리가 보고 느끼는 외부 세계는 연속적으로 이루어져 있는 실체로서 존재한다. 그런데 언어는 분절적(불연속적)이므로, 우리가 언어를 통하여 외부 세계를 인식할 때에는 불연속적인 모습으로 받아들이게 된다. ③의 경우 흐르는 강물을 위치에 따라 정확히 '상류, 중류, 하류'로 나눌 수 없지만, 우리는 이것을 끊어서 '상류, 중류, 하류'라고 말하므로 분절성의 예가 된다.

오답 분석

① 동일한 대상인 산을 한국인과 중국인이 서로 다른 명칭을 사용한다는 점에서 '언어의 자의성'이라고 볼 수 있으며, 또 그렇게 말하자는 사회적 약속이 있기 때문에 '언어의 사회성'이라고도 볼 수 있다.

② 언어의 추상성의 예이다.

④ 언어의 역사성의 예이다.

15

정답 ①

정답 해설

① <보기>의 4~6번째 줄을 통해 어떤 단어의 사용 범위가 넓어지면, 그것은 의미 확대의 사례임을 알 수 있다. '세수'은 원래 '손을 씻다.'의 의미를 가리키는 말이었으나, 시대가 변화함에 따라 '손과 얼굴을 씻다.'를 이르는 말로 사용하게 되었다. 따라서 '세수'는 그 의미의 영역이 확대된 것이므로 의미 이동이 아닌 의미 확대의 사례에 해당하는 단어이다.

오답분석

② <보기>의 4~6번째 줄에서 의미 확대는 의미가 여러 맥락에 쓰이면서 그 사용 범위가 넓어진 것이라고 하였다. '아침'은 '날이 밝을 때부터 오전의 중간 쯤'의 의미로만 쓰였으나 오늘날은 '날이 밝을 때부터 오전의 중간 쯤'과 '오전에 먹는 밥'이라는 의미 모두로 쓰이기 때문에 의미 확대의 단어이다.

③ '다리'는 유정 명사에만 쓰이는 말이었으나, 오늘날에는 무정 명사에도 쓰일 수 있으므로 의미 확대가 일어난 사례이다.

④ <보기>의 끝에서 3~4번째 줄에서 의미 이동은 단어의 의미가 특정 의미와 전혀 다른 의미로 바뀌게 된 것이라고 하였다. '어리다'는 '어리석다'를 의미하는 말이었으나, 오늘날은 '나이가 적다'를 의미하는 말로 전혀 다른 의미로 바뀌게 되었기 때문에 의미 이동이 일어난 사례이다.

16

정답 ②

정답해설

② '차다'라는 하나의 말소리가 '(발로) 차다', '(날씨가) 차다', '(명찰)을 차다' 등의 다양한 의미에 대응하는 것은 말소리와 의미의 관계가 필연적이지 않고 자의적임을 보여 주는 언어의 자의성에 해당하는 사례이다.

오답분석

① 무지개를 일곱 가지 색으로 구분하는 것은 언어를 통해 연속적인 대상이나 개념을 분절적으로 인식하는 언어의 분절성에 대한 사례이므로 적절하다.

③ 한국어의 '개'를 영어에서는 'dog'라고 하는 것은 말소리와 의미의 관계가 필연적이지 않음을 보여 주는 언어의 자의성에 대한 사례이므로 적절하다.

④ '바다'를 '나무'라고 표현하면 의사소통이 안되는 것은 말소리와 의미가 관습적으로 결합되어 있어 그 결합은 개인이 함부로 바꿀 수 없는 약속임을 보여 주는 언어의 사회성에 대한 사례이므로 적절하다.

17

정답 ③

정답해설

③ '싸다'는 '그 정도의 값어치가 있다.'에서 '비용이 보통보다 낮다.'로 의미가 이동했으며, 첫째 음절에서 'ㆍ'가 'ㅏ'로 바뀌어 음운의 변화로 인한 형태 변화를 겪었으므로 ㉠과 ㉡에 모두 해당한다.

오답분석

① '어리다'는 의미 이동이 일어났으나 형태 변화는 일어나지 않은 단어이므로 적절하지 않다.

② '서울'은 음운의 변화로 인한 형태 변화가 일어났으나 의미가 확대된 단어이므로 적절하지 않다.

④ '마음'은 음운의 변화로 인한 형태 변화가 일어났으나 의미가 축소된 단어이므로 적절하지 않다.

18

정답 ④

정답해설

④ '눈'의 중심 의미는 '감각 기관'이고, '눈이 나빠지다.'의 '눈'은 '시력'을 뜻하는 주변 의미이다. 기존 의미가 확장되어 생긴 주변 의미는 기존 의미보다 추상성이 강화되는 경향이 있다는 3문단의 진술을 고려할 때, '눈'의 기존 의미인 '감각 기관'에 비해, 확장된 주변 의미인 '시력'이라는 의미가 '더 구체적'이라는 추론은 적절하지 않다.

오답분석

① 1문단에 따르면 중심 의미는 일반적으로 주변 의미보다 언어 습득의 시기가 빠르다. '별'은 중심 의미가 '천체의 일부'이고, 주변 의미가 '군인의 계급장'이기 때문에 ①은 추론 가능한 진술이다.

② 4문단에 따르면 다의어의 중심 의미와 주변 의미는 서로 관련성을 갖는다. 그런데 '결론에 이르다.'의 '이르다'와 '포기하기에는 아직 이르다.'의 '이르다' 사이에는 의미적 관련성이 없기 때문에 이 둘은 중심 의미와 주변 의미의 관계로 볼 수 없다. 전자는 '어떤 정도나 범위에 미치다.'의 뜻을 지니는 동사이고, 후자는 '대중이나 기준을 잡은 때보다 앞서거나 빠르다.'의 뜻을 지니는 형용사로, 이 두 단어는 동음이의어에 해당한다.

③ 2문단에 따르면 다의어가 주변 의미로 사용되었을 때는 문법적 제약이 나타나기도 한다. '팽이가 돌다./팽이를 돌리다.'에 쓰인 '돌다'에 비해 '군침이 돌다.'에 쓰인 '돌다'는 사동형 '군침을 돌리다.'가 불가능한 문법적 제약을 지닌다. 이를 감안할 때, '군침이 돌다.'의 '돌다'는 주변 의미로 사용된 것이라는 추론이 가능하다.

19

정답 ④

정답해설

④ ㉣ '길이 막히다.'는 '길이 통하지 못하게 되다.'는 의미이고, '싸움을 막다.'는 '싸움을 못하게 하다.'는 의미이다. 둘 다 '막다'의 의미에서 확장된 용법이므로 다의어이기 때문에 동음이의어로 보는 것은 적절하지 않다.

오답분석

① '㉠ 들다'는 '칼이 잘 들다.'와 '회의에 들다.'로 쓰일 때 소리는 같지만 의미가 다르다. '칼이 잘 들다.'는 '칼이 예리하다.'는 의미이고, '회의에 들다.'는 '회의에 참석하다.'는 의미이다. 소리는 같으나 의미가 다르므로 동음이의어이다. 1문단 끝에 동음이의어는 서로 다른 표제어로 사전에 등재한다고 하였기 때문에 올바른 설명이다.

② '㉡ 마시다'는 '커피를 마시다.'와 '공기를 마시다.'로 쓰일 때 서로 관련성이 있는 여러 의미를 가진다. 전자는 음료를 목구멍으로 넘기는 행위로 중심적 의미이고, 후자는 숨을 들이마시는 행위로 주변적 의미이다. 서로 관련성이 있는 여러 의미를 가지므로 다의어이다. 2문단 끝에 다의어는 하나의 표제어로 사전에 등재한다고 하였기 때문에 올바른 설명이다.

③ '㉢ 보다'는 모두 주변적 의미로 쓰였으며, '책을 보다.'는 눈으로 글을 읽는 행위를 뜻하고, '시험을 보다.'는 시험을 치르는 행위를 뜻한다. 중심적 의미인 '눈으로 대상의 존재나 형태적 특징을 알다.'에서 주변적 의미로 확장되어 쓰이고 있으므로 올바른 설명이다.

20

정답 ①

정답 해설

① '축구'는 '구기 종목'의 한 '종류'이므로 '축구(하의어)'와 '구기 종목(상의어)'은 상하 관계이다. '축구'는 '구기 종목'보다 하의어이므로 의미의 범위가 좁다. 따라서 ①은 추론한 내용으로 적절하지 않다.

오답 분석

② 2문단에 따르면, 상하 관계는 한 단어가 다른 단어의 종류에 속하는지 보면 되고, 부분 관계는 한 단어가 다른 단어의 'PART'인지 보면 된다고 설명하고 있다. '감자'는 '뿌리 열매'의 종류라고 할 수 있으므로 상하 관계가 성립한다. 또한 상의어인 '뿌리 열매'가 하의어인 '감자'보다 의미의 범위가 넓으므로 ②는 추론한 내용으로 적절하다.

③ '건반'은 '피아노'의 'PART'라고 할 수 있기 때문에 두 단어의 관계는 부분 관계이다. 따라서 ③은 추론한 내용으로 적절하다.

④ '저고리'는 '한복'의 'PART'라고 할 수 있기 때문에 두 단어의 관계는 부분 관계이다. 따라서 ④는 추론한 내용으로 적절하다.

Memo

Memo